足迹——讲述安徽师大人的故事

ZUJI JIANGSHU ANHUISHIDAREN DE GUSHI

安徽师范大学党委宣传部◇编

安徽师范大学出版社
·芜湖·

图书在版编目(CIP)数据

足迹:讲述安徽师大人的故事 / 安徽师范大学党委宣传部编. — 芜湖: 安徽师范大学出版社, 2018.11

ISBN 978-7-5676-3432-9

Ⅰ. ①足… Ⅱ. ①安… Ⅲ. ①安徽师范大学-校史 Ⅳ. ①G659.285.4

中国版本图书馆CIP数据核字(2018)第056586号

足迹: 讲述安徽师大人的故事 安徽师范大学党委宣传部◎编

责任编辑: 郭行洲
装帧设计: 陈 爽
出版发行: 安徽师范大学出版社
芜湖市九华南路189号安徽师范大学花津校区
网 址: http://www.ahnupress.com/
发 行 部: 0553-3883578 5910327 5910310(传真)
印 刷: 江苏凤凰数码印务有限公司
版 次: 2018年11月第1版
印 次: 2018年11月第1次印刷
规 格: 700 mm×1000 mm 1/16
印 张: 20
字 数: 325千字
书 号: ISBN 978-7-5676-3432-9
定 价: 58.00元

前 言

潜岳苍苍，江淮汤汤；莘莘多士，跻兹上庠。

九秩师大，弦歌高唱；春风化雨，桃李芬芳。

在中国传统文化中，风雨有着特殊的意象，它寄托着人们的忧患意识和抗争精神，更表征着润物无声的教育情怀。其实对安徽师大——这个安徽高等教育先行者来说，风雨不正是她发展历程最好的写照吗，不正是她成风化人最深的寓意吗？在建校九十年的风雨路上，她始终弦歌不辍，初心不改。

九十载，她从民族危亡的风雨如晦中走来。20世纪初，在那个鸡鸣不已、混沌不开的特殊年代，陈独秀、胡适、陶行知、蔡晓舟等一批皖籍名流极力倡导筹建安徽大学，蔡晓舟先生甚至断指明志：誓死建成安徽大学。1928年4月，一批先进知识分子怀抱教育救国的梦想，在当时的安徽省府安庆市创办了学校的前身——省立安徽大学，拉开了安徽近现代高等教育的序幕，从此，古老的江淮大地有了第一所现代意义上的大学。

九十载，她从抗战烽火的烈风淫雨中走来。抗战爆发后，学校抱着誓与国家、民族共存亡的决心，毅然西迁湖湘、大别山等地坚持办学，为江淮大地保存了大学的火种，确保安徽高等教育薪火相传。更有一批热血青年参军报国，血染沙场。母校不会忘记，他们的英雄事迹永远载入了安徽师范大学的史册！

九十载，她从分合辗转的风雨兼程中走来。作为安徽省建校最早的高等学府，学校先后历经了省立安徽大学、省立安徽学院、国立安徽大学、安徽大学、安徽师范学院、皖南大学、安徽工农大学、安徽师范大学等多个历史时期，几经分合、几迁校址、几易校名，但始终坚持在坎坷中奋进，在艰难中崛起，一代代师大人总有那么一股劲、一股气，在困难面前从不退缩，在挑战面前主动作为，在风浪面前勇立潮头。

九十载，她从为国担当的风雨同舟中走来。新中国成立初期，根据全国高校院系大调整的要求，学校先后将大批学科调整并入南京大学、复旦大学、浙江大学、华东师范大学、华东政法大学等高校，为我国高等教育事业发展作出了巨大贡献。20世纪70年代，学校遵照省委要求，先后在全省十多个地市创办了分校和教学点，折枝成林，花开满园，当前全省公办本科院校中有一半以上源自于这些分校和教学点，学校为安徽省高等教育作出了历史性贡献。由此，安徽师大也被誉为安徽高等教育的"工作母机"，成就了安徽高等教育史上的一段佳话。"十二五"以来，学校响应中央和省委关于教育均衡发展的要求，大力推进教育供给侧改革，着力推动教育资源与基础教育对接，加快优质教育资源向基层一线下沉，积极发挥优质教育资源的引领辐射作用，对安徽教师教育和基础教育改革发展提供了重要的人才支撑、智力支撑和创新支撑。

九十载，她从立德树人的春风化雨中走来。历史上，安徽师大曾创造过"于京沪一带仅次于上海同济大学"的辉煌岁月，也经历过20世纪七八十年代"江淮英才咸集于斯"的办学盛况。近年来，学校发展成为安徽省人民政府与教育部共建高校、省委省政府优先建设的省属重点综合性大学，入选省地方高水平大学建设高校。90年来，一代代师大人先后汇聚在菱湖之滨、赭山脚下、花津河畔，秉烛守望、潜心耕耘，秉承"厚德、重教、博学、笃行"的校训，开创了科学民主的学术传统和求真务实的校风学风，铸就了教书育人的大师风范。建校以来，学校累计为国家培养全日制高等专门人才近30万名，一大批校友成为各行各业的骨干和中坚力量，为国家和安徽省经济社会发展作出了重要贡献。

不经历风雨，怎能见彩虹？一代代师大人始终怀揣着立德树人的教育梦想，与民族共命运，与时代同步伐，用心血和智慧装点了她的枝繁叶茂和史诗风华，砥砺出"厚重朴实、至善致远、追求卓越、自强不息"的师大精神，留下一个个感人至深的师大故事，这些精彩故事已经深深地烙印在师大人的心灵深处，成为师大人血脉相连的精神印迹，成为师大人继续砥砺前行的精神动力。

在建校九十周年到来之际，由党委宣传部组织编写的《足迹——讲述安徽师大人的故事》一书，主要收录了我校自改革开放以来刊发在《安徽师大报》上的校史故事与人物事迹。这些故事见证了师大铿锵前行的发展历程，这些先进典型诠释了师大人不忘初心的执着信念。今天,我们追溯历史,重温旧事,就是要继承师大精神,弘扬先贤品格,激励后人奋发有为;就是要聚集正能量,增强师大人的自豪感、责任感、使命感,奋力开拓更加美好的明天;就是要沿着先辈前贤们的足迹,不忘初心,牢记使命,奋力开创高水平大学建设的新局面,积极为中国现代化发展和地方经济社会发展作出新的更大的贡献。

目　录

校史撷英

人物春秋

校史撷英

唯我师大　相承一脉

李运明

“七十春秋，几经变革；唯我师大，相承一脉。”这是原安徽省省长王郁昭先生为安徽师范大学建校七十周年的题词。安徽师范大学八十周年校庆时，王郁昭先生又再次题词：“杏坛桃李万千树，一脉相承八十年。”王老为学校的题词，实事求是、一锤定音地厘清了民国时期的安徽大学与安徽师范大学薪火相继、一脉相承的历史传承关系。

清代大思想家龚自珍说得好，“欲行大道，必先为史”。作为师大人，要搞好我们的事业，首先应该了解学校的历史。安徽师范大学是安徽省历史最悠久的大学，她源于1928年在安庆创办的省立安徽大学，此后经过多次更名、易址，最后扎根芜湖，定名为安徽师范大学。从省立安徽大学到安徽师范大学的历史，按时代和校址变迁可分为两个时期：安庆时期和芜湖时期。

一、安庆时期（1928—1949）

安庆时期主要是民国时期在安庆的办学历史。1928年在安庆创办的省立安大是安徽高等教育史上第一所综合性大学，她是顺应当时社会发展形势需要而创立的。

19世纪后期，由于帝国主义的侵略，民族矛盾日益激化，民族资产阶级极力要求改革维新。甲午战争后，以康有为为代表的维新派认为，中国积弱的根本原因是教育不良、学术落后，提出“变法之本，在育人才；人才之兴，在开学校”。辛亥革命后，中国高等教育制度又获得了新的发展。在此背景下，中国各省纷纷创办了大学。1912年京师大学堂后定名为北京大学；1917年复旦公学创办本科，后改名复旦大学；1925年清华学校设立大学部开招本科并于1928年更名为国立清华大学；1913年武昌设立武昌高等师范学校，于1928年更名为国立武汉大学；1924年孙中山创办广东大学于1926年更名为国立中山大学；1926年山东创办了省立山东大学，如此等等，不再赘说。

安徽师范大学的前身省立安徽大学也是在上述背景下创办的。

省立安徽大学从1921年开始筹备，几经波折，历时七年，终于1928年孕出硕果。1928年4月10日，省立安徽大学完成筹备，预科班正式开学，142名学生（分为社会科学班和自然科学班）在安庆菱湖百子桥原法政专门学校礼堂举行了开学典礼，这一天即为省立安徽大学及安徽师范大学的诞生日、校庆日。同年8月，省立安大设立“文法学院”开始招收本科学生。10月，96名本科新生入校（中文19人，教育20人，外语2人，法律32人，政治15人，经济8人）。时年39岁的皖籍北京大学著名学者刘文典先生主持校务工作，代行校长之权。他热心教育，爱护青年，重视人才，治校有方，深得教师、学生爱戴。但因保护学生顶撞了蒋介石，遭蒋责难，于1928年12月被免职。

此后，学校又经历了程天放、王星拱、杨亮功、何鲁、程演生、傅铜、李顺卿等多位校长的主政，学校专业设置日臻完善，师资队伍不断加强，办学规模不断扩大。1929年2月学校拆文法学院为文学院和法学院，文学院设中文、外语、教育三系；法学院设政治、经济、法律三系。1929年9月，学校成立理学院，正式招收数学、化学、物理三系理科新生，上述系科从省立安大到安徽师大，一脉相承从未间断地发展到今天，是目前学校历史底蕴最深厚、最古老的专业。1930年秋，学校在理学院又设立了生物系招收生物专业新生，这时学校形成三院10系的办学规模，学生人数由1929年的131人增至379人。师资队伍也不断壮大，国内声名远播的学者、名家如郁达夫、苏雪林、陈望道、周建人、朱湘、冯沅君、陆侃如、刘大杰等都受聘来校任教，大大提高了学校的办学水平和社会声望，获得“在京沪一带，仅次于同济”的美誉。1935年，学校增设了农学院，开始招收农艺、农业经济专业学生。

正当学校蒸蒸日上，不断发展之际，不幸抗日战争全面爆发。日寇侵占南京后，拟沿江而上进攻武汉，安庆常遭轰炸，省政府办公机关1938年1月13日从安庆迁大别山腹地立煌（今金寨），全省秩序大乱。6月，安庆沦陷，安大的学生、教师纷纷离走，校长李顺卿借由去重庆教育部催款，一去不归。省政府任命农学院院长汪洪法为代理校长负责保管学校财产、物品，后令其将学校图书、仪器、设备等装船运至湖北沙市，拟在那里复学，后因教育部考虑内迁大西南的学校过多，无足够生源就学，决定停办安徽大学，现有学生并入武汉大学。1939年，汪洪法向省政府办理了移交手续。至此，具有10年优秀办学成果的省立安大就此中辍，这是日本军国主义侵略造成的恶果。

省政府迁大别山后，安徽还有半数未被日寇侵占的“非沦陷区”，该地区的高中学生亟须就学，于是省政府在立煌设立临时政治学院，收聚部分流散的原省立安大教师并又新聘一批师资，继续培养国家急需的高等教育人才。1941年临时政治学院开始招生，设文史、教育、政治，法律四系，学制一年。1942年临时政治学院改为省立安徽师范专科学校，1943年秋又更名为省立安徽学院，招收四年制本科学生。学院设中文、史地、外语、数学、政治、经济六系并及银行、艺术专修科。安徽学院还在皖南休宁万安镇设立皖南分院，招收银行、财会专业学生。安徽学院是省立安大停办后安徽省高等教育的继续和发展，是安徽师范大学校史的又一源头和重要组成部分。

1945年日本投降，抗日战争胜利。安徽学院迁合肥东南临河集租李鸿章家族仓库办学，因条件极差无法教学，半年后迁芜湖赭山南麓原日伪旧军营办学。与此同时，内迁大西南的各大学在抗战胜利后纷纷回原籍复校，省立安大经皖籍学者多方努力并报教育部批准，也开始复校，并改“省立”为“国立”，是为国立安徽大学。1946年1月国民政府教育部决定：聘朱光潜、陶因、高一涵、叶元龙、杨亮功、程演生等12人为国立安徽大学筹备委员会委员，朱光潜为主任委员，陶因为委员兼秘书，负责复校事宜。至4月，朱光潜坚辞不就，教育部改陶因为筹委会主任委员。4月20日，在南京教育部会议室召开了第一次筹委会会议，教育部次长杭立武出席并致词，会议决定“国立安徽大学”在安庆原校址复校。5月5日，筹委会由南京迁至安庆办公。6月正式接收校舍，添建教授住宅及办学设施，组建机构、聘请师资。9月30日，教育部正式任命陶因为校长。11月6日，陶因启用“国立安徽大学关防”（即校印，现藏于校档案馆）印和校长印鉴。11月11日国立安徽大学隆重举行了开学典礼，陶因作了《本大学创立经过》的报告。

复校后的国立安徽大学设文学院、法学院、理学院、农学院四院，内含中文、外语、历史、教育、政治、经济、法律、数学、物理、化学、土木、农艺、森林等13个系，后又增设园艺系及茶叶专修科。1947年上学期，国立安徽大学有教职员工307人，学生1100余人。

1948年6月陶因辞职，教育部改任原省立安大校长杨亮功为校长。1949年3月23日，中国人民解放军围攻了安庆，杨亮功带少数追随者经大渡口到江西（后随蒋介石至台湾）。4月22日，安庆解放。6月，中国人民解放军南京军管会派首席军代表靳树鸿、副代表黎洪模等人来安庆接管了国立安徽大学。

二、芜湖时期(1949年至今)

1949年7月,暴雨肆虐,长江洪水泛滥,安庆广济圩溃破,安大校园被洪水淹没,三个月洪水未退,二层以下楼房浸泡在洪水中,学校损毁严重,无法继续办学。军代表向南京汇报后,华东局(时设南京)及南京军管会决定将国立安徽大学迁芜湖,与安徽学院合并成立新国立安徽大学,聘请地质学家广德人许杰为校长。10月,许杰来芜湖设立安大筹备处,开始接收安徽学院的一切设备。安庆的学校图书、仪器、家具、设备也开始装箱准备搬运。1949年12月4日,国立安徽大学的全体教职工及其家属,携带着除房舍外的全部物品"图书仪器百余箱、家具万余件",连同农学院养的八头奶牛,乘南京军管会派出的一艘军舰,成建制整体从安庆搬迁到芜湖,芜湖赭山南麓这块宝地就成了国立安徽大学永久的校园,一直发展到今天的安徽师范大学。

国立安徽大学迁芜湖后,仍沿用原来校名、校牌和印章,设文、法、理、农四个学院及文艺(中文、艺术)、外语、史地、教育、法律、经济、数学、物理、化学、土木、农艺、园艺、森林等13个系,并招收专科生。1952年5月,学校首设党委,项南为校党委书记,戈华为副书记;许杰为校长,方向明、千仲儒为副校长。

国立安徽大学迁芜湖后,经历了四次校牌、校名更变。第一次更变丧失了我们祖传校名——安徽大学,这是由全国高等学校院系专业大调整造成的。新中国成立后,我国高等教育专业设置学习苏联,进行院系专业大调整。1950年9月,我校的土木工程专业调到南京大学。1952年,我校法律专业调到华东政法大学、经济专业调到复旦大学。1953年,我校的教育、历史三年级学生调到华东师大。调整后的安徽大学由四院改为二院:师范学院、农学院。1954年,中央高教部通知华东局:安徽大学校名取消,其下属的师范学院和农学院分别独立为安徽师范学院和安徽农学院。1954年9月,农学院迁合肥独立建校,安徽师范学院承袭安徽大学的所有财产、图书、物品、人事等在芜湖赭山南麓继续办学。

第二次更名始于1958年完成于1960年。1958年,时任省委第一书记曾希圣为提高省城合肥的品位,决定成立三所以"合肥"命名的大学。将芜湖安徽师范学院的中文、历史等文科专业调到合肥师范专科学校组建"合肥师范学院”，将淮南矿业学院搬合肥组建“合肥工业大学”，又从华东师范大学调入一批教师和干部组建“合肥大学”，曾希圣亲自兼任校长。1958年9月，毛泽东视察合肥，曾希圣请毛主席题写“合肥大学”校牌，毛主席认为“还是安徽大学好”，于是将新建的“合肥大学”题为“安徽大学”。这样，我校再想恢复“安徽大学”的校名已无可能。时任校党委书记万立誉在无奈之下决定将学校更名为“皖南大学”，恰逢刘少奇1958年10月视察芜湖，万立誉同曾希圣到铁山宾馆请刘少奇题写了“皖南大学”校牌。后经报教育部批准，1960年安徽师范学院更名为皖南大学。“文化大革命”中，刘少奇被错误地批判、打倒，他题写的“皖南大学”校牌校名被造反派捣毁废除，于是学校第三次被改名为“安徽工农大学”，这次更名是“文革”的产物。

第四次更名于“文革”后期，1970年中国科技大学下迁安徽，省委决定将合肥师范学院的校园让给中国科大，而将合肥师范学院整体迁到芜湖与安徽工农大学合并，这样，原来从芜湖迁合肥的中文、历史等文科专业又重新回归母体，安徽工农大学成为全省文、理、艺、体最为齐全的综合性大学，学校领导经过考察，决定将安徽工农大学更名为安徽师范大学，1972年获得教育部批准并请郭沫若题写了校名。安徽师范大学正式定名至今，又历经风雨走过了40多个年头，2005年芜湖师专并入后，学校的办学规模进一步扩大。

岁月悠悠，沧海桑田。安徽师范大学从创办到今天已走过了87年的光辉历程。抚今追昔，鉴往知来。学习、了解校史，不仅仅在于追溯过去，目的是在“求真”的基础上，获取学校发展史的经验和教训，传承办学过程中的教育理念和精神文化，从而达到“史言志”和“彰往而察今”的作用。安徽师范大学的历史，是一部辉煌的历史，是一部真实的历史，所有“师大人”在谈及我们的历史时，都可以理直气壮地说：从省立安徽大学到安徽师范大学，“唯我师大，相承一脉”！

来源于2014年9月30日《安徽师大报》第547期

校史上几则小掌故

宛敏灏

桐城姚永朴仲实先生，在1926年秋议设安徽大学时曾被聘为校长，受北伐军事影响未及筹办。1928年，安徽大学在安庆成立，又应聘至中文系任教，主要讲授群经概论。这年十月为营救文法学院院长刘文典，当日拒遭不见，回来后很气愤地说："'飞龙在天，利见大人'，像我这样的就是大人，居然不见！"他晚年患白内障，接近失明。大约是1933年吧，有一次上课，忽然生气地说："什么刘镇华，也来听我的课，他懂吗？"旋又小声问同学："在后面吗？"我适坐在前面，答以："任意旷课，照骂不误！"他却笑了。刘是当时的省主席，为表示好学，装模作样来听课，怎不令人生厌。先生尝为家母作墓志铭（江宁杨铸秋书丹，石台徐建生篆盖），珍藏三十余年，被毁于"文革"中，今惟1934年赠别安大中文系第三届毕业生一首七律，书为横幅者尚存。

1946年秋，作者前往南京国立编译馆，道经芜湖，临时改应安徽学院之聘。其时从合肥迁校不久，尚在忙乱中。刘齐夫当总务长，拉我帮忙兼文书组主任，我便在文书组的办公室（今校医院理疗科）里住下来。事无巨细，大家随时一起相谈。有一天要去办理电报挂号，也征求我的意见。当即答以"为了便于记忆，最好采用一个特殊号码——1234。"于是照此登记，事隔四十余年，校名已由安徽学院依次改为："安徽大学""安徽师范学院""皖南大学""安徽工农大学""安徽师范大学"，凡五次，这个偶然建议的电报挂号，居然一直沿用至今。

现在校医院的一幢旧房，原是"岭南义庄"，停棺柩的地方。安徽学院用作办公室，训导处在今药房那边。1947年春，姓谢的训导长趁程演生院长在沪尚未来芜湖时，突然张贴布告，自立为院长。这天晚上我走到办公室门前，由于床铺在里面，想偷偷溜进去就寝。同事赵养锋急出阻止，他说："皇上同冯皇后正御金殿，侍从惟我丞相一人……快走！快走！"后闻此闹剧到天明始散。当时有一首打油纪事诗："儿戏文书一纸张，拜官封后自称王。

春宵苦短游魂散，金殿原来是义庄。”

安徽学院程演生院长，是安徽省主席李品仙请来的。但由于程坚持迁校来芜湖，李不高兴，从此学校多事。1947年春节，我在家乡收到他一封信催我寒假后早到校，参与“掩护退却”。当时我是从四川来的，宗志黄先生是从湖南来的，宗派色彩不浓。于是宗自认接总务，我搞秘书，预定等空气稍微和缓即辞职准备移交。谁知他由沪到芜之夕就出了事。当时住在广济寺的养心园，校警将我的床铺连被抬去安排在对面房间。傍晚我发现有些迹象不正常，即将很重要的全铜关防和小官章用衬衣包起来作将赴浴室状，到滴翠轩去找宗。未谈几句话即闻枪声大作，有人计数达三十五发。当我赶回现场时，只见程被两人夹坐在长沙发上。程说：“我从来没有玩过枪，这个人如何致伤我不知道。平生做事，到处都是学生帮忙。估计你们也是我的学生吧？看着办好了。”镇静自若，拒绝签字。深服此老修养。这时室内外挤满了人，驱程程不为动，最后终于散去。少数人陪程过了夜。至此“掩护退却”工作不得不加紧进行。后来商得柯育甫默契，程辞荐叶元龙兼（当时叶、柯分任安徽救济总署正副署长），再由叶提出请柯以教务长代理暂时过渡。

江植棠先生是安徽教育界老前辈。他在安师院生物科任植物课时，经常自采一些新鲜标本带到教室，有人便背后称他为“草药郎中”。他在合师院搞绿化时，树无大小，常被移来移去，“务使各得其所”。有一天，我正取笑他把植物当动物驱遣，他却就另一问题向我诉苦。据说利用废地把水凼挖深些栽点睡莲，堆几垛假太湖石，再点缀若干花草和石座，已有学生早晚在此小憩，却有人批评这种保留自然形势是资产阶级的，我戏言那就照浴池改成方的好了。赭山校园今日花木成荫，有些还是他当年兼管绿化工作时搞的。江老逝世已经多年了，我每见其所植法国梧桐，辄深怀念。尝口占一绝云：“滋兰艺菊播芳馨，桐荫交柯夹道新；树木树人留楷范，令人长忆老园丁。”

来源于1988年5月10日《安徽师大报》第172期

母校溯源

艾 忍

始建于1928年的省立安徽大学坐落在当时省会安庆，开安徽现代高等教育之先河。曾迎来刘文典、陈望道、郁达夫、周予同、周建人、苏雪林等名流加盟。首任校长刘文典敢于顶撞风头正健的北伐军总司令蒋介石，在儒林传为佳话。

1938年安庆沦陷，省立安徽大学停办，1942年曾在立煌（今金寨县，安徽战时省会）部分复校称“安徽学院”，抗战胜利后安徽学院辗转迁往芜湖，在赭山南麓接收的一处日军营房办学。安庆原址于1946年复校，隶属国民政府教育部，故称“国立安徽大学”，一度声名鹊起。

1949年解放初洪水淹没校舍，军管会决定安大整体迁往芜湖且并入已在芜湖的安徽学院，这样，安徽学院成为华东地区颇有影响的“安徽大学”。80年代曾出任福建省委第一书记的项南就曾于1952年任安徽大学党委书记。

1952年全国院系大调整，许多安大骨干专业调往宁沪杭，唯有中央大学部分农学专业迁入安大（徐悲鸿、蒋碧薇之女徐静斐女士即原中央大学迁入学生，后成为安徽农业大学教授）。芜湖原安徽大学仅剩农学、师范两学院，1954年农学院迁合肥独立成校、发展为今日“安徽农业大学”，师院文科迁合肥成为“合肥师范学院”前身。余下科系正式挂牌“安徽师范学院”。

1958年大跃进中安徽创办合肥大学，时任省委第一书记曾希圣兼校长，雄心勃勃要求各方通力支援。复旦数学系、华师大化学系都有一批教师连同各年级（部分班级）学生成建制拨来。安徽师范学院物理系连同四个年级学生整体划拨合肥大学（只留下7名教工）。经伟人提议合肥大学改称“安徽大学”并为之题写校名，创办当年就有毕业生。原安徽师范学院物理系58届毕业生皆拿安徽大学文凭。

以老教授吴锐为旗帜加上另6位教工（贺楚卿、吴长乐、张景炎、蒋茂华、吴长根、周美卿）另起炉灶重建安徽师范学院物理系，1958年本科招四个班150人,不少人读完开始两个学期就被抽出留校工作或派往名校代培,以备日后回来充实师资,比如最初的班主任周美华、二年级下学期插入乙班继续读书的丁锦祝、金万玉(中途被派往北京中科院实习)。58级物理系百余人中很多成为厅级干部,如省级苏平凡(安徽省人大常委会副主任),大学书记3人(皆正职):丁锦祝(蚌埠医学院)、李辉(安徽教育学院)、沈家仕(安徽师范大学);芜湖市领导2人:丁光涛(副市长、后转任政协副主席)、胡启中(市政协副主席)等。

1960年5月母校改称“皖南大学”保留师范性质,刘少奇题写校名。设四个系:数理化生,近三千学生。数学系最多,一届招收近400学生,自称全国最大(学生数)数学系,生物系最少每届学生40人,1962年起增设外语、体育两系。改名之初也许有向综合性大学发展意向,但实际连完整的师范大学院系设置也缺胳膊少腿。校领导有张良副书记、沙流辉副校长、石锡侯副校长,长期缺正职。我们毕业前夕方才调原安徽医学院书记陈韧担任党委书记。

皖南大学

60年代初皖南大学学生会发行的贺年片,前面是数学楼、稍后是生化楼、山岗上隐约可见是图书馆楼。前面是荷花池、玻璃温房。该照片集当时校园主景于一体。校名由刘少奇题写。

皖南大学物理系1961年招收我们四个班的160人全部来自省内,我分在乙班40人,这是个特殊班:由师范(中专)保送录取4人,分别是刘玉杰、吴纪宽、鲍明善、袁玉石;高中学习英语10人。

从此,赭山脚下、镜湖之滨,原先素昧平生的40位莘莘学子,在“物一乙”班号下开始了四年负笈生涯。

来源于校友艾忍的微博

省立安大的学术组织及刊物

肖 史

一个学校的学术组织及其刊物数量和质量的多寡优劣，是当时衡量学校教学和教研水平的重要标志之一。我校前身省立安大的教学和教研水平，在当时全国33所公立大学排名中占第13位，其学术组织、学术活动和学术刊物，很值得一提。

那个时期，安大一般每月都举行全校学术讲演。办有校级刊物《安大周刊》《安大月刊》和《安大季刊》等。《安大周刊》是宣传报道学校重要活动的小报，自1929年5月创刊至1937年11月停刊，共出版286期。《安大月刊》从1933年创刊到1935年，共出版16期。从1936年起，《安大月刊》改名为《安大季刊》，共出版4期。其中不少论文政治上进步，学术观点新颖，如范寿康的《形式逻辑与辩证法》《史的一元论浅析》等，阐述和宣传的都是马克思主义的唯物辩证法和唯物史观。许多论文如夏敬龙的《量子论之今昔》、宗志皇的《中国戏曲的过去与将来》等都很有学术价值。此外，不少教授还出版了学术专著。

同学们的学术研究也很活跃，各个系都设有学会或学生组织。如教育学社、社会科学研究社、互励学社、现代法政研究社安大分社、法律学社、现代学术研究社、法学周刊社、文学研究社、安大晓风文学社、塔铃社、通俗科学社、生物学社，还有经济学会、数学学会、物理学会、农学会、化学学会、英文学会、新开学会、民众法律协助会等。这些学术组织机构健全，分工细密。会员或社员大都是全系学生；化学系别开生面，该系教授和学生都是会员；新开学会还向社会公开招收会员。

各学社或学会定期开会，互相切磋，钻研学术，并都有刊物出版。如教育学社先后出版《教育周刊》《教育旬刊》《教育新潮》《教育季刊》等；社会科学研究社有《社会科学周刊》，互励学社有《互励周刊》，现代法政研究社安大分社有《政法研究》，法学学社有《法学季刊》，法学周刊社有《法学周刊》，塔铃社出不定期刊《铁马》，文学研究社出版《苹末》等，不下十余种。这些学术刊物办得短小精悍，生动活泼，大多思想进步，内容丰富。不少学会或学社经常进行演说，并曾请陶行知、周建人等到学会演讲。

这些学会或学社除了出版刊物，还进行其他有关活动，如教育学社和社会科学研究学社等，经常开展社会调查；经济学会在1931年5月还办起了消费合作社；英文学会的译社专门翻译外国作品；1932年成立的民众法律协助会，免费解答民众法律疑问，暑假还照常工作；教育学社开办了附设民众夜校。

同学们的学会或学社都是课外活动性组织，他们结合学术讨论，还举行同乐会和游艺会。

省立安大的这些学术组织的学术刊物和学术活动，对推动当时的社会进步，促进全校的教学和教研，以及丰富学生生活，起了重要作用。

来源于1983年3月10日《安徽师大报》第79期

我校三十年代的抗日救亡运动

肖　史

1931年九一八事件爆发以后，由于国民党对日妥协投降，东北沦亡，淞沪告急，全国人民，愤慨同深，抗日呼声日益高涨。省立安大广大师生立即行动起来，积极投入了抗日救国运动的洪流。

9月28日，何鲁校长向全体师生发表演说，大声疾呼："天下兴亡，匹夫有责"，他号召"大家应该以头颅相拼，准备牺牲，决不可做亡国奴"。10月5日，全体师生担着"抗日有罪"的风险，组织了"安大抗日救国会"。10月10日，全校师生又冒雨举行抗日宣誓，高呼"誓雪国耻""誓死不买日货"的口号。随后广大师生组成了安大抗日救国会义勇军，深入城镇乡村，编绘抗日壁报，发表救亡演说，揭露日寇掠我土地、杀我同胞的暴行，并公演由刘大杰教授赶编的《新婚之夜》《胜利之死》新剧，借以唤起民众觉醒。10月19日，又约请沈阳东北大学的田世英教授介绍九一八事变的经过。12月12日，137位安大同学不顾教育部和省府禁令，高举"安大示威团"的大旗，同北平、上海、济南等地学生请愿团共两万余人一起到国民党政府门前示威游行，逼蒋抗日，后被反动当局强行遣送回校。1934年，袁微之、鲁弋、邢庆兰等进步学生在教授周予同、许杰的支持下，创办了《秋苇》文艺副刊，抨击国民党的不抵抗主义，宣传抗日主张。

1937年7月，抗战全面爆发，形势日趋恶化。全校又立即成立了"战时后方服务队"，下设宣传、警卫、纠察、交通、救护、防空与消防、募捐与慰劳七个班，负责采访情报、辟除谣言、清查户口、侦查间谍、检举奸细、募集捐款、慰劳受伤军民等工作。仅11月19日一天，慰劳班即募得大洋六百七十元六角，送往前方慰劳抗日将士。安大地下党员后亦斋（现任上海市城建局局长）等，还发动进步学生组成"安徽省抗日后援会各县流动工作队"，队员达四十余人，由原安大学生、中共党员刘复彭（今浙大党委书记刘丹）担任副队长，深入各县宣传抗日救亡道理，组织农民抗战协会等，动员广大民众奋起抗日。从此，我校一批优秀青年走上抗日救国斗争的第一线。

来源于1982年11月30日《安徽师大报》第74期

安徽师范大学校歌之由来

王　峰

1933年省立安徽大学第九次校务会议审定了省立安徽大学的校旗、校徽、校歌（刊发于《安徽大学周刊》第125期）。这首校歌立意深远、古意凝重，皖学典故剪裁妥帖，很快被广大学子传唱开来。校歌样式为四部合唱曲，歌词全文：

潜岳苍苍，江淮汤汤。夏商肇启，雍容汉唐。
文化丕成，民族是昌。莘莘多士，跻兹上庠。
潜岳苍苍，江淮汤汤。缅怀先哲，管仲蒙庄。
高文显学，宋清孔彰。莘莘多士，跻兹上庠。

这首歌的词作者程演生是安徽怀宁人，早年留学英、法、日等国，回国后先后执教于北京大学、暨南大学、安徽大学等校。1932年4月至1934年1月任省立安徽大学校长，当时，始建五年的省立安徽大学面临内忧外患、经费奇缺、校务几近停顿的局面，程演生临危受命，接任校长一职。他积极筹措经费，广聘教授，建设校舍。一时之间，安徽大学学者云集，气象蔚然。1945至1947年受聘出任安徽学院院长，经历了安徽学院从大别山古碑冲迁至合肥临河集再迁至芜湖赭山办学的全程。

为这首校歌作曲的是时任上海国立音乐学院院长的萧友梅先生，他曾是程演生任职北大时期的同事。萧友梅，广东香山（今中山市）人，早年留学日本，1912年赴音乐大师门德尔松创办的德国莱比锡皇家音乐学院主修钢琴专业，后又获哲学博士学位。萧友梅一生著述成果丰硕，1929年出版所创的四部合唱名曲《春江花月夜》至今演奏不息。这位杰出音乐家被音乐史家称为“中国现代音乐的奠基人”。

萧友梅先生收到程演生校长这首歌词时，吟读着这慷慨雄壮、对仗工整的古词句，先生被其中凝重的含义、寓意深刻的皖学典故所感动，当即为其谱下四部合唱曲，铭心萦怀的省立安徽大学校歌诞生了。省立安徽大学校歌词曲在我馆珍藏的1933年7月4日出版的《省立安徽大学第二届毕业纪念特刊》（复制件）、1935年6月3日出版的《省立安徽大学第四届毕业纪念册》（原件）均有刊载。

程演生、萧友梅先生智慧结晶的这首旷世杰作，后经安徽师范大学音乐学院师生编配制作，已在我校吟唱沿承。从1928年省立安徽大学创办伊始，到1949年教育部批准国立安徽大学迁至芜湖，与安徽学院合并组成新的安徽大学根植赭山，又历经更名安徽师范学院、皖南大学、安徽工农大学，1972年12月定名为安徽师范大学，这所安徽省历史最为悠久的高等学府至今已走过了八十六年的历程。纵观历史，八十六年来，安徽师范大学几易校名，几度分合，但薪火相传，弦歌不断，办学不辍，特色不改。

光阴荏苒，岁月如梭，坚信安徽师范大学的未来一定比她的过去和现在更加美好、更加辉煌，程演生、萧友梅先生合作的这首校歌也将在一代代师大人中咏唱。诚愿这首校歌，承载着学校悠久历史和厚重底蕴的校园文化，将安徽师范大学“厚重朴实、至善致远、追求卓越、自强不息”的精神、“严谨治学、敬业奉献、教书育人、为人师表”的教风、“勤学慎思、质朴谦逊、知行合一、求实创新”的学风和“厚德、重教、博学、笃行”的校训传承咏唱，让一代代师大青年学子深刻体味到历史认同感、家国使命感和文明崇高感，生发出一种强烈的爱校热情，为能工作、学习和生活在安徽师范大学这片热土中而感到自豪。

来源于2014年9月30日《安徽师大报》第547期

提倡读经和反对读经的斗争

肖　史

1934年，日寇侵我东北，虎视华北，全国人民的抗日救亡运动，如火如荼地兴起。国民党反动政府为了禁锢人民的革命思想和阻止抗日救亡运动，在全国范围内发动了一个以“礼义廉耻”为内容的所谓“新生活运动”，主张尊孔读经。于是，一场提倡读经和反对读经的斗争，在省立安大师生员工中激烈展开。

1935年5月出版的《安徽大学月刊》第二卷第七期，刊登了桐城派后裔、经学大师姚永朴的《读经刍议》、陈朝爵的《对于读经的意见》和徐英的《读经救亡论》。三篇文章都积极鼓吹读经，而且还把读经提到救亡的高度。他们的逻辑是：经是我国文化之核心，历史之根本，无历史、文化不足以立国于世，读经即自尊其文化和历史，国家危亡是不读经，受西方文化影响所致。结论是“唯读经可以救亡”。

对于这种读经救国的论调，大部分师生是坚决反对的。同年5月的《教育杂志》“全国专家对于读经问题的意见”专栏内，发表了72位专家对于读经的意见，其中安大教授占了4位，他们都不同程度地反对所谓读经救国论。范寿康教授认为，经的文字晦奥，不易读懂；谢循初教务长说小学生读经只能养成读经不求甚解的习惯；周予同教授指出，读经救亡是决然无效的。

潘德全在1935年5月的《安大教育周刊》上以《读经能救今日之中国吗》为题，尖锐地提出：“说读经能救国救亡，谁也不信。”“日本侵略我东四省，我们是讲‘礼让’，不抵抗地让他了；假如日本再侵略我们的华北、华中或华南，难道我们还讲礼让，不抵抗吗？如说不，那不是叫中国人总动员，一个人拿本经去抵抗吗？”“读经不但不能救今日之中国，永远的也不能救国。”

在省立安大，提倡读经与反对读经的斗争不只限于笔战，后来发展到面对面的舌战。1936年，在全校的一次总理纪念周会上，以老教授姚永朴为代表的守旧派和以文学院长周予同为代表的进步教授公开登台辩论。姚老先生强词夺理说："经者，吾国文学之所以来，读经可以训练文字；读经可为熏陶道德，诸经所言正是维持道德不可变革诸大端；人心不统一影响国家，今欲统归于一，舍经呜呼可？"

周予同教授则理直气壮地质问："请问老先生，经是我国文字之起源，可这与训练文字有什么关系？经能陶冶今日的人们道德吗？一个时代有一个时代的道德，经中说夫亡妇死守，而现《婚姻法》允许再嫁，这难道不道德？""我们只能把经当史料看，绝不能当成'万世之标准'。当今提倡读经只能是复古，杀人！"

进步师生反对读经，不单纯是学术之争，实质上是对复古教育的强烈抗争，是对国民党蒋介石推行的所谓"新生活运动"的积极抵制，是抗日救国的真正呐喊！

来源于1982年12月16日《安徽师大报》第75期

日寇兽行焚校舍　安院多难校三迁

肖　史

1943年的元月2日，经受了六年艰苦抗战的大别山人民，还处在除旧布新的元旦节日之中。盘踞在合肥一带的日寇却乘机侵扰，杀气腾腾地大举进犯立煌（今金寨县），一路烧杀奸淫，无恶不作。当时，驻扎在立煌一带的国民党军队有两个军、六个整师，约七八万人马，他们不顾老百姓死活，不思抵抗，望风而逃。傍晚，位于立煌境内安徽师范专科学校的师生，突然听到震耳欲聋的炮声，看到映天的火光，才得知日寇进犯。大家赶忙捡起御寒的衣毯，在校长的带领下退往深山隐蔽。

1938年，由于日寇大举入侵，我省唯一的高校——设在安庆的省立安徽大学仓促西迁，因困难重重，终于在1939年夏被迫停办。不久，流落在成都、重庆的安徽人士集会，商议在成都的安徽馆恢复安徽大学。教育部以后方大学已多，未予同意，建议在安徽境内的未沦陷区设立政治学院。于是，已迁往立煌的安徽省府在1941年2月开始筹办安徽临时政治学院。8月，学院正式成立，院址设在立煌县的古碑冲镇，聘留美回国的刘迺敬教授担任院长。次年秋，因省内师资缺乏，学院改为安徽师范专科学校，仍由刘担任院长。正当师生员工们齐心协力，在极艰苦条件下努力办学之时，却又遇上了这场日寇进犯的灾难……

数日之后，窜犯立煌的日寇退走，师生们也陆陆续续地回到学校。然而出现在大家眼前的，已经是一片焦土废墟，昔日好不容易搭盖起来的百余间草房校舍，已被尽数焚毁。愤慨之余，大家动手进行艰苦的恢复工作。仅三个月，便又盖起了一批草房，勉强恢复上课。

同年暑假，师专又改名为省立安徽学院。时值抗战期间，大别山区交通阻隔，物资奇缺，办学条件极差，但师生们治学风气仍很浓厚，不但白天坚持上课自修，晚上也都在豆油灯下看书备课，此外，还经常举办一些学术活动。到1945年暑假，学校共培养了三届四百余名毕业生，还有一部分学生从军参加了抗战。

1945年8月，抗战胜利。10月，安徽学院迁到距合肥四十千米的临河集李家仓房。由于交通不便、房舍简陋，不宜办学，于次年10月再迁芜湖，以赭山南麓为新校址，从此，开始了安徽学院历史的一个新阶段。

来源于1983年1月1日《安徽师大报》第76期

“关防”：安徽师大薪火相传的历史见证

彭 劲　王 峰

安徽师范大学档案馆馆藏档案丰富，其中仅实物档案就不乏珍品，有的一直没有公布于世，鲜为人知。安徽师范大学档案馆按馆藏档案归属的历史时期，分为新中国成立前档案和新中国成立后档案两大部分，反映了安徽师范大学八十六年来几经变革、几易校名、几度分合的曲折发展历程。现仅从新中国成立前实物档案中精心选取了颇具代表高校特色的珍贵档案——关防进行详细介绍。通过对这两枚关防的展示，既可以从一个侧面展现安徽师范大学创建、变迁、发展的奋斗历程，使安徽师范大学师生、校友以及关心安徽师范大学发展的广大读者进一步了解安徽师范大学悠久的办学历史，又可为社会、组织和个人在修志编史和研究探讨时提供史料以勘误补遗，还原我校历史发展的真实面貌。

一、安徽省立安徽学院关防（1944年）

安徽省立安徽学院关防系纯铜铸造，上铸有篆文“安徽省立安徽学院关防”，左边款刻有“国字第七千五百三十九号”字样，右边款刻有“中华民国三十三年七月”字样。它是由民国政府的国家印铸局统一铸造的篆文官印，既有厚重的历史积淀，又是中国篆刻艺术的有机组成部分，是我国特定历史条件下产生的一件珍品，极具收藏价值。

现存于安徽师范大学档案馆的“安徽省立安徽学院关防”

抗日战争爆发后，安庆于1938年6月沦陷，1928年创立的省立安徽大学被迫西迁，辗转湖北、湖南等地，终因困难重重，于1939年夏停办。由于当时安徽省尚有半数以上的县处于未沦陷或半沦陷状态，高中毕业生众多，处于省内无处求学的境地，故1940年春，安徽省政府决议筹办安徽建设学院。1941年2月，在安徽省立煌县（今金寨县）古碑冲设立了安徽临时政治学院，1942年9月改为“安徽省立师范专科学校”，学制三年，设国文、英文、数学、教育、史地五科，主要培养中学教师。1943年7月，因仅有师范专业不能满足社会的实际需要，遂增加了专业，对学制进行了重新调整和规划，并正式更名为“省立安徽学院”，聘朱佛定博士为院长。1944年7月朱佛定院长启用“安徽省立安徽学院关防”（校印）。抗日战争胜利后，学校迁往合肥。1946年11月，省立安徽学院从合肥临河集搬迁至芜湖，定址赭山南麓，即现在的安徽师范大学赭山校区。

二、国立安徽大学关防（1946年）

“国立安徽大学关防”作为实物档案珍品收藏于安徽师范大学档案馆，没有经过切角和磨面处理，关防保存字迹清晰，外观完整。“国立安徽大学关防”为纯铜铸造，重1200克，长90毫米、宽60毫米、高110毫米，有朱文篆体8字：“国立安徽大学关防”，左边款刻有“国字第八千七百一十七号”字样，右边款刻有“中华民国三十五年十二月”字样，印把子左侧刻有“印铸局造”，右侧刻有“国立安徽大学关防”，印背文字及边款均以繁体楷书镌刻，充分显示民国官印的神韵。

现存于安徽师范大学档案馆的“安徽省立安徽学院关防”

抗日战争胜利后，战后恢复工作全面展开，安徽省各界知名人士、学者、政要和广大青年学生吁请国民政府教育部恢复安徽大学，并要求改“省立”为“国立”。1946年1月25日，教育部决定聘朱光潜、陶因、高一涵、叶元龙、杨亮功、章益、刘真如、张忠道、汪少伦、程演生、刘英士、王培仁等十二人为国立安徽大学筹备委员会委员，并以朱光潜为主任委员，陶因为委员兼任秘书。由于朱光潜主任委员坚辞未就职，1946年4月19日，教育部明令：“在朱光潜主任委员未到南京之前，由陶因委员兼秘书代理主任委员。”5月5日，“国立安徽大学筹备委员会由南京迁至安庆办公”。6月11日，“教育部聘定张其濬、韦仲殷、徐贤恭三位先生为国立安徽大学修建设备委员会委员，积极进行国立安大的复校筹建工作”。于是，国立安大筹委会积极接收原省立安徽大学的校舍校产并加以扩建，收回省立安徽大学借出的图书杂志，添置图书仪器设备，多方聘请教授，招收各年级学生的工作也全面展开。1946年9月30日，教育部正式任命陶因为国立安徽大学校长。1946年10月，省立安徽学院的学生通过国立安徽大学在安庆、合肥、蚌埠设立的考点考试，有500余人转入国立安徽大学，成为国立安徽大学复校后最大的学生来源，也使国立安徽大学复校后即有了二三四年级的学生。1946年11月6日，学校正式启用“国立安徽大学关防”。同月11日，国立安徽大学隆重举行成立大会暨开学典礼，标志着国立安徽大学正式成立。1949年4月22日，安庆解放。6月，南京军管会派军代表靳树鸿等四人接管国立安大。1949年7月，长江洪水泛滥，导致安庆护城圩溃破，安大校园被淹，10月，华东局文教部和南京军管会高教处决定将设在安庆的国立安徽大学迁往芜湖，12月4日国立安大全体教职员工携带着除校园、办公楼及房舍外的全部图书、仪器、设备、用具（“图书仪器百余箱，家具万余件”），连同教职工家属、家具和八头奶牛，乘南京军管会派的一艘登陆艇整体从安庆迁至芜湖，与三年前从合肥临河集迁来的安徽学院汇于赭山南麓，组成新的安徽大学，揭开了办学新篇章。新的安徽大学仍保留国立性质，属中共皖南区党委领导，直到1950年底，学校大门门头字牌才由“国立安徽大学”改为“安徽大学”，启用了“安徽大学印”的正方形大印，其印模原件存放在档案馆中。

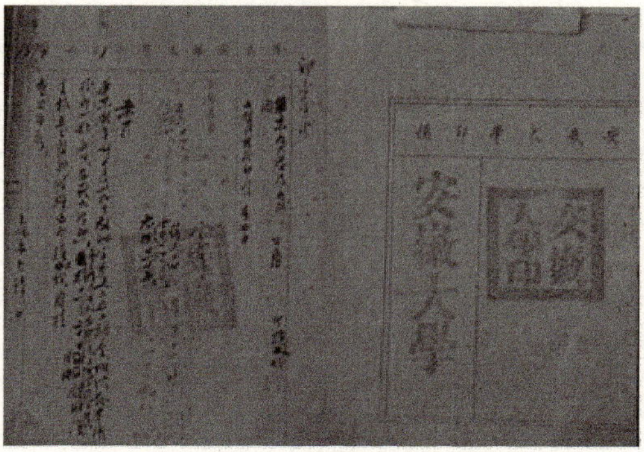

现存于安徽师范大学档案馆的安徽大学印模原件

新中国成立后，1952年经院系调整，安徽大学下设师、农二院。1954年，遵照政务院令，其师范学院、农学院分别独立建院，农学院迁往合肥，本部改名为安徽师范学院。1958年，安徽师范学院实行文、理分院，文科各系迁往合肥组建合肥师范学院。1960年，“安徽师范学院”更名为“皖南大学”，刘少奇题写了校名。1968年“皖南大学”更名为“安徽工农大学”。1970年初，合肥师范学院与安徽工农大学合并。1972年12月，我校正式定名为“安徽师范大学”，郭沫若题写了校名。2005年6月，芜湖师范专科学校整体并入安徽师范大学。

两校关防维护着真实的历史原貌，印证我校发展历程的曲折，从中可以看出，新中国成立前的省立安大、国立安大及解放初期的安徽大学和现在的安徽师范大学一脉相承、薪火相继、延续至今。

来源于2014年10月31日《安徽师大报》第548期

“六二”罢课斗争

肖　史

1946年1月，国民党教育部决定恢复因日寇入侵停办七年之久的安徽大学，并改省立为国立。聘请朱光潜、陶因等十一人组成筹委会。经多方努力，十一月，国立安大开学了。“努力！努力！努力往上跑！我头也不回呀，汗也不擦……想攀登学山的高峰”——同学们怀着努力学习、为促进中华实现国富民强而献身的勃勃雄心，踏进了校门。但这希望，如同肥皂泡一样瞬间破灭了，消失了。

1946年下半年，在美帝的支持下，蒋介石发动了全面内战，战火愈烧愈烈，战争经费直线上升，国民经济日趋崩溃，各种危机频频爆发。许多学校已处于风雨飘摇当中，师生贫病交迫，不可终日；教育制度腐败，国民党特务横行，思想言论毫无自由。

1947年5月17日，北大学生通电全国，呼吁各界进行“反饥饿，反内战，反迫害”运动，决定“六二”为反内战日，号召全国大城市罢课、罢工、罢市，举行示威游行。五月下旬，中共南京市委指示安大地下党支部，华东局学运组也派人与安大进步学生基群等联系，组织学生参加斗争。

当时安大的大多数学生，对国民党政府的反动统治敢怒而不敢言。抗战胜利前期的爱国热情，受到极大的挫伤。在纪念“五四”活动中，进步学生出版了战斗性刊物《号角》，发表了继承发扬革命精神的文章，激励同学们起来革命，起来抗争。五月下旬，国民党特务迫害进步学生冯璋一事败露。谴责国民党特务、反对迫害学生、要求保障人身安全的大字报，不断出现。《滨江旬报》等学生团体所办报纸，陆续报道了北平、上海、南京、杭州等地大学生的反饥饿反内战斗争情况，同学们相互传阅，欢欣鼓舞。五月底，“五二〇”惨案的消息传到安大，全校哗然，群情激昂，奋起斥责国民党暴行，支持南京学生运动。这时的安大，犹如一堆干柴，点火即燃。

6月1日深夜,进步学生基群、黄真如、葛正民三人,在教学大楼贴出了《反内战总罢课宣言》。第二天清早,同学们见到宣言,纷纷响应,压抑在心头的愤怒火焰熊熊燃烧。刹那间,以集体名义签名的、以班级名义签名的、以个人名义签名的大字报、标语,竞相出现,遍布校园。迸发出的心声,汇集成一股滚滚洪流:罢课,罢课!反对内战,争取民主,争取自由!

同学们的正义斗争,使国民党反动当局如临大敌,军警包围了学校,警车在校园巡回。但在安大地下党支部和进步学生的积极努力下仍取得了"六二"罢课斗争的胜利。

来源于1983年3月24日《安徽师大报》第80期

安徽学院迁芜前后

郭 光 亚

芜湖有高等学府，始于1946年秋。这年金风送爽的9月，安徽学院拖着沉重的步履，离开合肥东面的一个小镇——临河集。零落的师生伴着破残的校具，疲惫地在赭山的南麓安下了简陋的新居。

早在1928年，安庆的菱湖之滨和百花亭（后改名锡麟街，因徐锡麟烈士刺清巡抚恩铭于此）旁，就有一所安徽最高学府——安徽省立大学，后于1930年改名"省立安徽大学"。抗战军兴，敌寇践踏大江南北，吞噬江淮土地。安徽大学西迁未成，遂尔瓦解，致使在成长中的青年苦于就学无门。时主皖政者是国民党桂系军阀李品仙。流亡重庆的安徽人士，对他啧有烦言。他为巩固在皖的地位，使自己势力遍及各个角落，亟欲培训一些基层干部，所以安徽有识之士提出创办高校的倡议，对他来说是求之不得的。于是便在1940年秋着手筹备，而于1941秋在立煌县（今金寨县）南25千米的古碑冲，正式成立安徽临时政治学院，设文史、教育、政经、法律4系，学制1年。招收学生240余人，大部分是安徽青年，也有些来自苏北、豫东和鄂东北的青年。院长为刘真如，旋即去职。李品仙便更加暴露内心世界，自兼院长，但国民党教育部对他自封的"头衔"却不予批准，只好任命朱清华为代理院长。1942年1月，聘刘迺敬为院长。

是夏，学生毕业。当时中学师资缺乏，但一年制毕业生难以胜任教学，而这些毕业生又大多数怀有继续深造的愿望。因此，经各界人士的努力，国民党教育部批准，于同年9月将临时政治学院改为安徽省立师范专科学校，刘迺敬由院长而为校长，设国文、英文、教育、史地、数学5科，学制3年。原临时政治学院毕业生，绝大多数分别插入各科二年级，所以师专一开学即有学生300余人。

1943年1月，武汉日军扫荡大别山，进入立煌，烧杀抢掠，师专校舍——草屋100余间，亦被付之一炬。日军去后，师生又在废墟上洒下汗水，重建校园，继续弦歌。

1943年9月，因师专的现状仍不能满足社会需要，经国民党教育部批准，改为“省立安徽学院”。原师专学生分别编入二三年级，全院共有学生550人。这时李品仙又故态复萌，要对学院进一步控制，便以国民党安徽省政府委员、桂系朱佛定兼任院长。

1945年8月，日本投降。朱佛定辞去院长职务，由刘天予代理。这时国民党省府由立煌迁到合肥。同年底，安徽学院也迁到合肥东面40千米的临河集李家（李鸿章三弟）仓房，改聘程演生为院长。程是怀宁人，法国考古研究博士，历任北大等校教授，1932年4月至1934年1月曾任省立安徽大学校长，著述甚丰。他为人耿介，不仰视俯求，接任院长之前，困居沪上，生活维艰。安徽省政界耆宿、省参议会议长江彤侯将他荐之于李品仙，程接任院长后，见临河集李家仓房陈旧狭隘，不能适应教学需要；生活条件既差，交通又很不便，原有沪宁教授如赵景深等，均已纷纷离去，就觉得没有发展前途。于是，便提出安院迁到芜湖的主张。这与李意大相径庭，遂被搁置，程乃一怒而去。

1946年1月，国民党教育部聘请朱光潜、陶因、程演生、杨亮功等11人为安徽大学筹备委员会委员，决定在安庆恢复安徽大学，并改为“国立”，筹委会主任委员为朱光潜。朱力辞不就，遂改任陶因。经国民党教育部和省政府几度磋商，决定院校仍然分设。安院学生可以自愿转学安大。这年暑期，安大遂在蚌埠、合肥、安庆3地举行形式上的转学考试，除部分安大没有设立相关学科的学生外几乎全部转去，不愿转的仅34人。在此情况下，李品仙不得已派人到沪将程演生邀回。程与其所聘的教务长蔡宾牟，不改初衷，仍然坚决主张迁芜，并声称迁芜后将聘知名学者到院执教，要把安院办成现代大学，深得芜湖教育界柯育甫等的热烈支持。柯等并在芜湖报纸上公开发表言论，为程大张声势。这对李品仙当然又是一种压力。

李不愿安院迁芜，是因院址定于临河集，近在省府腋下，可以随时控制；一旦远离，恐将鞭长莫及。况程有相当高的声望，驾驭将更为难。但迁移之势，已成定局，而李心犹不死，仍冀万一，乃由教育厅厅长汪少伦出面作梗，对迁移费百般刁难。程演生竟又拂袖而去，表示不迁不回。李终于允以阜阳学租——数百亩倪嗣冲逆产的租税收入，作为迁移专款。

迁芜的计划既定，遂于1946年9月着手进行。其实芜湖并没有像样的校舍，当时一厢情愿的主观设想是将赭山南麓日军所建的宪兵营房——三座两层楼房作为主要校舍。这三幢楼在日本投降后，驻入国民党的一个宪兵营，但这时已经调离，仅留少数士兵在内看守。程托人去找陈诚，并央求胡适从旁协助，终未如愿。这样，能归安院所有的只是原国民党教育部芜湖职业班的二十几间陈旧平房，不得不另租白衣庵、功德林、广济寺等部分庙宇和民房，供师生住宿，并将岭南义庄（粤人停柩处）十余间作办公室。与此同时，设在休宁万安的皖南分院也迁来合并。分院有农林、土木、机械三系，银行、会计两科。因安大没有相应的系科可转，所以学生全部偕来。加之10月招了新生，因此11月底开始上课时便共有学生711人，分别在中文、外文、史地、法律、政经、农林、土木（机械系并入）、数学等8系和教育、数理、艺术、体育、银会（银行、会计两科合并）5科学习。另有大学先修班3个班，学生158人。

果如程演生所言，他确是延揽了一些名流，如刘海粟、马寅初、许杰（浙江人，文学家）等专任或兼任（每周或隔周来一次，集中讲课数小时）。遗憾的是这些人大多根本未来，个别的虽来而又即去，原因是院内动荡不安，存在着激烈的斗争。斗争的一方是李品仙安插的训导长谢光汉等，另一方是在政治上没有“奥援”的程演生和教务长蔡宾牟等。反对程的根本原因是李品仙不满程演生的学院迁芜，导火线是学院解聘了部分教师。先是，学院迁芜，有少数教师（10人左右）进行抵制，留住合肥，直至开学，仍不肯来芜上课。程演生多次派人敦促，均遭拒绝，不得已，遂予解聘。于是谢等便和他们在院内院外相互呼应，形成一股反程力量。程方是有不可告人的隐痛的。其一是吃空额：1946年春，已有不少人自后方复员回皖，职业问题即将和战前一样，粥少僧多。为安置亲友、充实力量，便将一些尚在后方或滞留他处的人，列入教职员名册上报。这些人事前并不知情，其后才陆续到职。在未到职前，其性质实属虚报空额。其二是院长伙食的开支：院长伙食由公家开支，本不合法，但在国民党时代却不足为奇。不过院长只是一人，而进餐时经常有不速之客二三人，甚至三五人作陪，使膳费成倍地增加，这就不能不为人所不满。反程者抓住这两点，向程方发动猛烈的攻击，或张贴标语，或散布流言。但这都无济于事，遂发展到对簿公庭。出面的是文书组里一位受指使的组员，以“程演生虚报空额，贪污自肥”向芜湖地方法院提出控诉。事实上虚报空额的款项大部分是用于弥补迁院费用之不足，小部分用于院长的伙食和交际、酬应费用；而院长伙食和交际费用，都早经出纳组会同事务组改做账据，统统列入迁院费内。庭讯时，程方陈述了情况并呈交了账据。不久，法院下达了判决，认为虚报空额确属违法行为，但其收入用于迁院费用，以公济公，不以贪污论处。反程者不服，上诉于芜湖高等分院。高分院经调卷审理（未开庭）后，驳回上诉，维持原判。反程者遭此失败，忿愈甚而恨愈深。他们知道蔡宾牟是程演生的得力大将，战略上的“擒贼先擒王”，必须战术上“射人先射马”。于是喊出“打死蔡宾牟，赶走程演生”的口号，上演一场刀枪相见的全武行。

行动计划是在谢光汉家开会制订的。谢住市内桑枣园，离院甚远。参与会议的尽属训导处的训导员。程演生和蔡宾牟都住在广济寺东面的平房。1947年2月的一个夜晚，大约在8时左右，从屋后传来了枪声，子弹不断地落到瓦上。校警队立即赶来还击，蔡宾牟便在一片枪声中从便门避入广济寺大殿。不久，枪声沉寂，拥进不少的人——自然是双方都有。反程派中且杂有院外身份不明的帮手，臂上都佩有暗号。他们既找不到蔡宾牟，便对程演生进行包围、威胁。程镇定自若，侃侃而谈，自谓“仰不愧于天，俯不怍于人”。反对者也为之动容，无可奈何地颓然离去。

翌晨审视，屋后石坡上留有斑斑血迹。凶手是谢光汉从院外收罗的，大约只有五到七人。其中兵痞花二宝腿部受伤，同伙遂不敢恋战，曳之而去，送入弋矶山医院（今皖南医学院附属医院）治疗。此事本不难顺藤摸瓜，追个水落石出；但程自度在政治上力不能敌，且亦不屑与之争一日之短长，乃悄然引去。蔡宾牟且先之离芜。程在离去之前，仍以教育事业为重，稍事部署：以柯育甫为教务长兼摄院务。柯原任国民党善后救济总署安徽分署（设在芜湖）副署长。安院迁芜不久，程即聘其兼任教授，后专任教育科主任。至是，李品仙觉得安院事态愈演愈烈，已涉及上层领导问题，不得不亲自来芜处理。他首先在中山纪念堂（今工人文化宫）召开全院师生大会。会场外军警密布，如临大敌。李认为柯既暂摄院务，亦可稍缓一下局面，所以在他胡言乱语一通之后，便宣布柯育甫为代理院长。柯娴于辞令，当即阐述他的办学方针，暗示不能为他人作爪牙。会后，院内外有不少标语，主要是反对把安徽学院作为第二个干训团，矛头直指李品仙。

翌日，李品仙又在广东酒家（遗址在今芜湖市百货公司一店）大宴全院教职员，以示“安抚”。柯治理安院是萧规曹随，一仍程氏旧贯。1947年8月，由万昌言继任院长。将教育科改为教育系，数理科并入数学系。此时，学院共有学生844人。“一朝天子一朝臣”，旧社会的大小机构，莫不如此。万对程方的主要人员，特别是兼有职务的，或未续聘，或予调职；而朱清华、吴遁生在程、万两院长中的浮沉，尤足令人发噱。先是，朱清华在临时政治学院曾短期代理院长，后在安徽学院任中文系主任；吴遁生是中文系教授。安院迁芜，程演生即以吴为中文系主任，而将朱调任图书馆长。在旧大学图书馆长的地位与教务长相等，但朱觉得这是徒有虚名而无实权的闲散位置，深为不满。后来，乃又以朱为中文系主任，吴仍为该系教授。1947年秋，刘邓大军进军大别山区，皖西北的一些反动地富子弟南逃芜湖。翌年春，安徽学院当局遂组织考试，招收他们为插班生。因其中混有特务，中共地下党便以“维护学校声誉，保证学生质量”相号召，发动同学反对此举，直至全院罢课，终使当局只好收回成命。

1949年春，人民解放军正准备渡江，万昌言即闻风而逃，由李相勖继任院长。斯时，国民党安徽省政府逃往屯溪，李相勖即计议将安院南迁到该地。由于中共地下党领导进步师生群起反对，进行护校斗争，方使其谋未遂。

4月23日，芜湖解放了。芜湖人民重见了天日，安徽学院也同样得到温暖的阳光。12月，国立安徽大学从安庆迁来芜湖，安院与之合并，成立了新的安徽大学。至此，历时九载、三易校名、三迁校址，共培养7届964名毕业生的安徽学院，虽告消失，但它却作为新的机体中的一部分，日益发育成长。

来源于《安徽文史资料全书·芜湖卷》，安徽人民出版社2007年版

记安徽学院体童科

肖　史

1948年春，三国时期魏将张辽大败东吴的古战场——合肥逍遥津的操场上，几支篮球劲旅鏖战正急。其中一支球艺娴熟、风格泼辣的球队所向披靡，先后战胜安庆、蚌埠、合肥等队，一举夺得冠军，取得了去上海参加“七届运动会”的资格。

这支队伍就是原安徽学院体童科的男子篮球队。

安徽学院体童科于1944年秋筹备，翌年暑假开科招生，此为安徽省高等学校开办体育专业的先声。该科课程开有体育原理、解剖学、生理卫生、体育行政、体育场地建筑与设备、运动裁判法、体育教学法、田径、球类、体操、国术（武术）、舞蹈、游戏、教育学、英语等。授课的教师以自己的学术造诣，各扬其长，但相互间联系甚少，加之当时科内无统一的教学计划，以致各人的教学内容显得重复零乱。

体童科开办正值抗战之际，院址在大别山区金寨县的古碑冲，条件极差，设备也极其简陋。随着学院的几度迁徙，场地条件每况愈下。在芜湖期间，学院内尚无操场，而近在咫尺的一个操场（今我校的西操场）却被国民党宪兵霸占，他们宁可让操场长期荒芜也不借让。愤恨无奈之下，师生们只好走很多路到芜湖市体育场进行教学。

开展校内外体育比赛与表演，以弥补教学中的不足，是该科的一贯传统。如在芜湖的“中山纪念堂”（今工人俱乐部），就曾举办过两次体育表演晚会，表演体操、武术、舞蹈等节目。1947年夏季的一次比赛中，精彩的节目正在演出，全场观众都在屏气观看，突然一位醉汉怪声喝彩，一时间，秩序大乱，并引来荷枪实弹的国民党宪兵，晚会没法再进行下去，以一场恐怖恶剧而告终。1949年夏，正是新中国成立后大喜大庆的日子，体童科学生又进行了一场体育表演。其动作惊险，技艺熟练，博得了观众们阵阵热烈的掌声。来观看演出的芜湖市市长江靖宇等领导同志，在晚会后接见了参加表演的师生，并给予高度赞扬。两次表演，两种结局，新旧社会对体育事业的态度，也就一目了然了。

1949年12月，安徽学院与安徽大学在芜湖合并，其体童科也随之结束。但是体童科在短短的四年中培养了一批体育骨干，他们散布在祖国各地，为新中国的体育事业作出了各自的贡献。

来源于1983年1月15日《安徽师大报》第77期

国立安徽大学搬迁记

张国铮

1948年年底，新中国成立前夕，安徽省只有两所高等学校：一所是位于安庆菱湖的国立安徽大学（设文、法、理、农四个学院，中文、历史、外语、政治、经济、法律、数学、物理、化学、农艺、园艺、森林十二个系）；另一所是位于芜湖赭山的省立安徽学院（设中文、外语、史地、政治经济、数学、教育、土木工程七个系，银行会计、体育童子军、教育、数理、艺术五个科）。1949年4月22、24日安庆、芜湖先后解放，中国人民解放军南京军事管制委员会高等教育处派了靳树鸿、黎洪模（后为安徽农学院院长）、郑玉林、朱全（徐悲鸿的女儿，真名徐静斐，后为安农大著名教授、省科协副主席）四位军事代表接管了国立安徽大学，芜湖军管会也派了朱遂为军事代表接管了安徽学院。

为便于整顿改造，经南京军管会研究决定两校合并。高教处副处长孙叔平亲赴安庆传达这一决定，并说明从发展上看，芜湖比安庆好：一是菱湖地势低洼，正遭水淹，而赭山地势高；二是安庆只有一家工厂白天轧面粉，晚上发电照明，而芜湖的明远电厂日夜供电，利于教学和实验。但有几位教授激烈反对，理由是安庆现有房舍比芜湖多。最后孙处长表示，如果迁往芜湖，一切有共产党负责；如果留在安庆，那么学校自办，共产党就不管了。这样才算定了下来。

12月初，一艘从国民党海军缴获的美制装运坦克的登陆舰，把国立安大的人员、家属、图书、仪器模型、家具连同篮球架和农学院饲养的奶牛都一股脑儿装了进去，于12月5日到达芜湖，与安徽学院合并，即为中华人民共和国成立后组建的新安徽大学。后来经过1952年的知识分子思想改造运动和全国高等学校院系调整，将安徽大学的文、法、理三个学院合并为师范学院，农学院保留。1954年农学院迁往合肥单独建院，芜湖成立安徽师范学院，安徽大学的建制暂不存在，直到1958年才又在合肥创办了一所安徽大学。

我就是乘那艘登陆艇从安庆去芜湖的。当时我是个26岁的青年助教。我现在76岁，退休12年，喜看安徽省高教事业突飞猛进，迅速发展，迄今已有普通高校34所，仅合肥市就有19所高校，还有不少科研院所，仅从数量上看，比新中国成立前已增加了29倍。抚今思昔，心潮澎湃，感慨万千，我由衷地赞叹：只有共产党，才能救中国！

来源于2000年1月10日《安徽师大报》第359期

组织“应变会”护校迎解放

肖　史

1949年初，我人民解放军已经解放了长江以北的广大国土，正待命南渡长江。而国民党残余部队则凭长江天险，妄图负隅顽抗。江城芜湖便成了长江防线上的一个战略要点。

这时，伪安徽省政府已从合肥逃亡屯溪。在这种情况下，中共南京市委给安院地下党支部发来指示：要积极开展护校斗争，使财产不受损失，师生不离开学校，以迎接芜湖解放。

当时，安徽学院学生中，已有周鹤峰、吴道哉、姚友林、洪民文、张罗、李冬荪、孙卫、程干木、吴圣全等九名党员，并成立了由周鹤峰担任书记的临时支部。党的外围组织——新民主主义青年学会，也拥有30多名成员。此外，还团结了一大批进步师生员工。因此，上级党组织的指示一抵达，地下党员和“新民学会”会员们就立即开始了行动。

首先，他们展开了反迁校的宣传，一方面通过同乡、同学、好友的关系进行个别串联；另一方面则公开演讲、出墙报、贴标语，大造不迁校的舆论。同时，成立了领导护校的合法组织“应变委员会”，由周鹤峰、吕烈文、程干木、汪馨如、朱贤礼等人组成。“应变会”成立后，除了继续大张旗鼓地宣传不迁校的好处外，为稳定人心、解除缺粮的后顾之忧，还派出代表，分头与伪芜湖市政府、芜湖工商会、省教育厅交涉，积极筹款筹粮。通过努力，筹来粮食二百多石，另外还种了一些蔬菜。经过大量工作，全院千余师生公开投票表决，结果绝大多数反对迁校，学校里动荡不安的局面因此得到稳定。由于我人民解放军神速渡江，芜湖于4月24日获得解放。安徽学院的护校斗争，取得了完全的胜利。

来源于1983年4月30日《安徽师大报》第82期

新中国成立后首任校务委员会主委许杰回忆我校新生经过

杨忠广

1949年4月22、24日，安庆、芜湖先后解放。5、6月间，南京市和芜湖市军管会分别委派靳树鸿、朱遂等同志，接管了国立安徽大学和安徽学院。十月，华东局文教部和南京军管会高教处决定以原来两所大学为基础，合并改组建立新的安徽大学，校址设为芜湖赭山，并任命我为安大筹委会主委，着手进行迁校合并和招收新生事宜。

12月5日，两校师生会师芜湖。12月12日，安徽大学校务委员会正式成立。由许杰、靳树鸿、刘遒敬、吴锐、吴遁生、齐坚如、詹云青、黄叔寅、章振邦、黎洪模等12人组成，我任主任委员。随后，又派方向明、戈华任副主任委员。在党和人民政府领导下，校委会团结全校师生，进行艰巨而复杂的改造整顿工作。

首先，把安庆的原安大的图书、设备、器材全部装箱，用一艘登陆艇搬来芜湖，作为全校教学设备的基础；随后又添置部分图书设备，同时有计划地接管了原安徽学院校舍、设备，租借了周围部分房屋，并兴建了一些简易校舍，接着很快建立了各级组织。在校委会下设主任办公室、教务处、总务处，另设政治教育、学校建设等5个委员会。全校废除学院制，改设中文、外文、艺术、历史、教育、法律、经济、数学、物理、化学、农艺、园艺森林、土木等14个系（组），先后建立了教工会、团工会、学生会等群众组织。

在1952年初，为加强党对高校领导，中共安徽省委任命项南、戈华、方向明、郑英年、张佐文5位组成安大党委会。项南任书记，戈华任副书记，增设政治辅导员，组织全校师生开展系统的马列主义政治理论学习。我与戈华等给师生讲授“社会发展史”“辩证唯物论和历史唯物论”等课。

1952年9月，依据华东区高校院系调整方案，成立以桂林栖为主委，许杰、方向明、戈华为副主委的安大院系调整委员会。先后调出的科系有：调往南京大学的土木系、艺术系;调往复旦大学的经济系;调往浙江大学农学院的园艺系;调往华东政法学院的法律系。共调出教师5人,学生79人。调入科系有:复旦大学茶学专修科;南京大学、金陵大学蚕桑专修科。共调进教师28人,学生20人。建立不久的安徽师专(由皖北干校、芜湖师范、皖南师专合并而成)也同时并入安大,成立师范专科部。调整后的安大改设师、农学院;农学院设农、林两系和林、茶、蚕3个专科;师范学院设中、外、史、教、数、理、化7系和8个专修科。经过3年艰巨的整顿改革,到1952年底,学校各项工作逐步走向正轨,拥有教职员工499人,其中教学人员186人,在校学生达到976人。新中国成立后3年共毕业本科学生483人,专科生44人。这时项南已调往团中央任职。

1954年,遵照政务院有关决定,安大农学院、师范学院分别建院。农学院迁往合肥,建立安徽农学院;安徽大学校名取消,改为安徽师范学院,方向明同志任院长。至此,我也离开学校,到地质部任职。

来源于1988年4月15日《安徽师大报》第171期

一张老校报的母校情结

汪前进

为了方便异地生活，我从原住地蚌埠市家中托运了部分行李及可用的书籍到苏州市新居。在整理书架时无意间发现了一份日期为1960年4月19日的《安徽师院报》。这无疑是当年的留存，“逝者如斯夫”久而遗忘的物件。

轻轻展开这张泛黄的52年前的报纸，其一二两版全部套红，显见这期报纸报道的内容喜庆、重大。果然，头版头条大字标题为“我院奉命改为皖南大学”，题边的提要是：为适应我省教育事业大发展的需要，根据省委指示，安徽师范学院奉命改为皖南大学。经院党委研究确定，“五四”为校庆日并举行成立大会。为了热烈庆祝新的校庆，院党委还确定在校庆期间，同时举行第一届先进集体代表、先进工作者、优秀学生表彰大会、科学报告会以及全校运动会等活动。

看着这张旧报纸，记忆一下子被拉回到那充满理想主义的、满怀憧憬的、青涩的激情岁月。

1960年春，我已是数学系二年级学生。7个多月前我们刚读完一年级就经历了全省高等院校第三次院系调整，即两所师范学院实行文理分治。1959年8月，将合肥师范学院刚创办一年的数学、物理、生物等学科从建制地迁往芜湖市，我们跟着雷垣教授、王志稼教授一齐融入了安徽师范学院。数学系同来的有许晶晶、罗松龄、丁万鼎、高功富、徐际宏、徐桂如、吴学珍等120名同学。

在安徽师院我们满怀热情地迎接了国家主席刘少奇、团中央第一书记胡耀邦等来学院视察指导，紧接着全校更加深入地开展以提高教学质量为中心的教学改革和大搞科学研究的群众运动。各系你追我赶，成果丰硕。数学系安排我们开展当时属前沿学科的“线性规划”的研究以及下厂、下矿推广华罗庚首倡的“优选法”的运用，并由雷主任领衔在全省率先开展对最新科技电子计算机的攻关研制，在当时属非常了不起的事。

在大跃进余波犹存的1960年春天，学院要改为综合性大学了，喜讯传开，全校一片欢腾。为迎接新大学的诞生及“群英会”、运动会、科学大会的召开，在“做出优异成绩向新校庆、‘群英会’献礼”的口号鼓动下，全院掀起了一个学先进、赶先进、超先进、帮后进的热热闹闹的新高潮，涌现了一大批先进个人，他们被称为“红旗手”，是学校发展迈进的标兵。

记得此期校报发到学生寝室时，大家争相传阅。我看到第二版套红通栏“红旗榜”：先进集体、先进工作者、优秀学生名单，一个整版并转第三版，共有34个先进集体、132位先进工作者和301位优秀学生，代表了全院4000多名师生员工。本期《社论》说，即将召开的表彰大会是“群英会”，是安徽师院的第一次，更是即将成立的皖南大学的第一次，首届“群英会”的意义及影响非同一般，在安徽省高教史上必将留下浓墨重彩的一笔。

在榜单的“先进工作者”栏目中，我们看到了尊敬的雷垣主任和数学系邵秀琳、邓其封、许晋发、周济生等13位先进工作者，他们确实不愧为模范。雷垣教授原在华东师大就很有声望，很有成就，前些年带领陆慧英副教授等一批精英支援合肥师院，一年后又不辞辛劳地到合并后的安徽师院领导数学系工作，并亲自编写讲义为我们上课，使数学系形成了教授们自觉地到一线为本科生上基础课的优良传统。在大三时，雷主任还给我们开十分抽象的《理论力学》课，先生循循善诱，不厌其烦。平日交往显得木讷、不善言辞，课堂上却滔滔不绝，演算推理极为流利。先生生活简朴，不修边幅，平易近人，多才多艺。一次上海乐团来院演出，歌唱家温可铮男低音表演后，竟是雷垣教授的锯琴演奏，悠扬悦耳，我们数学系学生无比惊诧，兴奋不已。先生告诉我们：艺术和学问是相通的，艺术中有科学，数学中有美学，数学也是艺术。

邵秀琳老师给雷主任当助教，给我们上《理论力学》辅导课、习题课，作业批改十分仔细，遇到深奥的问题与我们一齐讨论研究，她说：“我也是第一次跟雷先生学《理论力学》，不比你们强。”她的谦虚令我们感动。一次数学讲座雷主任讲易经、龟壳、二进位及现代计算机，深入浅出，妙趣横生。大教室里，师生互动，非常融洽，那真叫“教学相长”。

邓其封老师很年轻，他教我们《线性代数》，每次临下课，会习惯性地在黑板上写下一两本主要参考书，我至今还记得他推崇苏联学者盖尔冯德的《线性代数教程》。

四年级时，许晋发先生给我们开第二外国语——英语。我们那一届学生俄语多数相当不错，能流畅地阅读原文专业书籍、专业杂志，借助字典可读《真理报》《消息报》，于是系里给我们增开了英语。我们在初中时学习过英语，少数同学后来还自学过，教会学校毕业来的同学更喜欢。大家积极性很高。许先生自编讲义，用泛读加精读的方法教授英语。进度很快，我们也用功，常令许先生开心不已。他年纪不小了，戴一顶绒线帽很亲切，很诙谐，课堂英语会话轻松快乐。他不搞考试，考查时谁与他会话好，就得高分。

在先进工作者名单中，列有“附中附小”一栏，我陡然想起是不是我的高中母校？因为1958年高中毕业时就传闻芜湖四中要改变管理体制，更名为安徽师范学院附属中学，但毕业时文凭上盖的印鉴是芜湖市人民政府、芜湖第四中学两方大印，离校后正式改为附中，我们没有太深印象了。当看到具体先进人物名单中有成功、刘汉、梁可鑫、方四章、戴学平等老师时，方知果然是母校，真是“山不转水转”，自离开母校后，在合肥上一年大学，经过学校调整又转回到芜湖市上学，这才有缘与母校一道隶属于安徽师范学院一个大家庭了。

1960年5月4日上午皖南大学成立大会隆重召开，风光无限。

下午皖南大学第一届先进集体、先进工作者、优秀学生表彰大会开幕，巨大的会标高挂礼堂正中，两条带有时代烙印的巨幅标语“高举党的总路线红旗持续大跃进”“按照党的教育方针办好皖南大学”，分挂礼堂两侧，红毯铺地，彩旗招展，鲜花拥簇，鼓乐齐鸣。我心里明白，今天要与系里的老师和高中母校老师的代表，在同一个庄严的大礼堂一同见证皖南大学的成立，一同出席“群英会”。这大概是人生的一个台阶，一种“缘分”吧！

奏乐、鸣炮、宣读贺信贺电等开幕式议程甫一告停，在党委书记万立誉讲话之前的短暂间歇中，我急不可待地从数学系座位中跑到会场东一区，见到附中代表团，与老师们热情握手，轻轻拥抱，互道平安，相互祝福。时间虽短但情意绵长。

半个多世纪过去了，沧海桑田。从皖南大学到安徽工农大学再到安徽师范大学，日新月异，追求卓越。但一以贯之的是人文情怀、学术精神，是融文化传承与创新于一体的学府和载体。

来源于2012年11月15日《安徽师大报》第528期

他们从老安大、新安大一同走到安师大

——一张老照片引发的思绪

袁起河

新中国第7个教师节，1991年9月10日，是人民教育家陶行知先生百岁诞辰。陶先生是安徽歙县人，20世纪20年代初他曾积极参与我校前身省立安大的筹建工作。作为安徽省成立最早的高等学府安徽师范大学，为了弘扬陶行知先生的教育思想，激励师生崇尚先贤，终身从教，经慎重考虑，决定趁陶先生百年诞辰之日，在我校校园内新落成的行知园隆重举行陶行知先生全身铜像揭幕仪式。是日，我校老书记、时任安徽省副省长魏心一到场致词，省教育厅和芜湖市相关领导以及陶先生的亲属与我校领导、师生代表共同参与了这场特别的盛典。

消息传开后，各方反响热烈。尤其是几位老教授心情异常激动，反应更加强烈。他们是1928年建校当年就入学的张先基教授（物理系），1930年入学的张定荣教授（化学系），著名教育家、词学家宛敏灏教授（中文系）和1931年入学的程谪凡教授（教育系）。他们都在本校初创时期入学，毕业后就留校任教，又随旧省立安大、国立安大到新安大和安徽师范学院、皖南大学、安徽工农大学、合肥师范学院直至安徽师范大学终身从教，亲身经历学校变迁，为学校建设与发展作出过重要贡献。他们因离退休较早未能参加这次活动而倍感惋惜，并表示一定寻机相约同游行知园，在陶先生铜像前留个影以作永恒的纪念。

学校党委获悉上述几位老教授的心愿后，即委托党委办公室负责同志记住这件事，征求老教授们的意见，在他们都方便的时候，邀他们到行知园相会相叙。次年6月中旬，几位老教授的愿望实现了。在一个风和日丽的上午，我和党委办公室主任谢道仁登门用轿车将他们一一接到行知园。他们虽然都已耄耋，但个个神清目爽，老友相聚，谈兴甚浓。记得他们议论最多的是校名演变、师资队伍和七八十年代我校教学质量等内容。直到结束时，此次活动倡议者、曾担任教务长和图书馆长多年的宛敏灏教授，仍感意犹未尽。考虑到老教授们的健康和身体状况，我们将他们一一护送到家。

当年秋季，一天晚上九点，我突然接到宛老的电话，他说要来看我，我连忙说宛老你不要来，我立即到你家去。到了他家，他首先将上半年在行知园拍的一组照片（装在镜框里并写了说明）拿给我看。接着，他打开话匣将那次相聚未尽之言一一向我道来。归纳起来主要有以下四点：一是我校尽管几迁校址，几经分合，几易其名，但从老安大到新安大、安师大的机构建制，图书、仪器和全部档案特别是中文、历史、地理和数学、化学、物理、生物以及艺术、体育等专业学科的几百位正副教授为主体的教师队伍都在我们安师大，“安徽教育母机”的实质未变；二是半个多世纪形成的“厚德、重教、博学、笃行”的校训和“厚重朴实，至善至远，追求卓越，自强不息”的师大精神代代相传；三是安徽师范大学20世纪七八十年代的教学质量、科研水平、思想政治教育工作和学校管理水平均名列全国同类院校前茅，如本科四级英语统考通过率和报考研究生的录取率之高均赢得了全国许多重点大学和著名研究院所的关注和赞扬；四是对于未来，宛老激情满怀，他认为学校已有了这么好的基础条件，在上级党委和政府以及校党委的正确领导下，再上一个台阶是大有希望的。对于接几位老教授到行知园相会这桩区区小事，宛老却很高兴，并向省委教育工委作了汇报。一次，省教育工委副书记刘伦光曾对我说：“你们做了一件有意义的事，宛老及几位老教授很高兴。”

如今，20多个春秋又过去了，几位老教授在世纪之交先后离世。学校各项工作也都在步步向前。正如他们当年所预期的，在党的正确领导下，已建校86周年的“安徽教育母机”——安徽师范大学的办学规模、人才培养规格、教学质量、科研水平及校园建设等又上了一个新台阶，于2013年底成功跨入省部共建高校行列，标志我校改革开放实现了历史性跨越，实现了几代师大人的夙愿。近日，在庆祝新中国成立65周年和我校建校86周年之际，校党委适时召开了第十次代表大会，回顾既往，规划未来，确定了“力争到建校100周年时，把学校建设成为全国同类院校一流、特色鲜明的高水平大学”的奋斗目标。这是符合师大实际、令人鼓舞、催人奋进的战略选择。作为本次大会的特邀代表，我衷心拥护大会各项决议并期盼全校上下，同心同德，锐意进取，在新的历史起点上，谱写新篇章，创造新辉煌，为实现建成高水平大学奋斗目标再作出新的更大的贡献。

来源于2014年10月31日《安徽师大报》第548期

一座大楼与两棵大树

袁起河

如果你站在镜湖南岸观览亭极目北望，映入眼帘的肯定是一幅美丽的风景画——从赭山南坡一直延伸到镜湖之滨，由高而下偌大的一片绿茵丛中，一座座高低起伏、形状各异的乳白色、银灰色的建筑错落其间。它就是近几年国内多家媒体公认的全国10所最美高校校园之一——“安徽师范大学”。

进入该校东大门，迎面的是“田家炳教育书院”，从它左侧前望，又一座银灰色高楼耸立于丛林之中，它就是安徽师范大学赭山校区图书馆大楼。走近其右侧门外，有两棵与大楼相依相偎的参天大树，欲与大楼试比高。你想知道这座大楼与两棵大树的来历吗？

20世纪七八十年代以至90年代，安徽师范大学办学用房极为紧张。一次新华社记者来校采访，在察看图书馆时，他发现本校不仅馆藏种类丰富，而且古籍善本累累；再看到馆舍和馆内设施，房顶裂缝纵横，设施破烂不堪。此情此景刺痛了记者的心。随后，他写了一篇《安徽第一大图书馆急待抢救》的报道，于1992年5月6日在新华社“国内动态”1110期刊出。时任全国人大常委会委员长乔石阅后即批：“采取紧急措施，同省里共同努力，设法抢救。”

这引起了国家教委、安徽省委、省政府和教育主管部门高度重视。时任国家教委主任朱开轩在安徽省副省长杜宜瑾陪同下亲临学校视察，朱开轩视察后破例拨款300万元帮助抢救。同时，省政府拨款800万元，加之学校自筹100万元，合计1200万元，因而这座建筑面积9450平方米图书馆新大楼得以在1993年开工建设。在举行开工典礼时，安徽省省长傅锡寿、副省长张润霞、省政府秘书长陈基余和中共芜湖市委书记张平等省、市领导亲临现场祝贺并执锹培土奠基。由于中央和地方政府的高度重视，这座安师大梦寐以求的图书馆新大楼于1995年竣工开馆。如今，这座大楼高高矗立在校园中心，成为安徽师范大学赭山校区一座标志性建筑。

图书馆新大楼的馆址原是一块高低不平、荆棘与杂草丛生的荒地。开工前夕，平整土地、削坡挖土、砍伐荆棘杂树的机器声震耳欲聋。此刻，学校已离职休养的老书记沙流辉以急切的声音给学校办公室同志打电话说：“速告新图书馆基建工地负责人，一大楼前、新馆基地右侧的两棵水杉千万要保留。它是1954年老安徽大学农学院奉命赴合肥独立办学时，老院长齐坚如教授亲手从路西红楼旁移过来栽到这里的，作为离开母校的纪念。它记载了我们学校的发展史……”学校办公室同志接电话后立即转告基建办公室。老书记的心愿实现了，两棵大树终于被保留下来。

如今，整整60个春秋过去。这两棵水杉生机盎然，巍巍挺立在图书馆新大楼正门右侧，为图书馆遮阳避雨，见证着安徽师范大学一代代英才学子在赭山脚下、镜湖之滨这片热土上成长成才，完成学业，奔向祖国的四面八方。作为今日的安师大人，我们要像保护古籍珍藏、爱护图书馆新大楼一样爱护这先人亲手栽植和关心保护的两棵水杉大树。因为它既是中国国家重点保护植物，又是学校发展的历史见证，也是后人对先贤们的怀念和敬重。

来源于2014年3月15日《安徽师大报》第541期

百岁文学大师苏雪林造访母校安徽师大

程丽华

在我校隆重庆祝建校七十周年之际，103岁的国宝级文学大师、我国台湾成功大学教授苏雪林专程前来芜湖访问母校，并为母校70周年校庆题词。苏教授一行受到了学校师生的热烈欢迎，校领导与苏教授亲切会见，并陪同老人参观了校园及校史展览。

苏教授原名苏梅，字雪林，安徽省太平县人，早年曾执教于我校前身省立安徽大学，在五四新文化运动时期，她的才名直追冰心，诗词书画、小说散文均独树一帜。代表作有自传体小说《棘心》，散文集《绿天》等。在学术研究方面，单是煌煌一部一百八十万言的《屈赋新探》已卓然“成一家之言”。由于历史的诸多原因，苏先生的成就在大陆被湮没长达半个世纪，致使她的名字鲜为人知。

这位被后世人誉为中国现代文坛的“常青树”“超越老寿星”的世纪文学大师，今年她在台南家中度过103岁生日之后，喜悉母校七十华诞，思乡之情骤增。5月22日，苏教授及学生、医护人员一行10余人几经周折，终于由台湾飞往安徽。26日，苏教授回到了阔别67年的母校。在校史展览厅，当老人凝视着省立安徽大学校长刘文典雕塑时，往事历历在目。当在历任教授名单中看到“苏梅”二字，看到那些发黄的线装花名册和校史物证时，老人流下了激动的泪水。在校期间，苏教授还见到了当年的学生，现已90岁高龄的张先基教授。张先基教授向苏先生详细讲述了当年他任《塔铃》半月刊主编时，聘请先生担任顾问和她用宣纸题诗的情景。流年逝水，而今师生白首相逢，怎不叫人喜出望外。

苏雪林教授由我校护送于5月26日深夜安全抵达了故乡太平县。根据日程安排，苏教授于29日返回台湾。

来源于2004年2月29日《安徽师大报》第340期

为苏雪林当解说员

王茂跃

苏雪林，安徽太平人，曾就学安徽省立师范及北平女师，与鲁迅夫人许广平为同学，曾两赴法国，与著名画家张玉良交友甚密。早年即有才名，诗词、山水画均有相当造诣。

五四后新文化时期的白话作品《棘心》《绿天》曾广为传读，名噪一时。才女之名直追冰心，并与冰心、冯沅君、凌叔华、丁玲等并称五大才女作家，入录刘大杰《中国文学史》。50年代初由法赴台湾定居，终身从教，笔耕不辍，集作家、画家、学者于一身，著有180万字的《屈赋研究》。

我怎么也没有想到我会有机会为她担任解说员。

1998年5月24日，《参考消息》转发了《103岁文学大师造访安徽》的消息，文中提到，苏雪林"早年曾在安徽大学任教""今年3月过103岁生日后，突然兴起返乡的念头，适逢安徽大学校庆，因而促成苏雪林返乡。"

看到这一消息后，安徽师范大学才知道苏雪林是校友，而安徽师范大学在5月23日刚刚举行建校70周年庆典。于是，一位副校长立即赶到合肥苏雪林下榻处。在得知她当年任教的省立安徽大学已演变成现在的安徽师范大学时，苏雪林这位老校友欣然题写了"庆祝母校七十华诞"几个大字作为永久的纪念，并决定改变行程，在回老家太平途中经过芜湖，参观安徽师范大学校史展览。校领导给我交代了任务：找出能反映苏雪林是校友的档案资料；苏雪林来参观时，我担任解说员。

5月26日，苏雪林来到安徽师范大学。在参观校史展览时，我首先简要地介绍了从苏雪林任教时的省立安徽大学演变为安徽师范大学的过程。随后，当介绍到她当时的同事——朱湘、郁达夫时，苏雪林还久久地注视着放大的照片，似乎还在记忆深处搜寻着当年的印象。最后，我拿出了新中国成立前编印的毕业学生纪念册，其中在省立安徽大学历任教授名单中，苏雪林的名字赫然在册。看到了发黄的纸张上的自己的名字，苏雪林微微点头，脸上露出了满意的笑容。

这位文学大师、老校友来校参观，为安徽师范大学70周年校庆活动划上了圆满的句号。

来源于1999年《上海档案》第3期

芜湖师专创办初期的艰难历程

詹剑锋

1958年秋季，芜湖师专开始创建，到2005年6月并入安徽师范大学，办学时间持续48个年头。每当回忆师专建校时期的情景，很多老同志心潮起伏、感慨良多，笔者曾为此走访王俊杰、高树榕、翟大炳、朱典淼等老同志，那一桩桩、一幕幕至今都历历在目。

芜湖师范专科学校原名芜湖专区师范专科学校，是1958年5月中共安徽省委在岳西会议上决定创办的。当时芜湖专区管辖现在的宣城地区、黄山市以及芜湖市的三个县、巢湖地区部分县。这个横跨大江南北的地区，共辖22个县，但中学教师奇缺，迫切需要一所培养中学教师的师范专科学校。

芜湖地委和行署高度重视省委决定，立即与省有关部门商谈，提出由张文芳牵头筹办师专，争取9月开学上课。6月24日，省委下文通知，任命张文芳为芜湖专区师范专科学校副校长，免去其宣城县委副书记职务。

张文芳原籍河北省宝坻县（现属天津市），1928年1月出生，1945年9月在晋察冀边区农业专科学校毕业，留校工作。1949年春随军渡江南下，在休宁县人民政府任秘书（相当现在的办公室主任），兼管教育科工作，而后担任徽州专署教育科长、芜湖专署教育科长，宣城县委副书记等职。1958年组织上提出由他筹办师专时，便欣然接受，面对一张白纸开始筹划。

王俊杰是与张文芳同志同龄老友，是1949年春随军南下途中相识的，新中国成立后又同在休宁县政府工作，1958年9月间，地委任命王俊杰为师专第二副校长，免去其屯溪隆阜中学副校长职务。当时，两位校领导刚满30岁，精力旺盛，富有理想，对于创建并办好师专充满信心。他们夜以继日地工作，及时解决了几项重要事情。首先，是迅速选配教师，地委、行署批准从全区各师范、中学选调12名拔尖的中老年教师，省教育厅又从大学毕业生中选配了11名教师。第二是及时招收学生。决定由徽州师范、宣城师范、黄麓师范三所学校从当年的毕业生中挑选184名品学兼优者直升师专，其中89名编入两年制中文、数学两个专科班，95名编入一年制中文、数学两个高速班（后来教育厅下文承认其为专科学历）。同时，从全区小学高年级教师中抽调80人分别组成中文、数学、理化三个进修班，总共计有学生264名。这些学生思想品德好，文化素质高，热爱师范专业，进取心强。有了这样的教师和学生，尽管物质条件十分匮乏，但学校教学仍是一片新气象。宣城师范学校从王云山校长到全体师生都大力支持师专办学，他们让出部分教室、宿舍，实验设备、操场以及图书、医务、食堂与师专共用。

师专开办后的第一学期快要结束时，大家关注的校址问题尚未最后选定，张文芳校长主要精力转移到校址选定问题，校内日常工作由副校长王俊杰主持。

筹建师专之初，地委的意见是将校址选在芜湖市区内的营盘山，此事迟迟决定不下来。后来地市合并，地委领导市委，师专接受地、市双重领导，选择校址必须服从市里统一规划。市委常委、宣传部部长王文在地市合并后担任地委常委、宣传部部长。王文约张文芳一道乘车朝大桥镇方向沿路察看。起初认为五里墩地方不错，但又考虑大量征用土地不合适；十里牌距机场太近，飞机起降对教学有影响；湾里也不行，继续前进。到了大盛铺，看到这儿地势开阔，便于按照“大跃进”精神作出宏伟发展规划（当时有些领导同志讲两三年后要发展成师院），而且符合市委要在这一带建立学校教育区的设想。一锤定音，师专校址就选在偏远的大盛铺了。学校领导虽有不同意见，但校址选定不能再拖延下去了，否则，第二年仍无遮蔽风雨的校舍，因此学校抓紧工作，很快办好了土地征用手续。

1959年元月下旬，上级领导一个电话，调张文芳同志到省科委工作，并要他立即准备，直接去上海参加省科委会议，学校工作由王俊杰副校长主持。当时，学校最使人焦虑的是基建问题。基建经费虽已落实，问题是各行各业都要“大跃进”，购买建筑材料难，运输难，寻找建筑力量更难。芜湖只有三家建筑公司，仅市内的工程已经工作紧张，谁都不愿到无电无自来水的远郊大盛铺去施工。王俊杰找到第三建筑公司的主要负责人李维州并请他支持，虽然他很热情，表示一定要把师专校舍建立起来，但无奈没有汽车运输力量，无力承包采购全部材料。因此，学校只有把地委调配的镜湖区罗家闸的一间房子作为基建办公地点，由吴世厚、顾非、张健常驻，天天跑计委、批材料、找运输，催促建筑公司尽快决定“师专工地”主任人选，早日率领工人开工。

1959年“五一”节前后，工程正式开工，但是建筑进度缓慢，情况十分棘手，8月底前要建好五百余人的食宿、教学房舍面临很大困难。而宣城师范要扩大招生，师专无法再借住下去了，必须在七月底前撤离。面对现实，经反复讨论，最后决定：第一，坐催建筑公司在八月中旬前建起食堂、大礼堂和九间平房教室，同时赶建草房（竹架、泥墙十间一幢）六幢；第二，基建组在批购竹木、砖瓦等材料上加大力度，并陪同汽车司机运输，如人手不够要及时增加；第三，早作思想准备搬迁大盛铺，利用暑期投入建校劳动。

会后，王俊杰校长既做“巡视员”又做“办事员”，往返于宣城、芜湖市内、北郊大盛铺之间，同其他同志一道进出机关、公司及有关单位，要求下文件、批文件、写条子、打电话，硬着头皮做自己非常生疏的工作。

6月下旬，中文、数学、理化三个进修班80人在宣城进行期末考试、结业鉴定，各自返回原县分配工作。7月3日，中文、数学四个班全体同学和年轻教师、干部200余人，由秦肇驹、刘松涛、夏祖珠带队来到大盛铺投入建设劳动。他们从宣师出发，打起背包步行到江边登船，中午抵达弋江码头下船，走到芜湖师范（即现在的十二中学）食堂就餐，然后赶乘火车到大桥镇，再步行到大盛铺。从清早告别宣师辗转周折到傍晚才到目的地。先期来的同学老师做好了二菜一汤，八人一圈围蹲地下用餐，大家都说饭菜不错。夜幕降临，电灯是没有的，必须照明的地方只有一盏煤油灯。但许多同学喜欢满天星光，还说“很有诗意”。女同学、女教师集中在大盛铺小学教室席地就寝，男同学、男教师就在露天划片安眠。这是一种“战地生活”，虽然艰苦，“延安抗大”精神却得到发扬，整个营地呈现一派欢乐景象。因为每人都有一个愿望，这就是甘当师专校园的开拓者、奠基人；大家共有一个信念，相信师专一定能够建起来，并且发展壮大，成为中学教师的良好“摇篮”。

整个建校劳动是在酷夏当中顶着烈日进行的，师生劳动的主要项目是装卸搬运建筑材料。比如：为运输汽车装卸砖瓦，从扁担河边运输竹木，从四褐山运水泥，从龙头山挑石头等等，都是顶着搬运工人身份干活。同时种菜、修路，还协助建筑工人挖地基，充当强壮劳力。

8月初，一年制中文、数学两个高速班同学劳动一个月后，才享受到芜湖市借助在二中食宿，并进行鉴定、分配。两年制中文、数学两个专科班同学和教工继续“作战”。建校劳动的成果是很大的，截至1959年8月中旬搬运装卸建筑材料三千多吨，挖地基千余方，大大加速了工程进度，厨房已交付使用，草房基本完成，教室、大礼堂开始内部粉刷，校内道路初步平整。虽然学生、教工宿舍工程刚刚启动，但新学年开学师生有了简单的遮蔽风雨的地方，参加建校劳动的64名教工和中文、数学两个专科班的89名同学，为师专的建设付出了辛勤的劳动，可谓是创建师专的“元老”。

创建师专的是一个群体，而且是一个自觉、坚强、乐观、自信的群体。虽然师专借用宣师的校舍和设备上课，可谓白手起家，但当时师生却充满信心，表现出奋发向上的精神风貌。全体师生在思想上、目标上和行动上高度一致，所以，无论多么大的困难都能克服，这种不畏艰难、筚路蓝缕的创业精神是永远不能忘记和丢掉的。

人物春秋

安徽现代高教创始人——刘文典

王茂跃

刘文典(1889—1958),字叔雅,安徽合肥县东乡人(今肥东县)。他1907年加入同盟会,1909年至1911年留学日本,1912年回国后在上海担任于右任、邵力子等人创办的《民立报》编辑兼英文翻译。不久,《民立报》被查封。袁世凯派刺客到上海刺杀革命党人,宋教仁遇刺身亡,刘文典手臂中弹幸存。1913年,刘文典再次东渡日本,在孙中山先生亲自主持下,宣誓加入了中华革命党,并担任中山秘书处秘书。1917年,陈独秀担任北京大学文科学长,聘请刘文典任北大中文系教授。从此刘文典开始了他的教育生涯。他是安徽师范大学前身——省立安徽大学的创始人,在安徽高等教育史上占有重要地位。

热心教育　创办安大

早在1921年,省内外一些皖籍学者名流鉴于安徽教育落后,就有筹建安徽大学的倡议,后因军阀混战,未果。1926年重提前议,又因经费匮乏、校舍无着、北伐战争兴起等原因,筹备工作再次中断。1927年9月,国民党省府聘请刘文典等十一人组成“安徽大学筹备委员会”,公推刘文典为文学院院长兼预科筹备主任。筹备期间,刘文典四处奔走,不遗余力,解决了办学所需的校舍问题,又筹集了办学经费,同时派人分赴各地购置图书设备,选聘教职人员。经过半年多的积极筹备,安徽大学于1928年2月招收了自然科学班和社会科学班预科生,4月10日正式开学上课。这一天成为安徽大学成立纪念日,也是安徽现代教育史上高校创立之始。同年8月,安徽大学文法学院成立,刘文典被公推为安徽大学文法学院院长(当时安大只设有一个学院,故刘实为安大校长)兼预科主任,是安徽大学最早的创始人。

爱护学生　刚正不阿

安徽大学创办之时,正值大革命失败之后,流散在各地的一些共产党员、共青团员和进步青年纷纷考入安徽大学。他们在校内秘密成立以预科学生俞昌准[①]为支部书记的安大党团支部，组织马克思主义研究会，介绍进步书刊，秘密张贴传单，宣传革命思想，开展反帝反军阀的斗争。不久俞昌准的进步活动被特务发觉，向校方和当局告密。刘文典即以查斋为由，在俞昌准宿舍发现藏有《通俗资本论》《国家与革命》等马列书籍，当即嘱咐他迅速离校，以免遭受迫害。

1928年11月23日，安大近邻省立第一女中举行校庆，并演戏招待来宾。安大地下党团支部认为，女中封建统治严厉，是党团组织的空白点，决定趁机闹学潮。当晚发动部分党团员一百余人前去看戏。女中校长程勉看到安大等校男生来校，便宣布停止演戏，诬告安大学生捣乱会场，侮辱女生，并电告公安局派来军警鸣枪弹压，从而引发了一场规模较大的皖省学潮。这时恰好蒋介石从凤阳经芜湖抵达安庆。他耳闻目睹了安庆闹学潮的情况，在29日下午召见了刘文典和程勉。蒋问刘："肇事之学生，如何处置？"刘答："当日滋闹者不止大学一校学生。"蒋言："他校不管，单问尔校学生。"刘答："此事复杂，需要调查。"蒋一再追逼刘文典交出肇事学生，刘文典出言顶撞，蒋介石大为震怒："大学学生黑夜捣毁女校，殴伤学生，尔事前不能制止，事后纵容学生胡作非为，是为安徽教育界大耻，我此来为安徽洗耻，不得不从严法办，先自尔始。"刘文典仍不屈服，气得蒋介石命令随从陈立夫将刘文典送公安局关押，并宣布要解散安大。消息传出，群情激愤，舆论哗然。在社会各界舆论的压力下，经蔡元培、蒋梦龄、胡适等多方保释，刘文典在安庆被关押七天后，于12月5日获释，但是刘文典被迫离开了经他一手创办起来的安徽大学。

气节崇高　故园情深

刘文典离开安徽大学不久，清华大学校长梅贻琦邀其北上，担任清华大学国文系主任。1931年九一八事变后，日军占领东北，进逼华北。此时，粤系军阀（反蒋派）陈济堂知道刘文典教授反蒋态度坚决，多次函请刘文典赴粤，并以重金相聘。刘文典深知他们的良苦用心，乃叹曰："正当日寇侵华，山河破碎，国难深重之时，理应团结抗日，怎能置大敌当前而不顾，搞什么军阀混战？皮之不存，毛将焉附？"遂婉言谢绝，并将巨款退回，表现了以国家

① 俞昌准（1907—1928），安徽南陵人，1925年在上海大学读书时，由恽代英介绍加入社会主义青年团，1926年转为中共党员，此后在南陵、芜湖、安庆等地从事革命宣传和团的工作，1928年12月16日，被国民党枪杀于安庆。

利益和民族利益为重的崇高品德。

1937年七七事变后，平津沦陷，刘文典没能撤离北平。日军得知刘文典精通日语，多次威胁利诱，迫其就范，但都被严词拒绝。日军恼羞成怒，多次派日本宪兵涌入刘宅翻箱倒柜地抄家，刘文典身穿袈裟，昂首抽烟，怒目而视，表现了崇高的爱国气节。直到1937年底，他通过友人帮助，化装逃出北平，由塘沽搭外轮经香港辗转到达昆明，担任西南联大教授。在得悉安庆被日军占领时，曾作《有感》[①]诗一首，对日本侵略者表示极大愤慨，对安徽家乡表示深深怀念。

新中国成立后，刘文典留任云南大学，党和政府对他非常关怀和重视，最早晋升他为云南省一级教授，并推选他为第一、第二届全国政协委员。1958年逝世后，他的亲属遵其遗愿，将骨灰从昆明运回安庆安葬，并将他一生所珍藏的价值近2万元的图书、文物全部捐赠给安徽省博物馆，作为他对家乡教育事业的最后贡献。

刘文典教授是我省现代高等教育的创始人。他是一位热爱祖国、热心教育、学有所成的教育家，又是一位爱护青年、富有正义感的知识分子的典范。

来源于1995年《安徽档案》第4期

刘文典（1889—1958），字叔雅，原名文聪，笔名天明等，安徽合肥人，祖籍安庆怀宁。1927年，刘文典回到家乡安徽，受聘组建大学，是省立安徽大学的重要开创者之一。刘文典先生是现代校勘学大师，以《庄子》《淮南鸿烈》（即《淮南子》）研究负天下重名，有“国宝”之誉。《淮南鸿烈集解》《庄子补正》是其学术代表作，也是这两部书的权威校勘本。胡适先生称赞该著“用力之久而勤，方法之严而谨”。陈寅恪认为其校勘是“古今之至慎者”，放言“普天下真正懂庄子的只有两个半人，一个是庄子本人，一个是刘文典，半个天下人共分之”。刘文典先生对待学生却是百般呵护，因为保护学生，他与蒋介石爆发了激烈的冲突，最后被迫去职。

① 这首《有感》七律诗是刘文典寄赠其夫人秋华的，诗云：“故国飘零事已非，江山萧瑟意多违。乡关烽火音书断，秘阁云烟典籍微。岂有文章千载事，更无消息几时归？蔺成久抱离群恨，独立苍茫看落晖。”

现代中国著名政治学家张慰慈与省立安徽大学

李宗楼

中国现代政治学研究的开拓者、著名的政治学家和政治思想家——张慰慈先生，1930—1931受聘省立安徽大学法学院政治学教授，兼任校图书馆馆长，为安徽大学的教学与发展奉献了他的渊博学识和难忘岁月，是值得我们永远记忆和尊重的前辈，学习的楷模。

一、开创研究性的课程教学

张慰慈（1890—1976），1912—1917年留学美国，就读爱荷华大学政治学专业，1917年获博士学位，同年与胡适一同回国，受聘北京大学，成为北京大学最早的政治学教授之一，直至1927年辞去北大教职南下。1930年，受聘省立安徽大学。据安徽师范大学档案馆保存的1930年“安徽省立安徽大学民国十九年一览”档案记载，张慰慈，籍贯，江苏吴江，39岁，任安徽大学校务会议委员、聘任委员会委员、图书委员会委员，图书馆馆长，法学院政治学教授，所任课程，市政、政治学概论、欧美政治制度①。

20世纪20年代，张慰慈在教育界和国内政治学界有很高的声望，积累了丰富的教学经验，最突出特点是将政治学科研究成果整理成论著出版，作为学生的政治学课程教材，既丰富课程教学内容，也使学生接受到最新理论研究成果和学术思想的熏陶。虽然现在我们无法考证到当年张慰慈课堂教学的史料，但从他的学术研究和出版的论著中，可探寻到他的课程教学轨迹。如“市政”课程，现在称为市政学亦称市政管理学，主要研究城市政府的法律地位以及城市政府对城市公共事业、公共事务的管理，是当时卓有远见的新课程，也是民国初期张慰慈最先开辟研究的领域。他在美国留学时，就开始市政研究，他的博士论文题目就是“美国市政之委员制与经理制的历史与分析”。1920年，在《新青年》上发表“美国城市自治的约章制度”论文，后

①安徽师范大学档案馆档案（1930-XZ-1）.《安徽省立安徽大学一览（民国十九年）》第1、8、15页。

相继在《努力周报》《北京大学社会科学季刊》等期刊上发表了多篇市政研究的文章。至1925年，他的市政研究基本成熟，将之前发表的文章进行整理，撰写成《市政制度》，由上海亚东图书馆印发。胡适作序，给予很高的评价，认为这是一部很好的市政研究的引论。……其特别长处在不偏重制度的介绍，而兼顾到制度背后的理论与历史[1]。正因这是一部理论水平很高的市政研究著作，且将这一研究成果作为教学用书带到市政课程教学上，受到学生的特别欢迎，影响不断扩大。当时，清华大学政治学系学生就向系领导进言，要求应聘请校外"素有特别研究"张慰慈先生到清华讲授市政[2]。不久，清华大学政治学系聘请了张慰慈担任市政学方面的课程，满足了清华大学政治学系同学的要求。同样，此时的张慰慈作为安徽大学的教授讲授市政学，无疑使安徽大学政治系的学生获得最好的市政理论学习与教育。

张慰慈的"政治学概论"和"欧美政治制度"课程教学也是如此。注重对政治学理论和欧美政治制度的研究并将成果融合课程教学中。1930任职安徽大学时，将他的《政治学大纲》又重新修改，出了第8版。这本著作是1923年由商务印书馆出版，作为北京大学政治学原理课教材，是他当时最有影响的代表性政治学著作，被我国当代著名政治学家、北京大学资深教授赵宝煦先生称为民国时期出版政治学比较著名的几本专著中的首本[3]。《政治学大纲》从1923年2月出的第1版到1930年的第8版，期间不断修改、调整，充实和增加新的内容，成为当时国内大学最有影响的政治学著作，被很多大学政治学系选为指定教材。就第8版的《政治学大纲》与1928年出版的第7版相比，由原二十四章内容压缩调整为十八章，章节和字数虽少了，但阐述的理论更精炼，增添的一些内容更具时代感和贴近当时中国社会，更适用于安徽大学政治系的教学。欧美政治制度课程教学，也是以诸多研究成果为支撑，包括五四前后他发表的俄国政治制度的变革、德国和英国政治制度系列研究文章，1923年整理出版《英国选举制度史》，1930年在安徽大学期间出版《宪法》（商务印书馆）和《政治制度浅说》（神州国光社）著作[4]，以这些系列研究成果作为教学的基础，必然保证该门课程的高质量研究性教学。

张慰慈在省立安徽大学以及之前任职的北京大学等多所高校课程的讲

①胡适.《〈市政制度〉序》，《胡适文集》（4），北京大学出版社1998年版，第647页。

②参见徐雄飞.《提醒政治学系同学》，《国立清华大学校刊》第75期，1929年5月31日。

③参见赵宝煦.《中国政治学百年历史》，东南学术，2000年第2期。

④李源编.《张慰慈卷》（中国近代思想家文库），中国人民大学出版社2015年版，第473页。

授中，高度重视政治学等理论研究并及时将研究成果补充到著作里，融入教学中，使课程教学内容丰富多彩，理论阐述清晰深刻，更赋时代气息，也为学生和读者提供政治学最优秀读本，让学生学到学科最新内容，获得最新理论营养。既反映了张慰慈对政治学研究的杰出成就和理论探索的锐气本色，也凸显他对大学课程教学的高度重视和对学生的责任感。

二、卓越的学科探索与学术贡献

张慰慈开创并重视研究性的课程教学，取得极好的效果，深受学生欢迎，是建立在他对政治学深入研究与取得诸多成果基础上的。他从美国留学回国后，在《新青年》《每周评论》《努力周报》《北京大学社会科学季刊》《东方杂志》等期刊上发表了大量时政文章和学术论文，撰写和出版了多部著作，这些论著正是张慰慈为构建政治学理论体系及政治学分支学科所进行的卓越探索。

一是在构建政治学理论体系上的突出贡献。

一般而论，理论体系是对研究对象构成的扩张和延伸，将对象构成放在历史的、理论的和逻辑的结构中加以分析，使对象的构成清晰明白地呈现出来，并展示对象构成的固有规律。张慰慈对政治学理论体系的探索，主要源自他的《政治学大纲》，把源于中国传统政治学和来自域外的政治学优秀成果相结合，在“国家-社会”的分析框架下，注重对政治学的含义与研究方法、基本范畴与内容界定和划分的阐述，并在此基础上，从主权与民权、国家—社会分立、政党、议会与宪政等方面初步勾勒了中国现代政治学理论体系的架构和轮廓。经多次修改、充实和调整，至1930年第8版《政治学大纲》，结构更为合理，内容更为丰富，以18章的篇幅全面地展示其理论体系构架。可以说，张慰慈《政治学大纲》在建构中国现代政治学研究的基本框架，奠定中国政治学的科学化、体系化方面具有开创性的学术地位。正如我国著名政治学家、复旦大学政治学教授孙关宏先生所说，《政治学大纲》这本皇皇巨著，长达517页，列为北京大学丛书之一。此书内容论及国家性质、起源、进化、基础、主权以及国体、政体、宪法、立法、司法、行政等问题。此书出版表明，中国政治学研究已经有了一个基本框架，因此带有学科标志意义[①]。这是孙先生对张慰慈为中国现代政治学理论研究特别是理论体系的

①孙关宏.《中国政治学：科学与人文的探索》，上海人民出版社2008年版，第76页。

探索高度评价和充分肯定，也说明张慰慈的《政治学大纲》对推动现代中国政治学理论体系研究产生的重要影响和积极贡献。

二是对政治学分支学科的开拓性贡献。

20世纪上半叶的中国政治学主要还是推进西方政治学理论中国化、本土化，大致可以称之为“理论政治学”时代。但是，现代中国的政治学作为一门学科，亦逐步衍生出新的分支学科，这对于政治学学科体系的完善和发展有着极为重要的意义。在这样的学术进路中，张慰慈的贡献也是独特的。也就是说，张慰慈不仅在政治学理论体系研究上有重要贡献，而且在市政学、宪法学、政治制度以及国际政治研究方面亦有其独特性的努力。

市政学是现代工业社会的产物，同时也是政治学研究具体化、现实化、实用化的需要。正是随着工业社会中城市作用的凸显和城市管理的复杂化，因而产生了以市政为研究对象的市政学。张慰慈在美国留学时专门研究市政问题，并且特别擅长于市政学的研究，回国后又发表了大量的市政学研究论文，出版了《市政制度》这一代表性的著作。因而成为中国市政学理论的开创者。《市政制度》不仅是民国初期最早的市政研究著作，初步构建起市政学的基本架构，而且提出城市治理的城市党治、分类治理、市政制度建设、市政改革、市政专家治理、人民的城市、城市民治的本质、市政监督、城市自治、市政文化等十多个重要思想，这些思想观点在今天的市政管理中仍有一定的积极意义。

张慰慈作为五四时期著名的政治学家，在宪法学方面亦有积极的探索与努力，为宪法学这门学科的发展作出了重要贡献。从1919年研究俄国新宪法到1930年形成《宪法》这部著作，前后也有十多年的历史。他起初是在研究十月革命过程中注意到俄国的新宪法，并因研究俄国而涉及革命的德国进而研究德国的新宪法，后又发表欧洲的新宪法的文章，1924年出版的《英国政府纲要》著作中，其第三章就是“现在的宪法与政府”。这说明，张慰慈能够在1930年出版《宪法》专著不是偶然的，而是有着比较充分的宪法学研究基础的。在安徽大学工作期间，是其学术研究的成熟期和总结期，《宪法》就是他出版的三本书中的一本。该著虽然篇幅虽不大，框架设置绪论——法治与人治、宪法的性质、宪法的种类、宪法的产生、宪法的内容、宪法的修改等六章，也只有两万字，有些学术主张也未能得到进一步的展开，但特色明显，观点鲜明，且架构紧凑、自成体系，系统地表达了张慰慈在宪法学方面的研究主张，在当时是具有开拓性的，对于宪法学成为一个比较成熟的学科有着重要的贡献。

政治学研究必然要关涉政治制度的研究，政治制度研究在张慰慈的学术生涯中也有着重要的位置。张慰慈1930年在安徽大学时由神州国光社出版的《政治制度浅说》，是张慰慈在政治制度研究方面的集大成著作，代表了张慰慈在政治制度方面的研究水平，也是对政治学分支学科研究的重要贡献。1919年前后，张慰慈重点研究俄国的制度，对于俄国的新宪法、新银行法、土地制度、婚姻制度、遗产制度等进行了较为系统的研究。其后，将"新俄"研究转向"一战"后德国政治变迁的研究，尤其是对德国新宪法中的联邦制度研究颇有建树。继而，1922年至1923年间集中精力研究英国的政治制度，相继出版了《英国选举制度史》《英国政府纲要》等著作，从而为张慰慈以后的政治制度的系统研究奠定了坚实的学术基础。不仅如此，《政治制度浅说》有着鲜明的创新特色，对既有的不少政治主张提出自己的判断与主张，譬如关于政治制度起源的问题、关于创制权与复决权问题等。可以说，该著是十多年来政治制度研究的集大成著作。政治学家高一涵在为张慰慈的这部书所作的序中指出："慰慈兄这本书完全以叙述各国实际的政治制度为主，即有理论，也是从实际的政治制度中抽出的理论，绝不是不谈理论的著作，也绝不是专谈理论的著作。我很希望慰慈兄这本小书，收得转移国人研究政治的方向的效果。"①这可见张慰慈这部著作在政治学史上的地位。是将政治学理论及相关原理与西方政治制度的实际状况紧密结合起来，从而开辟了政治制度研究的新方向。

国际政治是政治学科中密切关联的一个分支，是以国际社会各个行为主体之间的政治关系及其运行机制和规律为主要研究对象的一门学科。20世纪初期的中国虽然还没有形成这门学科，但国际政治问题也成为政治学家张慰慈研究的重要领域，1919—1931年间，他先后在《东方杂志》《努力周报》《现代评论》等期刊上，发表了大量时政评论文章，对当时的国际局势和国际问题进行深入分析，包括欧洲的战争与革命、民族主义与国际关系、国家主权理论、社会阶级与国际社会运动等诸多方面，形成了许多重要的理论研究成果。相对于政治学理论等领域的研究，对国际政治的研究大多散布在时政评论文章之中，但他的突出研究成就、对国际热点问题的敏锐洞察和

①张慰慈.《政治学大纲》(外二种)，安徽师范大学出版社2017年版，第282页。

在国际政治研究方面的一些真知灼见，是对政治学科的研究和构建现代国际政治学科的重要贡献。

三、传承前辈治学精神的研究

张慰慈的学术研究对中国现代政治学产生重要影响，是对安徽大学的教学及人才培养做出的重要贡献。为尊重历史，传承前辈的治学精神和丰富的学术资源，也便于今天重新阅读和研究，我们将张慰慈在安徽大学期间出版的《政治学大纲》（第8版）、《政治制度浅说》《宪法》以及《市政制度》等著作，点校整理，结集为《政治学大纲（外二种）》和《市政制度》，已由安徽师范大学出版社重新出版，受到国内学界许多专家学者充分肯定与赞许。在中国政治学会领导的大力支持下，经精心筹备，2017年7月，安徽师大法学院在芜湖主办了张慰慈学术思想研讨会，也是国内首次举办的专题研讨。中国社科院政治学研究所、中国政治学会、南京审计大学、北京师范大学、苏州大学、天津师范大学、济南大学、云南大学、中国海洋大学、上海师范大学、扬州大学、福建师范大学、安徽省社科院等十多所高校科研单位以及有关媒体40多位专家学者聚集一起，围绕张慰慈的政治学研究领域与研究方法、突出成就与学术贡献、学术思想以及对未来政治学发展的把握与建议等方面展开讨论，既有从政治学学科视角、理论体系、研究方法等宏观层面的论述，也有从张慰慈的市政思想、宪法思想、政治制度比较等中观层面的关注，还有从微观视角上对张慰慈婚姻观、与胡适的交往情谊等方面的探析。此次会议成功举办，受到学界以及中国社科网的高度关注，十多位专家研讨发言被中国社科网编辑为学术研讨专题，在中国社科网页政治学专栏刊出。

为对张慰慈学术思想做更好的研究，弘扬师大人精神，借90周年校庆，我们组织并邀请了多所高校十多位专家教授共同完成研究张慰慈的第一部学术著作——《中国现代政治学史上的张慰慈》。该书基于理论逻辑与历史逻辑相相统一的视域，注重文本阐释与学术思想梳理相结合，较为全面地研究和评定张慰慈的政治思想及在政治学上的重要贡献。既系统地评述张慰慈的思想、学术和道路，揭示其政治学家、思想家的身份，阐发张慰慈政治思想的各个层面，表征其研究俄国政治制度、崇尚自由主义、关注妇女的思想历程，凸显其政治思想家的地位，也重点考察张慰慈建构政治学理论体系的卓越探索，阐发其《政治学大纲》的突出成就及其在政治学科学化系谱中的地位，借以呈现张慰慈在政治学理论上的独特建树。同时，梳理张慰慈在市政学、宪法学、政治制度、国际政治等方面的研究成就，彰显张慰慈在开创政治学分支学科方面的开拓性贡献。本书已由安徽师范大学出版社2018年2月出版，在学界以及对张慰慈学术思想的进一步研究，将会产生积极影响。

张慰慈（1890—1976），江苏吴江人。字祖训，早年留学美国，哲学博士。曾任北京大学、法政大学、上海东吴大学法律学院、中国公学政治学教授，安徽大学图书馆长等职，中国政治学的开拓者，北京大学最早的政治学教授，其主要著作：《英国选举制度史》（商务印书馆1923年）、《市政制度》（东亚图书馆1925年）、《政治学大纲》（商务印书馆1930年）、《政治制度说》（神州国光社1930年）、《政治概论》（商务印书馆1924年）、《政治学》（同上1932年）、《宪法》（同上1933年）等。其译著有《现代民治政体》（同上1931年）、《妇女论》（神州国光社1930年）等。

怀念老主任周辛教授

杨克贵

我在合肥师范学院工作时，教育系主任是周辛教授；教育系撤销后，他是教育学科教研室主任。我一直是在他领导下工作，他既是我尊敬的领导，也是我学术研究的引路人。

我原来是学中文的，在合肥师范学院中文系学习。1960年为适应形势，停办多年的教育系恢复招生。当时教师紧缺,学校决定从中文、历史两系高年级学生中抽调一些人到外校培训，充实教师队伍。包括我在内，从中文系抽调四人、历史系一人，分别派往华东师大和南京师院进修教育学、心理学和中国教育史。我是到华东师大学习心理学，一年后回校任教。记得1961年秋季开学，召开全系教职工大会，周辛主任站起来讲话，他首先向大家介绍新来的同志，每介绍一位，都称先生，包括我在内。我刚由学生走上工作岗位，听到这样年高的老教授称我先生，感到不好意思。周主任当时已七十多岁，个子不高，瘦瘦的，头发拔顶，但精神矍铄，目光炯炯有神，讲话铿锵有力。他面对40多名教职工，谈到教育系的发展，很高兴。这是我第一次听他讲话。隔日他又去为学生讲话。当时教育系招有80多名学生。记得他讲的主要内容是介绍毛主席给他老师徐特立的祝寿信，结合他本人的体会讲尊师重教，讲得情真意切，听者很受教益。这是对学生的很好的专业思想教育。

我们初到教育系任教，周主任为我们每人都配有一位指导教师。我的指导教师是徐远熯先生。他要求助教必须随指导教师听课，写的讲稿要经指导教师审阅；开课前要在教研室试讲，通过后才能上讲台授课。这样助教独立授课一般都在一两年后，而且是一章一章地开放，开始还不能教一门完整课程。这是对青年教师打好扎实基本功的严格要求，也是为了保证教学质量。这是周主任教学管理的理念，培养教师的措施。

在经历三年困难时期后，为贯彻国家“调整、巩固、充实、提高”的方针，1962年秋，刚恢复两年的教育系又被撤销，现有学生合并到政教系。虽然保留教育学科教研室，为全校学生开设教育学、心理学等公共课，但教师有多余。原来从中文系来的四位同志（包括我）要求回中文系，其他三位同志都回去了，周主任不放我走，要我继续留在教研室，并说明要我留下的理由，给了我不少勉励。这样我就在教育系一直工作到退休，教育科学成为我终身研究的专业。从这一点上来说，周辛教授又是我学术道路上的引路人。

当时合肥师范学院、附小、附幼归教育系管，体育教研室和教育科学教研室是一个党支部（教育系时是总支），周辛主任是党支部书记，他还是学校党委委员，是五个党委委员中唯一的教授。当时教师中党员不多，尤其在老教授中党员更少。周辛教授是新中国成立前在高校入党的，是党内的专家，当时人称他为“红色教授”，倍受人尊敬。学校研究重大事情，尤其是教学科研方面受争议的事情都请他参加，听取他的意见。他在这方面有丰富的管理经验，学术造诣也较高。1963年他和宛敏灏教授同时晋升为三级教授。他在学校可谓是德高望重，但对自己要求很严格，开会一般都先到。他坚持锻炼身体，每天清晨都在校园内打拳舞剑，所以身体很好，这在学校也是有名的，很多人都跟他学太极拳。他为人很随和，平易近人，是位忠厚的长者。记得1963年（或1964年）六一儿童节，附小组织儿童到逍遥津公园游玩，请周辛教授同行，给儿童讲点故事什么的。周主任笑呵呵地对学生们说：“你们都叫我老爷爷，其实我和你们年龄差不多大，也是儿童”。学生们听了都瞪大了眼睛。他接着解释说：“中国古代是用干支纪年，六十年为一甲子；人过了六十岁就要重新算，从一岁算起。我去掉六十岁，不也只有十几岁吗，和你们年龄差不多吗？”把同学们都逗乐了。

1966年，我在长丰县杨庙公社搞“四清”。约6月底或7月初，学校组织一批教师到寿县参观，车经杨庙停下来休息，因我校有不少人在这里搞四清。徐远煐先生悄悄地告诉我，学校正在搞“文化大革命”，学生们都起来了，很多教师干部遭受冲击，周辛主任也遭受迫害，不幸离世。我听了一惊，不知所以，在当时是难以表达哀悼心情的，徐先生在告诉我这件事时还有点恐惧心理。我们当时在乡下不知道城里发生的事情，也不知道学校发生的事情。在长丰搞“四清”的大部分是省直单位和高校人员，省里不希望这些人回合肥，怕增添动乱，所以消息一般很少有人知道。

粉碎“四人帮”后，1980年，学校为周辛教授开了隆重的追悼会。今年是周辛教授逝世48周年，特作上述回忆，以示怀念。

来源于2014年6月30日《安徽师大报》第546期

周辛(1891—1966),浙江海盐县人,原名周廷珍、号葆儒(1952年改名为周辛)。我国现代知名的教育学者、乡村教育和社会教育运动的倡导者和践行者,二十世纪早期倡导并实践"教育救国"的代表人物之一。1929年在英国爱丁堡大学教育研究班学习,1931年7月回国后到新中国成立前先后在上海的国立暨南大学、无锡江苏省立教育学院、国立中山大学等高校担任教授。新中国成立后担任江苏教育学院副主任委员、教导主任及苏南文化教育学院副主任委员、教务长,苏南高教联秘书长。1951年9月,周辛调到华东教育部担任高教处处长。1952年10月,周辛调到安徽大学(即安徽师范大学的前身),担任专科部主任,被选为中共安徽省第一届党代会代表、安徽省第三届人民代表大会代表。1958年周辛调合肥师范学院任教育系主任、教育学科教研室主任、党支部书记,担任安徽省教育学会副主席、安徽省心理学会主席。

杨亮功其人其事

王茂跃　郭宣宁

1988年，陈立夫以“中央评议委员会主席团”的名义，联合34位国民党元老，向李登辉提出动议，力促海峡两岸早日和平统一，杨亮功就是这次和平签名的参加者之一。

杨亮功（1895—1992），安徽巢县柘皋镇人，1920年毕业于北京大学，1921年任安徽省立一中校长。1922年公费赴美留学，1924年获斯坦福大学教育硕士学位。后入哥伦比亚大学师范学院研究院，1927年获纽约大学哲学博士学位，他于1928年回国，任国立第四中山大学教授兼文科主任、上海公学副校长，1929年9月任安徽大学文学院长兼代校长，1930年6月任安徽大学校长，1931年7月辞去校长职务，任国立北京大学教授，1933年任北大教育系主任，同年被推荐担任监察院监察委员。1938—1948年间，先后任安徽、江西、福建、浙江、台湾监察使。1948年复任国立安徽大学校长。1949年赴台，任台湾省立师范学院教授兼教育系主任，并兼代国立编译馆馆长，1950年任台湾地区监察院秘书长，1968年任台湾地区考试院副院长，1973年任台湾地区考试院院长，1978年辞去考试院院长职务，奉聘为总统府资政，直至1992年1月8日病逝，享年97岁。

纵观杨亮功的一生，从学生到学者，再由学者而入仕途，曾任要职，可圈可点之事颇多，本文择要选取几例，以飨读者。

一、热情讴歌五四运动

1919年五四运动爆发时，杨亮功在北大求学。作为一名热血青年，他亲身投入了这场伟大的学生爱国运动，并将五四运动的起因、经过等记入了《五四》一书（该书与蔡晓舟合著，以杨景工笔名出版）。书中序言写道：“我北京学生‘五四’一役涵有二义：一为国家争主权；二为平民争人格。前者所以使外人知，吾民有血性，而杀其觊觎之心。后者所以使公仆知，吾国有主人而正其僭窃之罪。虽然是二义不可徒立也，非具有牺牲万有之精神，莫言其端；非得以前仆后继之实力，莫刈蕨果。五四特启端耳。安可无明确之记载向其旨趣于人人。”

今天，重读《五四》一书，依然能够感受到其中蕴含着浓郁的爱国之情。

二、据实撰写台湾二二八事件调查报告

1947年，台湾发生二二八事件，三万多民众被杀。时任闽、台监察使的杨亮功，奉监察院长于右任之命从福州赶到台湾进行调查。他亲临现场察看，只见台北市在浩劫之后，不但是死城，也是空城，街上一片死寂，行人断迹，只有几条野狗在那里乱啃被人打死的尸体，尸体上沾满鲜血，惨不忍睹。对此惨景，杨亮功脸色凝重，默不作声，悲从中来。他搭乘一辆吉普车前往台北市各医院慰问受伤之人。在基隆，杨亮功由柯运芬陪同去看现场，柯指着数百具倒卧在血泊中的尸体，不顾事实地说，这是暴徒进攻那座仓库被击毙的，杨亮功知道这是谎言，未予理睬，回到寓所对随从人员说，仓库附近无战斗迹象，死者都是十七八岁的青年学生，他们又未携带武器，怎么能说是暴徒进攻仓库被击毙的呢？杨亮功在台湾各地调查了34天，撰写成《二二八事变奉命查办之经过》这篇调查报告。

杨亮功在报告中据实以陈，因而得罪当局，被迫辞去监察使职务（台湾的说法是，因当时监察使制度被取消之缘故），重新回到国立安徽大学任校长。他的那篇调查翔实、分析周详的报告在监察院尘封了42年，直到1988年才得以重见天日，公布于世。台湾报纸称杨亮功是“为二二八事件撰写调查报告的第一人”，他的调查报告“为至今诸二二八版本中较无争议的文件”，是“后人了解此一历史伤痕的重要资料”。

三、廉洁公正 生活俭朴

杨亮功早年任监察委员时，长江西岸榷运局局长贪污，遭杨亮功弹劾。当事人企图以2万枚银圆行贿，被杨亮功断然拒绝。1939—1942年，杨亮功任皖赣监察使时几次来皖视察。国民党安徽省主席李品仙曾以馈赠旅费为由，以巨款行贿。杨亮功退还巨款，并提前离开当时省会立煌。杨亮功在任监察使的十多年间，从不以权谋私，在老家未置过一间房屋、一亩地产，也从未为子女、亲戚、朋友谋求过一官半职，真可谓正直无私，两袖清风。

杨亮功赴台后，一直住着一间旧式的日本房子，客厅只有八个榻榻米大，餐厅只有六个榻榻米的面积，外加两间四五个榻榻米大小的卧房，厨房还是沿墙搭建的。他任台湾地区考试院副院长时，考试院曾决定为他换一间较好的房舍，但被杨亮功婉拒，客厅的旧沙发一用就是24年。直至1973年出任考试院院长之后，才迁到新的官邸。

杨亮功逝世后，台湾地区的《中央日报》《中国时报》《联合报》等报纷纷作了报道，并给予高度评价。有的称颂他"著作等身、桃李满天下"，有的赞扬他"一生清廉、正直，不畏强权恶势力，风范备受推崇"，更有人叹道，"他老人家所代表的'一介不苟取'的精神，政坛上已经很难看到"。这些并非溢美之词，对杨亮功来说，实在是名副其实，受之无愧。

来源于1996年《安徽档案》第6期

杨亮功(1897—1992)，安徽巢县(今合肥市)人。1920年毕业于北京大学中文系，先后任天津女子师范教员、安徽省立一中校长。1922年赴美国留学，两年后获斯坦福大学教育学硕士学位，1927年获纽约大学哲学博士学位。回国后历任第五中山大学(今河南大学)教授兼文科主任、上海中国公学副校长、安徽大学校长、北京大学教育系主任。1938年调任皖赣监察使。1948年复任安徽大学校长。

访新中国成立后首任校长许杰同志

肖　史

去年，我们为了收集校史资料，拜访了新中国成立后我校首任校长许杰。

许杰是安徽省广德县誓节渡人，1925年毕业于北大地质系，是我国著名的地质学、地层古生物学家，是李四光的学生和助手。1949年11月到1954年2月，他担任我校的前身——安徽大学校委会主任委员、校长，对我校的新生和发展，有重要的贡献。

许杰今年83岁，但身体硬朗，精力充沛。当他得知我们的来意后，十分高兴，向我们介绍了当年接管和整顿安大的情况。

1949年4月百万雄师过大江，设在安庆的安徽大学和设在芜湖的安徽学院也先后获得新生。6月，我党就派了军代表靳树鸿、黎洪模等通知进行接管，10月，任命许杰担任安徽大学的主任委员。那时两所学校均处于瘫痪状态，虽然都有护校委员会，但许多工作仍旧无法进行。教师学生的思想比较混乱，派系斗争相当复杂。不少人对党还缺乏正确认识，师生吃饭、住宿等等，也存在着一些困难。

经过一段调查了解，许杰提出了整顿方案，采取了四个步骤。

（1）经上级批准，将安庆的安徽大学与芜湖的安徽学院合并，建立新的安徽大学，校址设在芜湖赭山。十二月中旬，成立了以许杰为首的十二人的安徽大学校务委员会，建立了各级行政组织和办公制度，学生陆续入学。

（2）解决教师住房和学生宿舍。那时安徽学院校舍实在少得很，经与有关部门商量，要回了被人占据的一、二、三号楼（即现在物理系、历史系、校务处所在的三座楼房），整修了所有校舍，并加紧新建了部分简易校舍。

（3）进行院系调整。根据华东军政委员会指示，进行了院系调整，原安大的土木系和艺术组调到南京大学，接着经济系、园艺系、法律系又分别调到复旦大学、浙江农学院和华东政法学院；复旦大学的茶叶系，南京大学、金陵大学的蚕丝系都调整到安徽大学。

(4)最重要的就是进行思想政治教育。校委会一成立，就很快组建了以靳树鸿为主任的政教会。开展政治理论学习和思想政治工作，领导广大师生对旧思想影响开展了尖锐斗争，许杰同志就亲自主讲过“社会发展史”“从猿到人”等。经过教育，广大师生思想觉悟明显提高。在参军、参干时，主动报名的就有182人。在救济皖北灾民时，广大师生也献出了大量物资。

1954年2月，许杰调地质部担任副部长。

最后，他为我校题词，并祝愿全体师生员工在党的领导下，紧密团结，奋发努力，把师大办好，为社会培养更多的为人师表、德才兼备的人才，为祖国四个现代化的建设作出应有的贡献！

来源于1983年6月20日《安徽师大报》第85期

许杰（1901—1989），号兴吾，1901年生于安徽广德，1989年卒于北京；生前曾先后任国立中央研究院地质研究所副研究员、研究员，云南大学教授，安徽大学校长，地质部副部长，中国科学院生物地学部副主任、院长，副理事长、中国科学院学部委员（1955年当选）。1958年当选为苏联古生物学会名誉会员，是中国笔石古生物学与生物地层学的重要奠基人，在腹足类、三叶虫古生物学方面有很多建树。长期担任地质部及地质科学研究院的领导职务，对新中国地质矿产勘查与科学研究作出了贡献。

赵景深与战时省立安徽学院

张 翔　吴萍莉

抗日战争时期，省立安徽学院（1940年3月—1949年12月）是安徽敌后唯一坚持办学的大学。1937年抗战全面爆发以后，位于省城安庆的省立安徽大学于1938年6月随着安庆的沦陷被迫西迁，后终因困难重重，于1939年夏停办。

由于"安徽当时全省尚有未沦陷和半沦陷的县半数以上，弦歌未辍，高中毕业生甚多；以前在省立安徽大学或其他高校肄业的学生，除一部分转移到后方进入其他高校继续学习外，留在省内的则停学待读，无深造之所；而鲁南苏北豫南鄂东等边区青年，不堪敌伪压迫，也相率来皖，求学无校，就业无门，处境艰难。我省又急需培养专门人才，故非常需要建立一所大学。"①在当时教育界有识之士的努力下，安徽省府遂于1940年3月成立省立安徽学院。学院经历了安徽建设学院、安徽临时政治学院和省立师范专科学校等各个阶段，1943年7月始称省立安徽学院，地点设在战时省政府临时所在地立煌县（今金寨县）郊古碑冲黄家集。

省立安徽学院诞生在"抗战"特殊时期，尽管物质条件艰苦，但在它却汇集了一批学有专长、富有教学经验、甘愿献身国家教育事业的教师队伍，他们有的是在原省立安徽大学西迁后留下的，有的是当时从大后方辗转回到家乡的皖籍人士，还有的则是经过千辛万苦、冒着各种危险从沦陷区逃出来的，这其中就包括"抗战"后期从上海来到安徽学院的复旦大学教授、著名戏剧史家和教育家赵景深。

一

赵景深（1902—1985）原籍四川宜宾，1902年出生于浙江丽水（今兰溪市）。由于父亲在安徽芜湖任职，1906年年幼的赵景深随父母举家迁到芜

①安徽师范大学校史编写组．安徽师范大学校史，安徽人民出版社2008年版，第87页。

湖，后据赵景深回忆："先父在民国初年，就在芜湖国民党里做职员，并办《直言报》和《平民报》等。"[①]长大以后，赵景深就读于芜湖芜关小学，1912年又转读襄垣小学、圣雅阁小学，1918直升圣雅阁中学读书，赵景深在江城芜湖度过了他的童年和少年时光。1919年他远赴天津南开中学读书，1920年考入天津棉业专门学校，1922年毕业后任天津《新民意报》文学副刊编辑，1923年加入文学研究会，后辗转长沙、绍兴、广东海丰等地任教，1927年后定居上海，在上海艺术大学、复旦大学等多所大学担任教授，并任北新书局总编辑，主编《现代文学》《青年界》等杂志。

应该说，赵景深的文学生涯是从安徽芜湖上中学时起始的。早在芜湖圣雅阁中学时，他就开始尝试翻译一些外国童话，并向当时商务印书馆的《少年杂志》投稿，发表了包括处女作《国王与蜘蛛》《蜗牛与勤学》和《对角棋的着法》在内的三篇译作。到天津后，赵景深对文学的爱好更加浓烈，在天津棉业专门学校学的虽然是工科，但他常常"一方面向上海《妇女杂志》投童话稿，一方面向天津《新民意报》投故事稿。"[②]那时他整日忙于写作，1921年他与友人合编《益世报》副刊《新认识》，专门负责文学和创作方面的组稿。1922年3月他又负责编辑了文艺杂志《微波》，虽仅出了一期便停刊了，但这毕竟是他编辑文艺杂志的最早尝试，同时也是他文学创作生涯的正式开始。据新文学研究家姜德明先生考证，《微波》流传甚少，1936阿英先生编《新文学大系》史料、索引卷时，由于资料的缺乏，就漏收了赵景深所编的《微波》杂志。后来，其子赵易林先生编纂《赵景深先生年谱简编》时，也同样忽略了《微波》杂志。

1927年以后，赵景深来到上海，先在开明书店任总编辑，并在上海艺术大学任教。后经北新书局总经理李小峰再三邀请，1930年6月始任北新书局总编辑，并与李小峰胞妹李希同结婚，当年鲁迅、郁达夫等文学名流都参加了他的婚礼。抗战爆发后，上海除各国租界外很快为日本人所占，北新书局的业务几乎陷入停顿。《青年界》停刊，在李小峰和赵景深等人的努力下，北新书局又出版了《抗战半月刊》和"抗战小丛书""抗战小丛刊"等。1941年12月太平洋战争爆发后，日本军队进入租界，上海完全陷落。1943年冬，李小峰只身来到战时安徽省府位于大别山深处的立煌县，在那里他发现战时敌后各个中小学校教材十分缺乏，于是着手翻印各式教材并到立煌周围

---

①赵景深．海上集，上海书店1984年版，第33页。

②赵景深．海上集，上海书店1984年版，第54页。

各县推销。1944年春赵景深因不愿为日伪所利诱，携妻子儿女突破重重封锁也来到立煌县，担任省立安徽学院中文系主任。早在1930年，好友朱湘任安徽大学外国文学系主任时，曾数次邀请他赴安庆任教，只因当时北新书局坚留而未果。

二

赵景深在战时安徽学院教学之外，还积极参加学院和当地的各种文化活动，广泛结交各界朋友，他热心扶持文学青年，创办文学社团，编辑出版文学专刊。后来，他在《山城文坛漫步》中回忆道："安徽学院几个爱好文学的青年组织了一个星社，在皖报出了一个《星火旬刊》，这刊物是由我们编辑的。其中如辉星的文学理论，谭星的小说，辰星的诗，寒星、流星、秋星、晶星的小品，都是前途极有希望的，还有一部分同学组织了一个长江文艺社，也要我做社长，其中如卓子、黑斧、程砂、白菲等常为《皖报》《安徽日报副刊》撰稿，颇值一读。另外还有一个青年文艺社，已出《文艺》创刊号，由苍民、陈俊恂等主编，苍民也是安徽学院出身的，是个多产的青年作家，很能写作。"[①]这些文字无疑是战时安徽学院学生文艺社团发展的真实记录，显现出赵景深对青年学生文学创作的培养投入了极大热情。

作为当年立煌县文学创作的亲历者，出于一个文学研究者的职业习惯，赵景深还对战时立煌县的文学创作作了较全面的总结，他在《山城文坛漫步》一文中对当时安徽战时省会立煌县的整个文学创作现状分别从诗歌、戏剧、小说和散文等四个方面作了极为细致的梳理，为后人研究安徽抗战文学积累了宝贵资料，这其中他着重总结分析了战时安徽临时省府小说创作的成果，他认为："小说方面的收获最为丰盛。以三草得名的王萍草和吕耶草（还有一位钟番草）都各有两本小说集，萍草多作长篇，《黄河的海》只是他的长篇的一部分，写的是边区某县民军抗战的情形，人物众多，范围广阔。作者刻画人物颇多成功之处。他写景也很用力，下的功夫很大，有一些像王统照的作风。此书与《丰碑》《端阳》保留了不少的民歌、民间故事以及习俗信仰。《端阳》差不多也是一个中篇，《丰碑》描写的细腻与蝴蝴戏《马寡妇开店》有异曲同工之妙。耶草有小说集《柏庄》和《田园交响曲》。作者文笔生动，活泼而不板滞，我读他的作品可以不假思索地顺溜地读下去，像在波平

①赵景深．文坛忆旧，上海书店1983年版，第142页。

浪静的水面滑过。我爱读《柏庄》，胜过《田园交响曲》。李春舫也有两本小说集：《山城》和《弃子》。前者凡短篇小说七篇，其中《山城》《谷》《夜渡》三篇角色多相同，如唐克孝、黄徐明等。作者似乎企图写一个长篇；也许这长篇已经写好了不少，先抽出一部分可以独立的来发表，末篇《潜斋老人》和《新地》可以显示作者的战斗精神。大别山旧文学的气息还很浓厚，李先生的《再来一次白话文运动》和《五四运动与人的文学》一类文字还是极为需要的。黎嘉的《夜巡》，其中有一篇写到人生活的，颇有柴霍甫风味，另有数篇未结集。"[①]

抗战时期，地处大别山深处安徽立煌的新文学创作，是当年中国整个抗战文学版图上的一个重要组成部分，赵景深以一个文学史家特有的敏锐眼光，为我们记录了眼前发生的热烈而朴实的文学场景，这无疑极大地丰富了我国抗战文学的内容。

三

抗战爆发后，各种形式的话剧是反映现实最快最直接的一种艺术形式。敌后各种宣传抗日的话剧演出非常繁荣，许多艺术家、作家都积极参与其中。赵景深在安徽学院任教期间结合自己的专长也主动投身到当时立煌抗战话剧演出的辅导当中。据当年参加战时话剧演出的邵剑真在《忆赵景深先生二三事》中回忆："第一次见到先生是在县城的中山纪念堂。当晚，我们演出话剧《雷雨》。先生看完演出后，来到了后台化妆室与演职员见面。……他个头不高，胖墩墩的，身穿一件灰长衫，还戴了一副很深的近视眼镜，约30岁的样子。显得温柔敦厚，一派学者风度。当夜，他写了一篇对《雷雨》观后感的文章，次日发表在《皖报》上。他认为在接近抗战前线的深山沟里，人力物力都极为困难的条件下竟能驾驭这部名著，且不比大城市演出逊色，实在令人欣喜、叹服。这大概就是景深先生后来主动、热情参加剧队演出，并与男女老少演职员结为密友的主要因素吧！"[②]对于舞台，赵景深并不陌生，他自幼便登台演出过，那还是他在芜湖圣雅阁小学读书时，一次学校举办圣诞演出，他被同学强拉去救场。对此他许多年后还清晰地回忆道："正式的演戏是在芜湖圣雅阁小学。当时是耶稣圣诞，演戏庆祝，校方请

①赵景深．文坛忆旧，上海书店1983年版，第140—141页。

②李平，胡忌．赵景深印象，学林出版社2002年版，第154页。

我的父亲编剧。女主角本推柏锡琨担任，他怕羞不肯；因为他皮色白皙，一向是被同学们当作女性的，恐怕演戏以后，更要受人嘲笑，他就向我磕头，非要我担任不可。”[1]幼年的一次成功客串演出，似乎决定了他以后一生的艺术趣味。

值得一提的是，赵景深关注话剧之外，课余时间还主动辅导青年学生学唱昆曲。赵景深可谓中国古代戏曲、小说研究的一代宗师，当年在郑振铎的影响下，早在赴省立安徽学院任教前，他就先后出版了《宋元戏文本事》（北新书局，1934年）、《元人杂剧辑佚》（北新书局，1935年）、《大鼓研究》（商务印书馆，1937年）、《弹词考证》（商务印书馆，1938年）和《小说戏曲新考》（世界书局，1939年）等多种著作。在当年的戏曲研究者当中，许多人不仅注重理论研究，而且还能自己登台演唱，赵景深也是这样。抗战初期，赵景深因在复旦大学教中国文学史课，他感到会唱一点昆曲对教学一定很有帮助，同时觉得把昆曲搬到大学课堂，对振兴昆曲这门古老艺术也很有利，于是他加入了“平声曲社”，师从昆曲前辈管际安先生学唱昆曲。来到战时的省立安徽学院后，赵景深也把昆曲艺术带到了那里。据张国铮回忆：“这年秋季，我正就读于数学系二年级。有一天忽听同学们说，赵教授为了拯救和弘扬宝贵民族文化遗产，义务教唱濒于失传的昆曲，全院同学都可以自由参加。我很好奇，前去试听，立即被那悠扬婉转的旋律和优美高雅的词句所倾倒。”[2]一时间，安徽学院的许多同学都报名参加学曲。由于战时的立煌县条件艰苦，学曲根本没有现成的曲谱，学生们无法自己练习，张国铮在别人的引荐下，自己到赵景深住处去“听记”通俗的简谱，当时教师宿舍晚上连电灯也没有，就这样，老师唱一句，学生记一句，最后终于整理成完整的唱腔谱，极大地便利了同学们学曲。

这些手抄的曲谱后来还作为展品参加了1945年2月15日立煌县戏剧节的“戏剧史料展览会”。也正是在这次戏剧节上，由赵景深指导的安徽学院学生尝试用西洋乐器为昆曲配乐进行了一次演出。赵景深认为它是“一个大胆的试验”。赵景深在立煌县大约一年半的时间里，安徽学院的同学们先后学会了包括《牡丹亭》《长生殿》《夜奔》《思凡》《贩马记》和《刺虎》等十多段昆曲唱腔。直到抗战胜利后，赵景深回到上海，教曲才结束。

身逢乱时的赵景深以对祖国传统文化极大的热情在偏于一隅的大别山

①赵景深.海上集，上海书店1984年版，第37页。

②李平，胡忌.赵景深印象，学林出版社2002年版，第138页。

深处普及宣传祖国传统戏曲文化，为莘莘学子展现了一位知识分子在国难来临之际的那种积极向上的乐观主义态度。

抗战胜利后，赵景深与家人于1945年11月回到上海。他一面协助李小峰恢复北新书局的各项业务，一面继续回到复旦大学任教。此时，安徽学院也由立煌迁至合肥，1946年10月又从合肥迁至芜湖，定址于风景优美的赭山南麓，镜湖北畔。1949年12月复校后的国立安徽大学由安庆迁到芜湖，与安徽学院合并，成为新的安徽大学，亦即今天的安徽师范大学前身。战时安徽学院也因此成为安徽师范大学一个重要历史时期。

在中国的十四年抗战中，省立安徽学院也像当年北京大学、清华大学和南开大学等众多内迁大学一样，面对外敌入侵，为保存祖国中华文化、培养战时急需人才，做出了自己应有的贡献。

来源于《芜湖职业技术学院学报》2016年第1期

赵景深（1902—1985），曾名旭初，笔名邹啸，祖籍四川宜宾，生于浙江丽水，中国戏曲研究家、文学史家、教育家、作家。赵景深少年时在安徽芜湖读书，1922年毕业于天津棉业专门学校后，入天津《新民意报》编文学副刊，并组织绿波社，提倡新文学。1930年起任复旦大学中文系教授。1944年春赵景深因不愿为日伪所利诱，携妻子儿女突破重重封锁到达立煌县，担任省立安徽学院中文系主任。曾任中国古代戏曲研究会会长，中国俗文学学会名誉主席，中国民间文学研究会上海分会主席等。著有《曲论初探》《中国戏曲实考》《中国小说丛考》等十多部专著。

百年景仰　百年怀念

——纪念单粹民教授诞生100周年

胡炳生

单粹民的传记，列入《中国现代数学家传》第四卷中。

今年是中国现代数学家、我校著名教授、中国数学会的创始人之一、安徽数学会的创始人——单粹民教授100周年的诞辰。作为他的学生，我对这位我省数学界备受尊敬的前辈和老师，始终饱含着深深的缅怀之情。

先生是河南省新蔡县人，但是他的一生大部分时间都在安徽度过，在我校度过，为我校的发展、也为安徽高等数学教育事业的进步，贡献了他毕生的精力。

安徽的高等数学教育，是从1929年安徽大学创办数学系开始的。1932年，刚从法国留学回来不久的单粹民先生，就应聘来到安徽大学，接替已经离开安大的郭坚白先生担任数学系教授兼系主任。从那时起，直到他逝世的半个多世纪中，除了抗日战争的那几年，他都在安徽度过，并先后在省立和国立安徽大学数学系、安徽师范学院数学系担任教授兼系主任，历任安徽师范学院、皖南大学教务长，安徽师范大学图书馆馆长。可以说，单粹民先生是安徽高等数学教育的开创者和数学教育界的共同老师。

单粹民先生又是一位社会活动家。1935年8月，中国数学会在上海成立，他作为安徽的唯一代表，参加了中国数学会的成立大会，并先后担任中国数学会首届和第三届评议会的评议员。1949年，中国数学会恢复活动，他又负责安徽会员的联络和筹备工作，并于1951年参加了在北京举行的中国数学会第一次全国代表大会。1960年，在中国数学会第二次代表大会上，他被选为第二届理事会理事，并于1978年连任第三届理事会理事。

1963年，在单粹民先生的长期努力下，安徽数学会成立。先生被选为首届理事会理事长，并一直连任到1984年他去世前。他在担任安徽省数学会理事长的21年中，尽心竭力，恪尽职守，为安徽省数学会的发展，为我省数学教育的普及,数学竞赛的开展,数学教育质量的提高,中学数学教师的培训,《中学数学教学》杂志的创办等,都做了许多实际工作,作出了重要贡献。

特别令人感动的是,1984年8月15日晚,就在他逝世前的几个小时,80高龄的单粹民教授,还在那间狭小而闷热的书房里,用他最后的心力给即将召开的安徽省数学会第三次代表大会写信,勉励大家。写完信之后,他便歪倒在藤椅上,因胃部大出血于凌晨逝世。

他在信中语重心长地说:"我因年逾八旬,身衰体竭,又常患病,不能前往安庆参加会议,亲临教益,至以为憾。谨向大会请假,并希原谅。……为了更好地为四个现代化服务,一切科学工作者都必须面向经济建设,迎接新的技术革命的挑战。我认为,我们数学工作者有必要在以下三个方面进行工作……发展我国的数学理论和应用方面的数学科学,推广数学研究成果,以直接为四个现代化服务……开展数学教育,普及数学知识……提高数学教材水平和改进教学方法……"

他的这种为教育事业执著追求、鞠躬尽瘁的精神,感动了安徽省数学会第三次代表大会的全体代表。为了表彰单老的一生功绩和无私奉献的精神,安徽省数学会特作出《关于表彰单粹民教授的决议》,对他"为人师表,光明磊落"的一生给予高度评价,号召大家向他学习。

作为单老的学生,毕业后又在他的领导下工作过多年,我亲身感受过他的言传身教。以下是记忆中的几件小事。

1955年秋天,自我考进安徽师范学院的第一学期起,单粹民教授就是我们数学分析这门主课的主讲老师,一直上了两年。那时,有一位年轻的张老师跟他辅导。平时有问题,都是由辅导老师来答疑。有一次下课时,我拦住先生问了一个问题,因为问题问得突然,他一时没有考虑过来,便说:"这样,我下一次上课时回答你,好吗?"我点头称是,哪知,当天晚上辅导时,张老师就主动找我,把我课下提的问题,解释了一番。原来,单老怕时间长了记不得,已经将我提出的问题转告了他,要他主动找我。单先生对待学生的提问,就是这样认真。

1978年秋天,全国数学竞赛即将举行,作为芜湖数学会理事长,单老对我市中学生的数学讲座,抓得很紧。当时我刚参加芜湖市数学会工作,他要我负责安排数学讲座。在我初步安排好向他汇报时,他看了讲座名单和讲题之后问我:"这个讲座有没有报酬呢?"我说:"没听说有。""那你为什么不做一个讲座呢？搞学会工作，要有奉献精神，你自己要带头。”我心有愧疚地说：“我没有准备好。”他坚决地说：“那你现在就去准备，还来得及。”单老对我的这次教育，使我知道做学会工作就要有奉献精神，这使我终身受益。

“文革”以前，安徽省没有中学数学教育杂志。1975年我校函授部和数学系以数学函授学员为对象，合办《数学函授教学》，我主其事。打倒四人帮以后，为了让更多的中学数学教师能从中受益，想把它办成一份面向全省发行的正式刊物。我把这个想法向单老说了，得到他的积极赞成和支持。他以安徽数学会理事长和安徽省政协常委的名义，在省政协会上提出议案，要求安徽省科协和有关方面给予支持。结果，刊号、经费和印刷等问题很快得到解决。现在，《中等数学教学》杂志，已经成为我国优秀科技期刊，为安徽乃至全国的中学数学教育作出了贡献。但是，此时此刻我们没有忘记，也不能忘记单老的始创之功。

百年景仰，百年怀念！单粹民教授，虽然已经离开我们20年了，但是，他对教育事业执著追求的精神，对学会工作无私奉献的品格，是老一辈教育家留给我们的宝贵精神财富，值得我们永远学习。

来源于2004年3月31日《安徽师大报》第418期

单粹民（1904—1984），河南新蔡人，著名数学家和物理学家。1921年8月入法国里昂大学数理科学习，1926年获硕士学位。因研究液体张力测定仪成功，获高等数学研究文凭和优等奖。1928年入巴黎大学理学院和镭学院攻读博士学位师从著名科学家居里夫人。1930年8月，单粹民回国任安徽大学教授，后任数学系主任。1935年7月赴上海参加中国数学会成立大会，被选为评议员。抗日战争胜利后，安徽大学复校，单粹民又重返该校任教。新中国成立后，他任数学系主任兼校工会主席。编著有《微积分方程》《方程式论》《微分几何》《微积分学》《理论力学》和《数学史》等讲义和教材。1959年被选为教育战线代表，赴北京出席庆祝中华人民共和国成立10周年大典。1960年任皖南大学（今安徽师范大学）教务长，并担任中国数学会理事、安徽省数学分会理事长。

回忆父亲单粹民

单大勇

秋风瑟瑟，落叶纷纷。在赭山撒满金黄树叶的林荫道上走来一位老人。他衣着朴素，手里拿着一些可引火做饭的枯枝，时而停下迎风站立，深邃的目光望着远方，构想着数学教学改革的蓝图。他就是我深深怀念并引以为豪的父亲单粹民，安徽师范大学教授，一位将毕生精力奉献给人民教育事业的前辈。

如今虽然他离开我们很久了，但他那慈祥和蔼的面容和身影永远活在我们的心中，他的谆谆教导依然回响在我们的耳旁。在他逝世12周年之际，谨以此文以志怀念。

父亲1904年出生在河南新蔡一个偏僻的乡村，1984年8月16日病逝于芜湖。父亲的前半生正值中华民族处于灾难深重的年代，受五四运动的影响，他胸怀科学救国的凌云壮志，中学毕业后，随三祖父单懋统离家考入保定农专留法预备班，准备到法国勤工俭学。

我的三祖父是民主革命的先驱之一，追随孙中山从事辛亥革命、讨袁革命等活动。在保定军校毕业后到黄埔军校任教官、政治大队副总队长等职。蒋介石背叛革命屠杀共产党员，他极为愤慨，在病中仍设法掩护任锐等共产党员撤退。风闻宁汉勾结，导致病情加重，忧郁而卒，时年34岁。

1921年8月，17岁的父亲赴法勤工俭学。因家中无力负担路费，三祖父急筹款项，祖母又将所有金银首饰变卖，筹措费用。10月，父亲进入里昂中法大学攻读数学，1926年毕业。翌年，获得理科硕士学位。他进行过椭圆函数在力学方面的应用及维尔斯特拉斯函数的变态研究。后来又成功研究液体表面力测定仪，得到推广应用，获得里昂大学高等数学研究文凭和优等评奖，在学术上取得初步成就。1928年，父亲进入巴黎大学数理学院和镭学院，学习物理和近代物理，进行博士论文的筹备。他曾受教于居里夫人，这位女科学家的崇高品德对他产生极大影响，他的好学上进，也曾受到过居里夫人的好评。他刻苦学习，掌握了英、法、意、德语，利用假期，将节衣缩食省下的钱作路费到欧洲各国游学，开阔眼界，了解社会。

三祖父身亡后，家境困窘，催他回国付债的家信不断。他不得不放弃了即将取得的博士学位，于1930年8月绕道苏联回国。当他经西伯利亚，踏上满洲里的土地时，眼望着肥沃的、饱受灾难的大地和日思夜想的祖国，热泪滚滚，无限感慨。

父亲在法国求学期间常听周恩来的演说，参加集会，阅读共产党人办的《赤光》等期刊。时隔50余年，在周恩来逝世、“四人帮”仍在肆虐时，父亲在给哥哥的信中说：“周恩来总理光辉的革命一生，对我的教育改造很深很大。当我想到他在1921、1922年对我们讲革命的道理，声音那样洪亮，情绪那样激昂……我不知怎样才能把我沉痛的心按捺下去，悲痛难免，酸泪难止。只有奋发图强遵照他的教导：‘活到老，学到老，改造到老’。……我深深地希望你们仔细学习总理的事迹。总理走过的路，经历的革命实践都应该是我们终生学习的。”

三祖父曾教导父亲要他“思想方面要随同潮流进步，否则虽自先进国得来者亦陈腐也”，这使他懂得不仅要掌握科学知识，更要接受先进思想投身于革命洪流中去。经保定农专的老同学杨堃、张若茗（女）介绍，父亲结识了郭隆真（女）、蔡和森、陈唯真等人。在国共合作、大革命的形势推动下，杨堃、郭隆真介绍他于1925年参加了国民党。不久，被选为里昂支部委员、资料图书组组长。

蒋介石破坏国共合作，大革命失败，父亲联合一部分国民党左派起来声讨蒋介石，宣布脱离该党，并在报纸上公开发表声明。他们曾与郑彦芬、陈书农等拥护右派进行过一番论战，甚至大打出手，然后分道扬镳。国民党右派在巴黎出版的《先声》《三民周报》上把父亲列为共产党员加以抨击。父亲回国后，为了躲避他们的迫害，先蛰居在北平，任中法大学讲师。后经严济慈教授介绍到河南大学教书，来到开封。不久，与段士垣烈士之女段翠莲结婚。

1931年在上海与傅钟相识，父亲非常敬重傅钟并结为知己。通过居住在上海法租界的舅父段家铜秘密为他传递信件。有一次傅钟来信告知有几位同志途径开封赴苏区，要父亲设法接待。这时开封的风声很紧，到处都在屠杀共产党。父亲不顾个人安危，以大学教授身份掩护了傅钟等安全前往。不久，上海舅父家被警方搜查，从此父亲便与傅钟失去联系。直到新中国成立以后，这对老朋友才在北京相见。“文革”期间，傅钟曾身陷囹圄，获释后我们即去看望。1988年“八一”前夕，我和哥哥去解放军总院看望重病的傅钟，他老人家神志已有些不清，坐在轮椅上，见到我们非常兴奋，还对我们说起那次去苏区，家父请他们吃黄河大鲤鱼的事情，赞扬父亲的为人。

1932年，父亲由开封来到安庆，担任安徽大学教授、数学系主任。这时，日寇对我国正虎视眈眈，蒋介石投降卖国，奉行所谓“先安内后攘外”政策，国无宁日，父亲常为百姓忧伤，夜不能寐。1936年5月，安大学生程铨因反抗军训而惨遭毒打和监禁。父亲痛呼：“学生何罪，遭此厄运！”霍邱、寿县一带，饥民载道，草根树皮均被食净，亦有人食人者，父亲闻之更是哀痛。自叹：“材不足以济世，诚不足以感人，生命何足为惜！”

七七事变后，安大校长到南京领取迁校费后卷款潜逃，学校只得停办。父亲携家带口，沿长江而上至四川，先后在复旦大学、重庆大学、中华大学任教。1941年是难忘的一年。那年1月，国民党又发动了皖南事变，进一步掀起反共高潮，迫害复旦进步学生。当时我们在重庆北碚，父亲痛斥国民党当局和复旦大学的训导长，骂他们背信弃义，拿共产党和进步学生开刀，破坏抗日。他们怀恨在心，在一个月黑风高的夜晚，暴徒闯进家门。我们在睡梦中惊醒，听到院中的吵嚷声，朦胧中看到父亲被人毒打，拖着他向外走。我们立即从床上跳起来，跑去抓住凶手的手，抱住凶手的腿，和他们厮打在一起。这时父亲的腿已经被他们打断，我们也遭到一顿拳打脚踢，凶手跑了。为了躲避特务们进一步的迫害，全家就分散躲藏起来，我和哥哥住在父亲的好友、中文系教授、著名文学家马宗融的家里，母亲为了看护父亲狠心地扔下了三岁多的小妹妹，可怜她饿了就捡人家扔掉的果皮吃，无人照顾不幸患痢疾转肺炎，不久夭折。母亲一直瞒着我们，看到双眼红肿的她，我们哭着要妹妹，她忍住眼泪对我们说妹妹已给了人家。此后，她悲伤成疾。父亲被打后，离开复旦大学到中华大学、重庆大学任教，举家搬到重庆南岸。

记得在此之前，日寇为了逼蒋媾和，对重庆进行“疲劳轰炸”。6月5日这一天，防空警报响起来的时候，父亲正在重庆街头，人群奔散逃避敌机轰炸，他随着人流匆匆向校场口的隧道走去，突然听到有人叫他。

原来是过去在安庆给他“包月”的洋车夫，他在中央银行做事，父亲随他来到他们的地下室，他搬来个凳子，刚请父亲坐下，飞机和炸弹就响了，十几小时后才解除警报。这一夜，震惊中外的重庆大隧道惨案发生了，有万余同胞骨肉被窒息在隧道中遇害。父亲幸免于难。

父亲还对我们说过他的一次历险。那是他在法勤工俭学时，有次在大海中游泳，他游出很远后发现退潮，水流把他卷离岸边越来越远，他咬紧牙关奋力击水终于游回岸边，当他精疲力竭地从海水中爬上岸时，周围已不见一个人影。他以自己亲身经历告诫我们越是危险，越要沉着镇定。

我家搬到重庆南岸以后，为生活所迫，母亲带病到中华大学任女生指导。她很会做女学生的工作，还与家属办起了合作社，为中华师生供应些生活必需品。父母亲为了生计经常冒着敌机的轰炸奔波。父亲的同学中不乏高官要职者，有人劝他弃教从政或弃教从商，他怒斥道："我宁愿当一辈子穷教书匠，饿死也不当官！"

因为收入微薄，不得不经常去重庆典当家物，换来急需的食物和药品。哥哥就担此重任，从小他就知道了生活的艰辛。

父亲把自己的全部精力都倾注在教书育人上。他治学严谨，呕心沥血、夜以继日地工作。夜幕降临后，在油灯下，他辅导我们把功课做完才伏案备课，油灯彻夜长明，他曾先后编著了《方程式论》《微积分学》《理论力学》《微分几何》《数学史大纲》等十多种著作，有些至今仍是大家学习的好教材。当时家中订阅的《新华日报》经常因特务捣鬼而收不到，记得还发生报童挨打和特务沿家收回报纸的怪事。父亲多次路过新华日报社，在门外徘徊良久，为了久病不起的母亲和嗷嗷待哺的孩子，他没有勇气踏进门去。父亲晚年多次对我们说："悔恨当时未上延安，更不知道傅钟在重庆。"抗日战争的胜利给挣扎在死亡线上的这一家带来了希望，父亲更是期望毛主席到重庆与蒋介石进行的国共和谈成功，带来和平。但是和谈以后发生的校场口事件，李公朴、闻一多相继遇害，血淋淋的事实使父亲彻底清醒过来，他认清了蒋介石的反动面目，把希望寄托在人民解放战争的胜利上。中华大学后来换了一个反动校长，他怀疑父亲的政治倾向，只是迫于学生的压力才未能将父亲解聘，但免去了他理学院院长之职，降薪留用。父亲听说安徽大学复校，便毅然离开，携家来到安庆的安徽大学任教。

蒋介石发动全面内战以后，步步加剧实行法西斯独裁统治，安大的反动势力日益嚣张，大批退伍青年军进入该校，军统、中统、三青团横行霸道，白色恐怖笼罩校园。1947年春天，化学系学生冯璋忽然失踪，他是父亲比较熟悉的学生，听说他是在离我家不远的黄家操场被人绑架的，父亲就不顾一切通过“内线”多方打听设法营救，但为时已晚，他被残忍活埋。不到一年，又一位经济系的学生纪增辉，遭电刑拷问后被投入江中杀害。他们都是些热血青年，出于对国民党反动当局的不满，有过一些“过激”言论便遭到毒手。消息传开，人人自危。父亲却镇定如常，他暗中支持和响应在全国掀起的“反内战、反饥饿、反迫害”的学生运动。当他得知进步学生左德琯个人有危险时，连忙向邻居借钱，为他筹集路费，不慎失密，他们急忙出走，奔向解放区。安庆解放后，他们来看望父亲，感谢他促使他们走上革命道路。

记得有次我代表安庆高琦小学参加全市小学生演讲比赛。学校要我讲美国对华的态度美化美帝，并为我准备了稿子。父亲看完稿后不同意我讲，他连夜为我写了一篇“救救孩子”的演讲稿，喊出了水深火热中劳苦大众的心声，我讲的时候，许多听众感动得掉下了眼泪，我自己也热泪盈眶，博得热烈掌声并获第一名。事后学校训育主任吴某对我十分不满，说我思想混乱。

1948年解放战场上，我军节节胜利，反动统治摇摇欲坠，在暗无天日的岁月终将结束时，病魔也向我母亲袭来，4月12日的黎明前的黑暗中，我们年龄不到40岁的母亲告别了人世。她受过良好的教育，擅长音乐、外语和师范教育，心地善良，办事果断，深受师生爱戴。父亲悲痛欲绝。安葬母亲后，他就患伤寒一病不起，幸得师生的帮助，住进一家好医院，再次在死神面前活了下来。

1949年初，解放大军准备渡江之前，地处长江中段的江北重镇——安庆仍在国民党的广西部队控制下，他们烧杀掳掠无所不为。安大职工人心惶惶，伪教育部强令安大迁校。师生中有的主张南迁，有的尚在观望。混乱之中，父亲坚决主张保护好校产迎接解放。他和部分职工组织了护校会。3月底校长又携款只身逃跑，200多名师生离校南下。父亲和这部分教职工坚持留下不走，他们秘密疏散，收藏了学校贵重的、较轻便的校产，我家中便藏了一些白金锅，免受蒋军的洗劫。4月22日安庆解放了，父亲极为兴奋，欣然命笔写下了：“人民的胜利，新中国的强大，就是我的胜利！”在获得新生的安大，父亲受命代理理学院院长，筹委会委员，积极协助军管会做好学校的接管。他说服了不少教授安心留下工作。为了蓄备师资，他把自己的长子单大德送去参军，向解放大西南进军，后来单大德成为一名驰骋长空的飞行员，人民海军的一名中将。

父亲积极参加抗美援朝、思想改造等政治运动。他总是以身作则地执行党的各项方针政策，坚决站在人民大众的立场，认真改造世界观，任劳任怨，满腔热血地为群众工作，自己担任繁重的课程，而将青年教师送去培训，这种孺子牛的精神使他受到广大师生的爱戴。1951年8月，他以干事会代表身份参加了在北京举行的中国数学会首届代表大会。1953年加入民主同盟，先后担任过校工会主席、数学系主任、教务长、图书馆馆长以及民盟支部主任和市常委。1959年曾作为教育战线的代表赴京参加国庆十周年盛典。

经过党的长期考验，父亲的历史问题终于查清。历经沧桑的父亲经过长期奋斗，完成了从民主主义者到共产主义战士的转变。1960年3月21日，他光荣地被接受为中共党员，找到了自己的归宿。党的利益在他眼里高于一切，他置身于党的绝对领导下。听党话，跟党走，成为他思想和言行的准则，也是他执著的人生追求。

“文革”期间，他和许多同志一样受到极不公正的对待，被戴上“反动学术权威”“走资派”的帽子批斗，他最伤心的是目睹一些幼稚的青少年被鼓惑煽动起来迫害老干部，破坏学校的财产，而自己无能为力。粉碎“四人帮”以后，他感到由衷的振奋，对实现“四化”、振兴科教更是充满信心、满怀豪情，他向党表示：“要把毕生的精力贡献给人民，为人民教育事业的发展鞠躬尽瘁。”

他谆谆教导我们要树立共产主义理想。他说：“有理想、有信念才会自觉地奋斗，才会遇到困难顽强不屈。没有理想就等于没有灵魂，没有信念也就失去了斗争的勇气，理想也就成了一句空话。”他曾预言：“20世纪的最后十年，我国将很可能开创一个新的经济振兴时期。”勉励我们“坚持学习，坚持工作，“四化”完成之日，才是责任尽到之时”，经常告诫我们“要学周恩来同志、邓小平同志的思想路线、工作方法、工作作风等革命精神”。

他的一生历经坎坷，处处顾全大局，廉洁奉公，他淡泊名利、严己宽人、助人为乐。父亲旅欧多年，丝毫不沾染资产阶级享乐主义和生活方式，对腐化堕落深恶痛绝，始终过着简朴的生活，保持我党艰苦奋斗的政治本色。1982年以前家里连个普通的沙发都没有，他一直坐着一个破旧的藤椅，他的一切待遇严格遵照最低标准，从不计较生活上的物质享受。在学校与合肥师院合并时，教职工宿舍紧张，他带头让出自己居住多年的房间，住进条件较差的房子。他经常慷慨解囊资助他人，即使在“文革”初期自处逆境时，仍然多次资助无辜受害者和贫困学生。虽然他在科技界被公认为“数学家”，但他从不以专家、教授自居，甘愿做后辈的“铺路石”。

他很早就与华罗庚相识，言谈中他非常赞赏华老推广应用优选法、统筹法的成功实践。父亲也很重视教学的实际应用、普及和教学改革。晚年他特别关注中小学生的启蒙教育和师资培养。早在1935年他在上海召开的中国数学会成立大会上就被选为21人组成的评议组成员。从60年代起，他一直担任中国数学会理事和安徽分会的理事长。他为科技普及费尽心血，直到生命最后一刻。1978年，在他的倡导下开展中小学生的数学竞赛，并多方求助创办《中学数学教学》。这个刊物在他的苦心耕耘下现已成为广大中学师生喜爱的、在全国发行的期刊。他关心和培育数理新苗更是情深意切。每逢中学生数学竞赛他都当作一件大事，不管身体好坏，他都要亲自到考场去慰抚鼓励考生。长期以来躺在病榻上，他仍在构思数学如何结合实际应用进行教学改革。

1984年8月15日，在他长期胃出血、身体极度虚弱的情况下用生命的最后力量，艰难地一笔笔写下致安徽数学会代表大会的信送交上去。信中对学会如何面对经济建设，迎接新的技术革命的挑战，数学工作者要进行的工作等提出宝贵意见。当晚猝然去世。这封信在大会上宣读后，代表们莫不为他的“鞠躬尽瘁，死而后已”的精神所感动。数学界的同仁一致认为，他的逝世使得安徽数学界失去了一位好老师、好榜样，并就他的功绩和对学会的贡献作出表彰决议。

来源于1996年9月18日《安徽师大报》第313期

我所见的诗人朱湘

苏雪林

听说一切诗人的性情总是奇奇怪怪、不可捉摸的，诗人朱湘所给予我的印象也始终是“神秘”两个字。天才是疯癫，我想这话并不是完全没有理由。

记得1930年我到安徽大学教书，开始认识这位《草莽集》的作者，一个常常穿着西服、颀长清瘦、神情傲慢、见人不打招呼的人。那时安大教授多知名之士，旧派有桐城泰斗姚永朴；新派有何鲁、陆侃如、冯沅君、饶孟侃，但似乎谁也没有诗人架子大。听见学生谈起他，我才知道他住在教会女校里，有一个美丽太太作伴，架上书籍很多；又听见说他计划着写这个那个。斗大的安庆城只有百花亭、圣公会有点西洋风味，绿荫一派，猩红万点，衬托出一座座白石玲珑的洋楼。诗人住在这样理想的读书与写作的环境中间，身边还有添香的红袖，清才秾福，兼而有之，这生活我觉得很值得人歆羡。

1932年十月间我在武汉大学，有一天接到一封朱诗人由汉口某旅社寄来的信，信里说他要赴长沙不幸途中被窃，旅费无着，想问我通融数十元。那天我恰巧有事要到汉口，便带了他所需要的钱数寻到他的寓所。那旅馆靠近一码头，湫隘不堪，不像中上阶层落脚之所，粉牌上标着“朱子沅”。茶房一听说我是武大来的，便立刻带着我向他房间里走。他说姓朱的客人问武大有没有人来访已有几次了。他真落了难吗？我心里想，看他望救如此之切，幸而我没有怕嫌疑而不来，不然，岂不害他搁浅在这里。上了楼，在一间黑暗狭小的边房里会见了诗人，容貌比在安大所见憔悴得多了，身上一件赭黄格子哔叽的洋服，满是皱纹，好像长久没有熨过，皮鞋上也积满尘土。寒暄之下，才知道他久已离开安大。路费交去之后，他说还不够，因为他还要在汉口赎取什么。我约他明日自到武大来拿，顺便引他参观珞珈全景。

第二天诗人到珞珈山，仍是那副憔悴的容颜，那套敝旧的衣服，而脏外套也没有，帽子也不戴。我引他参观了文学院，又引他参观图书馆，走过阅览室时，我指着装满文字参考书的玻璃柜对他说：“您的大作也在这里面，但只有《夏天》和《草莽集》两种。您还有新出版的著作吗？告诉我，让我好叫图书馆去购置。”诗人忽然若有所感似的在柜边立住了脚，脸上露出悲凉的表情，本来凄黯的眼光更加凄黯了，答道：“这两本诗是我出国前写的，我自己也很不满意。新著诗稿数种现在长沙我妻子身边，还没有接洽到出版处呢。”他说着又微微一笑。我不知这笑是轻蔑，还是感慨，只觉得这笑里蕴藏着千古才人怀才不遇的辛酸与悲愤，直到于今只需眼睛一闭，这笑容还在我面前荡漾着……

诗人的行动对我本已是一个闷葫芦，自从听见他们琴瑟不调的消息，我的态度愈加慎重，他由长沙赴了北平，不多时又南下而至上海，来信报告行踪，我均置之不复。来信常请我代他的作品介绍发表的地方，好像他在文艺界没有什么熟人；又好像他是个新出茅庐的作家非有人担保则作品无人接受。起先我觉得他过谦，有时甚至疑他故意同人开玩笑。后来听见他似乎患着一种神经过敏的病，总觉得世界上所有的人都在轻视他，欺侮他，迫害他，不肯赏识他作品的好处，不肯让他的天才有充分的发展的机会，才知道他写信同我那样说，倒是由衷之谈。

1933年的十月，诗人又到了武昌。这一次穿的是灰色条子土布长袍，头发梳得颇光滑，言语举止也比第一次镇静，他说自已安大失业后就没有找着事，现在生活恐慌得很，不知武大有没有相当功课让他担任，我教他去寻他清华旧时同学方高诸先生他也许有办法。他临去时，又嗫嚅地说武大的事假如不成，他要到安大去索欠薪，但可恨途中又被小偷光顾……我明白了他的意思，便又拿了一笔钱给他，又请他到本校消费合作社吃了一碗面，替他买了一包白金龙的烟，一盒火柴。他以一种近乎抢的姿势，将烟往怀中一藏，吸的时候很郑重地取出一支来，仍旧将烟包藏入怀中，好像怕人从旁夺了去。我看了不禁暗暗好笑，可怜的诗人，一定长久没有嗅着烟的香味了。

听说诗人果然找到方先生家里要他帮忙接纳，果然没有希望。三天后他又来访我一次，恰值我进城去了，他坐等了两个钟头才走。自从这次走后，我再也没有看见他了。

他究竟为什么要自杀呢？社会虽然善于压迫天才，但已从许多艰难挫折中奋斗出来的他，不见得还会遭青年诗人Chatterton同样惨淡的失败。他，正像他夫人所说只要肯好好干下去，安大的教席是可以与学校相终始的，而他为了一点芥子般的小事与学校决裂。

来源于2004年2月29日《安徽师大报》第416期

朱湘(1904—1933),湖南省沅陵县人,现代诗人,字子沅,祖籍安徽省太湖县。自幼天资聪颖,专心于诗歌创作和翻译。后因生活窘困,愤懑失望,于1933年12月5日在上海开往南京的船上投江,不幸过早仙逝,年仅三十。他的著作除生前出版的三本诗集外,去世后还有友人将其遗稿整理编订成《石门集》《永言集》和《番石榴集》,以及文学评论集《文学闲谈》和散文集《中书集》。朱湘到安大之后,对筹办外国文学系表现了极大的热情。1930年9月,安徽大学外文系第一届学生正式入学。初到安大的朱湘,在课内课外的卓越表现很快赢得了安大学生的爱戴与信任。由安大学生刘光亚、刘曰如等人组织的晓风文学社特邀朱湘为他们的导师,朱湘也尽全力支持他们,曾在他们主办的《绿洲》周刊和《沙漠》月刊上发表文章。

百年朱湘

朱礼长

朱延熙，是清代光绪丙戌(1886)年的翰林，钦赐进士，后历任江西学台、湖北盐运使、湖南按察使等职。朱延熙前妻余氏生长子后早逝，继娶湖广总督张之洞之胞侄女张氏，生有二女四男，最小的朱湘生于1904年秋。

晚年得子，老翰林喜不自禁，起名湘，字子沅，一为纪念定居湖湘，更是期盼幼子将来既有水的灵秀流利，又有水的气魄和力量。按照家乡人的宿命论说法，这是天命的安排，老学台起名字时忽略了生辰八字，“只图吉利，忘了五行”。

在家族人的眼中朱湘最聪明，最可怜，最孤戾，最短命，也最悲惨。以至于在他逝去七十年后也很少有人忍心去谈论他。他们哪里知道，就是这个不忍被人提起的人，甚至被人认为没有出息的人，却是中国现代诗歌的重要奠基者，在现代诗歌史上留下了不朽的英名。

朱湘与省立安徽大学有不解之缘。1929年初，朱湘在美国接到武汉大学请他去做教授的聘书后，毅然放弃学位，决定提前回国。在朱湘眼里，学位人人都可以得，而诗却不是谁都能写的，他要走一条“文学救国”的道路。回国后他准备立即前往武汉任教，却禁不住好友饶孟侃的强烈劝阻，改弦易辙，同饶一道去了安庆的省立安徽大学。那时的安徽大学在国内是很有影响的大学，校长王星拱曾经是“少年中国会”的成员，思想开明，这让朱湘欣赏备至，决心助王一臂之力，因此受聘为外国文学系主任。当得知外文系并未成立时，他不气馁，信心百倍地做着“文学救国”之梦。他拟定了一个宏伟的计划：将外国文学系改为英文文学系。起初得到校长的支持，他一面广聘名师，一面整顿内务，忙得不亦乐乎，他还将从国外买回来的外文书籍和朋友所赠的译著全数捐赠给系资料室。

月薪三百元对于诗人来说是优厚的。校长是五百元，自国外归来同在安大的苏梅(雪林)女士是二百元，而当时一个警察的薪俸是三至五元。他把夫人和两个孩子接来安庆，住进了学校对面的培媛女校的小楼，一楼起居，二楼做书房，听说诗人常常津津乐道住进了省城最好的房子。

朱湘好不惬意，当着诗人，为后学者崇拜；当着教授，受学生欢迎。

然而好景不长，1931年长江大水后，物价飞涨，而又时局动荡，民不聊生。由于学校经费紧张，又因人事关系不睦，诗人约请赵景深、戴望舒、方光焘来安大任教的想法多次被校方拒绝，他的所有设想几乎全部落空。紧接着学校开始减薪、欠薪，他一家的生活便贫困艰难起来。薪水起初打七折发放，校长也不例外，到后来干脆不发，许多人都离开了，他却不能。小儿子在这个时候降生了，要命的是又患上了脑充血病。他愤而多次找校方理论、争吵，除了种下仇恨，根本没有作用。幼子因为无钱医治死在了医院的大门外。他争吵的结果是遭到了校方的拒聘！仅仅两年时间，校方欠薪竟达两千余元。朱湘先生逝去后，安徽省省政府曾具文将这笔欠薪转助其遗孤，是否兑现，不得而知。

记得20世纪80年代初，我读现在这所大学的时候，曾经跟乡亲们夸耀学校的历史悠久。不料一位长者却不屑一顾：不会吧，你在芜湖，是安徽学院。老安大在安庆，我们这里的朱湘先生，新中国成立前好像就是给那个学校害死的。听了这话当时我真是惊愕良久。

朱湘先生的死当然看不出与当时的安大校方有多少直接关系，如果有所谓的“责任”，也早已随着七十年的光阴烟消云散。然而，却无法阻止世俗的眼光把事情的前因后果说得那么露骨和直接，及至往往形成可能有诸多条件的假设：假如不是在那个黑暗年代，假如不是因为时局动荡，假如诗人不是那么桀骜不群又那么心灰意冷，假如他不是到了安大而是到了武大，假如校方不欠薪、不拒聘……没有假如！只有诗人为自己写下的失却时空的“墓碑”成为现实：

> 虽然绿水同紫泥，
> 是我仅有的殓衣，
> 这样灭亡了也算好呀，
> 省得家人为我把泪流。

诗人在一首追怀屈原的诗中写道：“在你诞生的地方，呱呱我坠地。我是一片红叶，一条少舵的船。”我想，1933年12月5日凌晨的南京江南，江水里必定有屈原绝唱后的汨罗清流，湘江沅水的深吟浅唱，还有故乡弥陀河水在涓涓淌漾，要不又怎能容下诗人朱湘？他的清华同窗罗念生先生曾经这样追悼：

“江水呀，凭你污浊的力量把诗人的骸骨冲到清洁的海里，让海豚将他的灵魂升入天星。屈原，太白，你们成了三人。”

整整一百年后的某个清晨，女儿捧着一册新语文读本，童声朗朗，在读一首短诗。

“读几遍会背？”我问。

“一遍就会，像大白话一样，很好记呢。不过爸爸，书上说他是安徽太湖人呢！”

我赶紧说：“是的，是的，他是一百年前我家乡中出的一个大文豪家呢，你赶紧背来听听。”

你听好：

蜻蜓
红的绿的小的大的；
都好看，都有掠微波的薄翼。
荷叶
半卷的，全开的；
都可爱，
都是蜻蜓的小绿伞。

来源于2004年2月29日《安徽师大报》第416期

伯父詹云青奋斗的一生

詹家骊

我的伯父詹云青是1922年底考入北京师范大学后离开家乡的，早在1925年8月，他就加入了中国共产党，可算是云南入党较早的共产党员之一。他参加过北伐战争、土地革命、抗日战争，为党的事业曾进行过艰苦卓绝的斗争。1985年，他回到阔别半个多世纪的故乡，我有幸第一次见到他，他给我讲了他一生奋斗中的许许多多事情。而今伯父已于1991年在安徽合肥病逝，为了告慰伯父英灵，启迪教育后代，现根据有关资料整理成文，以飨读者。

身世与学历

詹云青原名詹先铨，1904年9月生于昆明县中乡严家堡詹家村（现为官渡区小板桥镇四甲办事处楼房村）一个普通农民的家庭。家里除有六亩田外，靠帮省城铺家加工丝线以维持生活。

云青少时，悟性聪颖，勤奋好学，在校在家学习都十分刻苦。在帮父亲打线时，稍一有空他就拿起书本读书，在帮母亲添火煮饭时仍手不释卷。在初小、高小和师范学习考试中成绩每每名列前茅。他于1922年，在昆明县立师范第六班未及毕业时就借七姐李凤翔的文凭考取了北京师范大学。那年“北师大”在云南只取了三名学生，他考了第二名。

他考取大学后，为了筹措学费、旅费，家里东挪西借，经伯父李财慷慨资助，才勉强凑得银洋壹佰伍拾元让其入学。当时，云南入京学生必须绕道越南海防，渡船经香港然后北上进京。行前还要向法国驻滇领事馆提出理由，领取护照，银圆也得换成法币方能成行。办完这一系列烦琐手续，他于1922年底启程赴京。因无人组织领导，初出远门，人地生疏，到京时已延误了北师大的报到日期，未能入学，在云南同乡的帮助下，他只得边帮人干活，边补习功课，经三个多月的努力，于1923年秋他又考入了北京法政大学。两年后，他想，自己出身农民家庭，再继续学下去，一是家庭无力负担，二是无官宦作后台，即使学得再好，毕业后也无事可做，还不如学点科学技术实在一些，于是在1925年初他又考入沈阳满洲医科大学学习。四个多月后，因学习成绩特别优异，得到了日本校长的夸奖，勉励他继续努力，将来送他到东京帝国大学深造。同年“五卅运动”爆发，激于爱国热情，他同中国学生一道参加集会，示威游行，声援反日斗争，后遭到大军阀张作霖押送出境的处置。在无可奈何的情况下，他只好仍返“法大”继续学习。

积极参加学生运动

1925年，北京工人、学生在五卅运动的感召下，反日浪潮汹涌澎湃。伯父返回北京政法大学后，一些进步的同学经常约他到北大三院的一个教室里听革命先驱李大钊、瞿秋白、赵世炎、肖子璋等同志的关于工人运动、农民与土地问题、青年运动、国际形势等的报告，初步获得了马克思主义的一些基本知识，犹如在长夜难眠的境况中隐约地看到了启明星的闪光。他与同学经常找《新青年》《响导》等杂志进行阅读讨论，边学习革命理论，边针砭时弊，怀着一颗赤子之心，无畏地战斗着。1925年8月，伯父经由邓和高、章馥耀介绍，毅然加入了中国共产党。入党后，根据组织的部署，在政法大学组建支部并担任书记。在支部的领导下，他积极组织学生会出版《新社会》旬刊，并经常撰稿宣传马克思主义，以坚定党员的共产主义信念，发展壮大党的组织，如后来担任中国工农红军第四师党委书记的唐维烈士，就是在政法大学时经他介绍发展入党的。在这一时期，他还组织政法大学的党员和进步同学参加我党和国民党左派发动和组织的“反对关税会议”的群众大会，呼吁段祺瑞政府“还政于民”。在斗争中，他始终站在前列。

1926年3月18日，首都学生、工人两千余人到段祺瑞政府院内要求“反对八国通牒”“废除不平等条约”，进行请愿，遭反动派血腥镇压，当场47人壮烈牺牲，百余人受伤。一些同学就牺牲在他的身旁，他的长衫上溅满烈士的鲜血。这就是现代史上著名的“三一八”惨案，伯父在此次运动中，在党的领导下，经受了血与火的考验。

“三一八”他幸免于难，党组织立即通知他离开政法大学，安排他到长江中下游的一些大城市做地下工作。先参加国际支部军事、政治调查五人小组，到武汉调查曹（锟）、吴（佩孚）的军政情况。之后北伐战斗开始，在第一次国共合作时期，他受党的派遣，到北伐军第十五军政治部工作。1927年又调入第七军政治部工作，随军由汉口经鄂东、皖西北上抵合肥。四一二政变后他回到汉口。“七一五”事变后，又调往南昌第三军政治部工作。八一南昌起义后，汉口领事馆将其组织关系转至广西领事馆。在短短的近一年时间，调动如此频繁，他却做到了党指向哪里就奔向哪里，一切服从党的安排。

参加广州起义与东江游击

1927年12月10日，他奉命由石龙到广州执行任务。时值广州起义前夕，凌晨三时许，市内枪声大作，他知广州起义已经爆发，无法去领事馆完成任务，遂趁起义军教导团战士检查旅馆之时，主动请求参加起义。他拿出随身携带的《红旗》周刊（党内刊物）作证，并说明现担任教导团党委书记唐维同志在政法大学时与自己是同学关系，指导员王侃予系好友。战士们带他见到了赵希杰连长（后任红四军团长），赵表示欢迎他参加战斗。立即发给他一支步枪，和战士们一起在街垒下防守珠江南岸来犯之敌。经过数昼夜激战，起义军退出广州到花县进行整编，命名为中国工农红军第四师。经唐维、王侃予推荐，他担任红四师政治部秘书，系党委办公厅干事，在东江地区进行了近一年时间的游击战争。当时，敌众我寡，上面又推行硬打硬拼的策略，部队伤亡很大，许多同志壮烈牺牲，兵源、给养都得不到补充，加之山区流行疟疾，敌人又实行“三光”政策，只得分散活动。他和战士们一道，三人一群，五人一组，白天钻荒野，夜晚宿山洞。战斗激烈时，山乡农户逃亡走光，无法觅食，只得在夜间到野地里寻些番薯、萝卜、野菜充饥。一次，在惠来与普宁交界的山区深坑宿营，遭到敌人的突然袭击，我军伤亡很大，部队且战且走，他因腿部负伤而落伍。后经农民引到惠来县委临时办公处养伤。在这一年里，他们风餐露宿，忍饥挨饿，浴血奋战，顽强拼搏，在奋斗的人生历程中，写下了光辉的一页。

1929年底，广东省委陈郁同志到东江视察，了解到红四师的艰难处境，认为剩下来的同志均系党的骨干，必须设法把他们送出去。于是，由广东特委发放路费，请当地同志带路，经潮阳、汕头，然后乘船到上海，找到了党中央。伯父被安排在马浪新民路一位姓“叶”的医生处，边养伤，边从事科学书籍翻译工作。

狱中斗争

1930年1月，伯父伤愈后，受党中央派遣到四川成都私立西南大学任教，校长系张澜先生(曾任中华人民共和国副主席)。伯父担任该校秘书长。工作一学期未完,因组织学生集会,市民罢市,反对军阀统治,参与创办《锦江日报》,撰写文章宣传马克思主义等"罪名",被四川反动当局抓捕,坐牢九个月。后经党组织多方设法营救,才得请保释放。伯父虽经磨难,但矢志不移,出狱后,依旧回到上海,参加新支部搞工运工作。1932年8月,因组织水电工人和上海法商公司进行斗争,在法租界的一次秘密集会上被法国巡捕抓获,移交上海反动当局,以组织"叛乱"罪,被判刑五年。先关押在上海,后转移至安徽芜湖监狱,最后被移交至安庆牢房。在五年的狱中生活中,他受尽了敌人的种种严刑拷打和非人的折磨,但他始终没有向敌人屈服过,并一直参加狱中党组织领导的对敌斗争。同狱难友有曹荻秋(上海市原市长)、罗髫渔(原中苏友协会长)等同志。刑满释放后,受党的委托,为了营救"罪行"较重的同志,伯父打入安徽反省院担任教师,继续坚持狱中斗争。在他和一些同志的不懈努力下,确实营救出了一些同志,罗髫渔就是其中的一员。

抗战时期的地下斗争

1937年,抗日战争爆发,时值国共第二次合作时期。伯父受党的派遣,打入国民党部队,先在西安行署政训处任少校科员,接着转至保定行营政训处工作。1938年2至6月调军委政治部一厅任股长,当时政治部主任系陈诚,副主任周恩来同志,厅长郭沫若同志。1938年6月以后又转调任第五战区政治部任中校组员、上校组长等职。在政工训练班兼任第八中队队长时,他积极支持教育长贺希明、曹荻秋同志工作。1938年6月至1941年10月期间,他奋笔疾书抗日文章,团结抗日力量,为党的抗日统一战线做了许多工作。

1939年5月,日寇加紧进攻,驻地襄樊失陷,李克农(上级党代表)派来搞单线联系的联络员项乃光逃亡,从此伯父和党失去了联系。1940年,伯父因公到重庆时,曾专门找过李克农同志,经多方打探得知,李早迁往桂林,未联系上。1941年秋,武汉失陷后,国民党又一次掀起反共高潮,伯父愤然辞职,与一些知识界进步人士如姚雪垠、臧克家等团结进步力量,反对顽固势力。

皖南事变后,应周新民之邀(周系农工民主党中央副主席,中共党员),到安徽学院任教直至1949年芜湖解放。在这段时间里,伯父组织上虽与党失去联系,但思想上并未背离马列主义,他利用一切时机,向学生传播进步思想,并参与创办《安徽日报》,宣传抗日主张及党的政策。他曾几次组织进步师生揭露、反对该院几任院方负责人贪污及扩充反动势力的行为，迫使这些后台很硬的人下了台。抗战胜利后，他曾专程到南京请周新民同志帮助与党取得联系。周讲："当前主要任务是开展反饥饿、反内战的民主运动，希望在这次运动中，联系自己的工作，积极努力搞好这次运动，一定能找到党。"

回皖后，伯父于1947年加入中国民主同盟，并主持芜湖市委工作。他利用CC派和桂系的矛盾，经常在《安徽报》上撰文宣传民主运动和共产党的方针政策。1948年6月，伯父又加入农工民主党并主持芜湖市临时工委工作，他发动盟员和农工党员，策动国民党军政人员起义。为配合解放军渡江南下，他亲自调查了解芜湖至当涂沿线国民党军事部署情况，绘制成图，秘密送交江北解放军，并亲自接待，协助解放军侦察员了解情况，为解放大军胜利横渡长江作出一定贡献。

育人与统战

解放初，即1949年8至10月，伯父曾一度被调民盟中央工作，后因要照顾家属仍回皖工作。1949年底在北京京西宾馆参加学习时，云南同乡周保中、曾泽生，楚图南、张冲等同志聚首，相邀回云南工作。伯父一再表示：新中国成立前因入党、坐牢，怕殃及家庭，连累亲友，故未敢回乡。现在回乡，为云南的社会主义建设尽自己绵薄之力是多年的愿望，并请周保中将军为其解决调动问题。此后，周将军多方帮助联系，并转请在西南文教部工作的楚图南同志负责解决。周将军几次与伯父书信联系，然终未调成。主要原因是华东教育部不放伯父走，并要他参加筹建新的安徽大学，故回乡愿望终未实现。

1949年至1962年期间，伯父先后在安徽大学任教授、总务长，在安徽师范学院任历史系主任，在合肥师范学院担任经济系主任并教授俄语。这一时期，他以更加饱满的政治热情，为祖国的社会主义建设培养了一批批建设人才和人民教师。

1962年10月，伯父调农工民主党安徽省委员会，历任驻会常委、秘书长、宣传部部长、顾问等职，并选为中国人民政治协商会议安徽省委员会一、三、四、五届委员。"文革"中，伯父曾受到不公正的对待，但他始终坚信党的领导，坚信共产主义，拥护社会主义制度，始终不改报效党和人民之心。

十一届三中全会以来，他拥护中国共产党的路线、方针、政策，坚持改革开放，坚持四项基本原则，反对资产阶级自由化。在1989年的政治风波中，他旗帜鲜明，立场坚定，拥护党中央、国务院制止动乱及平息暴乱所采取的一切果断措施。

从1925年参加革命以来的66年中，伯父一直在为我国的新民主主义革命和社会主义革命与建设事业，为党的统一战线工作勤勤恳恳，兢兢业业地工作着，战斗着。他工作踏踏实实、任劳任怨；他作风正派，严于律己，廉洁奉公、不谋私利；他态度谦和，平易近人；他生活一贯简朴，长于团结和帮助同志。这些优秀品质一一得到了组织上的充分肯定。

另外值得提及的是他“生命不息，学习不止”的精神。1985年伯父回家省亲时，他每天都要工作或学习近四五个小时，或写革命回忆录，或学习英语、法语。他懂得四五个国家的语言，他把工作和学习当成陶冶情操的一种乐趣，而这时他已是82岁高龄的耄耋老人。

在那次送别的列车上，他老泪纵横地对我说：对于过去的荣辱得失，我无怨无悔。深感缺憾的，一是解放初没有坚持回云南，对家乡毫无贡献，愧对父老乡亲，二是侄辈孙辈没有经手培养出个大学生，愧对子孙后代。最后他说，全国各地我游览过许多地方，总觉得还是昆明的山美水美人更美，叶落要归根，我还是要回乡定居的。1986年，经安徽省委组织部调查、核实，研究决定，确认了伯父的中国共产党党员的身份。这时，他又一次想回到故乡定居。无奈他年事已高，病体缠身，一年里有半年时间躺在病房。1991年4月13日，伯父因患脑出血，抢救无效，在安徽合肥不幸逝世，终年87岁。

伯父已远离我们而去，然而值得告慰伯父英灵的是，他的侄子辈中已有六人加入了中国共产党。他的孙辈中已有三人上过或正在大学学习。伯父啊，您历经沧桑而百折不悔，历尽坎坷而自强不息，奋斗，拼搏，始终如一。您的老战友——著名诗人臧克家说过：

有的人活着，他已死了，
有的人死了，可是他还活着……”

您就是活在人们心中的一个普通而伟大的共产主义战士！

来源于云南省昆明市《官渡区文史资料选》

詹云青(1904—1991),男,原名詹先铨,云南昆明县中乡严家堡詹家村人。1922年考取北京师范大学。1925加入了中国共产党,参加过北伐战争、土地革命、抗日战争,为党的事业曾进行过艰苦卓绝的斗争。1949年至1962年,詹云青先后在安徽大学任教授、总务长,在安徽师范学院任历史系主任,在合肥师范学院任经济系主任并教授俄语。1962年10月,调农工民主党安徽省委员会,历任驻会常委、秘书长、宣传部部长、顾问等职,并选为中国人民政治协商会议安徽省委员会一、三、四、五届委员。

深切怀念陈正飞教授

汪宏玉

陈教授一生八十年，政治上光明磊落，爱憎分明。他热爱祖国，热爱中国共产党，在民主革命时期做了许多有益的工作。早在20世纪20年代，他在复旦大学历史系读书期间就积极参加进步学生运动。九一八事变后，他义无反顾地投身于抗日救国斗争，多次组织学生集会，发表抗日演讲，揭露国民党反动政府的消极抵抗政策，因此遭到通缉，被迫辍学离校。此后他更积极追随共产党，开始系统接受马列主义理论，于1930年底参加了党的外围组织“社会科学家联盟”，与党内文化人士频繁接触，真诚为党尽力。1935年，共产国际一代表在上海被捕，事涉我党地下工作者刘思慕同志，陈老不畏风险，依然掩护刘及家属转移到苏州、太原等地，终于使刘化险为夷，而他本人却遭通缉。

三十年代后期，他以新闻记者身份赴山西八路军驻地采访，受到朱司令亲切接见并合影留念，他深受鼓舞。此次采访，他跑遍了晋西南、太行、太岳解放区，历时一年多，报道了八路军抗日活动的伟大业绩。

四十年代初，他在重庆办报，坚持鲜明的爱国立场，宣传抗日反蒋主张，在当时产生了一定影响。1945年抗战胜利，他赴台湾，先后办《新民报》《申报》和《益世报》，并担任该三报的总编辑和总主笔。后又辗转广州，办《当代日报》，任总编。办报期间，他因聘用我地下党员谢爽秋和单邦杰为采访记者，掩护其地下活动，又因他所写社论“过激”，而遭到国民党政府迫害，秘密前往香港。1945年9月他在乔冠华同志的帮助下，由香港到北京，迎接了中华人民共和国的诞生。

新中国成立后，陈正飞被任命为胡乔木同志所在的中央人民政府新闻总署秘书，他把对党、对社会主义的无限热爱倾注于具体工作之中，勤勤恳恳，任劳任怨。不久，他奔赴四川参加土改，圆满完成任务返京后，受到胡耀邦同志的接见，并接受胡耀邦同志馈赠的珍贵文物——中央苏区布币。

陈正飞同志热爱党的教育事业。新中国成立初，他在中央人民政府新闻总署任职期间，就开始在北京辅仁大学历史系兼教，担任多门课程的讲授任务，被授予副教授职称。1953年初，他去北师大历史系执教，全力投入教育事业。1956年陈正飞同志奉命南下支援安徽，先后在安师院、合师院和安师大历史系任教，1981年晋升为教授。

陈教授毕生追求真理，与党肝胆相照。五十年代初在辅仁大学历史系兼教期间，他就开创性地讲授了《马列主义名著选读》课程，宣传马列主义，实属难能可贵。“文革”期间，陈教授身遭劫难，身心健康受到摧残，但他对马列主义、毛泽东思想仍坚信不疑，一往情深。粉碎“四人帮”后，他不计个人恩怨，衷心拥护党的十一届三中全会以来的路线、方针、政策。此时，陈教授年事已高，但他老骥伏枥，奋力著书立说，1980年陈教授被二战史同仁推选为中国第二次世界大战史研究会的筹建组长。他不负众望，克服了常人难以体察的困难，四处奔波，使研究会得以顺利成立，被推选为第一任会长，为推动我国二战史的深入研究作出了贡献。

陈教授学识渊博，治史严谨，为我国教育事业的发展奋斗了三十余载，在教学和科研两个领域都有建树。解放初期，我国用马列主义观点研究世界史尚处初步阶段，陈教授当属创始人之一。1950年到1956年他先后在辅仁大学和北师大历史系开设《1914年后的世界》《中国近百年史》《马列主义名著选读》《苏联教育》等课程。除《中国近百年史》外，均系开拓性课程。来安徽后，专门致力于《世界现代史》讲义，成为我国高校历史系这门课程的最早一部交流教材。

1978年教学进入正常轨道，陈教授已年逾古稀，但他仍然讲授《第二次世界大战史》专题，受到全系师生交口称赞。

陈教授一生著述、译作甚富，内容涉及政治、经济、历史、社会等问题。他自五十年代执教以来，学术研究重心转到专业方向，共发表论文十多篇，他在史学研究领域最有价值、贡献最大的成果是1978年后撰写的《第二次世界大战史》，这部长达一百万字的专著，穷七年之寒暑，凝聚了陈教授晚年全部心血。应当指出，这部著作并非七年工夫所能成就，他早在40年代就与人合作编纂了六册我国第一部《第二次世界大战史史料》。此后，他又折肱数年，积寸累尺收集了大量有关中外二战史的原始资料，并从不同侧面对中国抗日战争、日本侵华战争、欧洲战场有关军事和外交问题做过深入探讨，提出过许多独到见解。由此可说，《第二次世界大战史》是集陈教授半生研究的汗水结晶。书稿经原中国社科院世界历史研究所所长刘思慕同志亲自审阅，即将出版发行。

陈正飞教授永远离开了我们，这是我系教学科研事业的一大损失。但是他那热爱祖国、热爱党的高尚品德，献身科学的自强不息的精神，勤奋踏实的工作态度，以及诲人不倦、提携后辈的情操却永远留在我们的心中，将激励鞭策我们为祖国的教育事业兴旺发达而奋斗。

来源于1986年5月31日《安徽师大报》第139期

陈正飞（1906—1986），男，原名文鹭，笔名振飞，江苏省昆山市人，著名的进步报人、战地记者、中国二战史研究的开创者之一，著名历史学家，致力于世界史尤其是现代史的研究。1929年考入上海复旦大学。中华人民共和国成立之日，正飞先生曾受邀至天安门前观礼，并在胡乔木的安排下，于1949年10月调入新成立的中国新闻总署任秘书，与乔冠华、范长江等共事，同时兼任北京辅仁大学副教授；1950年，辞去新闻总署工作，专任辅仁大学教职；1956年调至安徽师范大学任副教授、教授，著述有《二次世界大战史料》（八卷本）等。

悠远的心香

——深切怀念恩师卫仲播教授

潘啸龙

我不能相信，卫老您，真的已离我们而去。虽然，前些天，您在医院，也曾轻声喘气：“这次……怕……闯不过去了……”但您的目光还是宁静的，一如透过抢救室窗玻璃，照耀您病床的宁静的阳光。

您这目光，对于我来说太熟悉了。

记得十多年前，当我作为您的研究生，在西校边门的楼下第一次拜望您时，您坐在藤圈椅上，正是以这样的目光注视着我的。您告诉我：“研究生的学业很重，国家急需人才，要好好学，知难而进……”我望着您清瘦的面容和霜染的鬓发，知道这朴素的话里，蕴含着一位八十高龄的长者对年轻一辈的热切期望。我心里几乎要呼喊：“卫老，您放心，我会的！”

而您此刻地不住喘气，又使我心头作痛！

在您过去的岁月里，您曾经多少次这样，喘息着“闯”了过来。您给我们讲授《古文字学概述》，在家中的小圆桌前，讲今古文字的区分，讲“六书”，讲“平水韵”……桌上的热茶忘了喝，早已凉了。您的额上，却因长时间的讲述，渗出了热汗。您喘息了，不住地喘息。我们请您休息，您却坚持说：“不必……讲完，再休息。”

但是您没有“休息”：七年后，您已经八十八高龄，又在家中给我师弟、第二届研究生，开讲了《古文字学概述》，依然是这样地喘息着，渗着热汗……

卫老呵，您岂止是在讲授，您是在把自己残余的生命，传输给党的教育事业，传输给我们年轻一辈啊！

您忽然挣扎着抬起手，您在寻找眼镜，您颤颤地戴上眼镜，苍白的脸色又平静下来——这动作，我当然熟悉！

那是一个秋阳如火的下午，我正誊清一篇文稿，听见了“笃笃”的敲门声。我打开门，差点叫起来：“卫老！您怎么来了……”您汗淋淋放下手杖，笑着说：“来看看你。一个人做学问，很清苦！在写点什么？”我忙着把文稿递给您，您当时就这样，颤颤地戴上眼镜，俯身读了起来。后来您说，须得

“细细看”，把文稿带走。后来，当您把文稿还给我时，我发现，上面的页边上已密密麻麻，写满了您的批注，甚至连标错的标点，也全给改了！

卫老啊，这正是您用无言的笔墨，教给我的治学精神，那就是：严谨，细致，一丝不苟……

我又记起了另一个夜晚，雨声潇潇。我去您家里请教问题——这才吃过晚饭，该是您稍事休息的时候。踏进书房，我第一眼看到的，就是您伏案写作的背影。八支光的台灯，很暗。而您，正是这样，手扶着眼镜，颤颤地，一笔一画，艰难地书写着，我劝说道：“卫老，也不休息？别累坏了身体！”您“哦”了一声，抬眼看着我，说：“屈大夫不是说，‘汩余若将不及兮，恐年岁之不吾与’……我得抓紧哟！”我望着案边厚厚一叠文稿，不禁泪水盈眶了：那就是您以90高龄，夜以继日撰写的学术专著，30余万言的《扬子法言会笺》……

而今，您颤颤地戴上眼镜，是不是还想看一眼，那几度寒暑终于完稿的著作？是不是在您生命的最后几刻，还惦念着它的问世？

卫老，您离去的前几天，就已不能说话——您竟没能给您的弟子，留下一句遗言！但是我已听到了。因为您，分明已用您92年的历程，用您身体力行的一切，告诉了我：该怎样热爱党的事业，该怎样热忱扶掖后学，该怎样活到老、奋斗到老。

我不能相信，卫老，您真的已离我们而去。如果时光能够停止，如果生命能够唤回，我要透过泪水大声呼唤，让它停止在那永难忘怀的时刻：在雨声潇潇的灯下，看您著《扬子法言会笺》；披着火红的秋阳，看您拄着手杖，向我曾住过的路西宿舍步来；在藤圈椅上，忘了喝那圆桌上的热茶，听您喘息着为我们讲授《古文字学概述》……

来源于1991年1月5日《安徽师大报》第214期

卫仲璠（1899—1990），男，原名卫瑜章，别名樗庐。安徽合肥人。主要研究先秦汉唐文学、古文字学，是著名的教育家、古文字学家和先秦文学家。1946年任教于安庆国立安徽大学中文系；1949—1958年任安徽师范学院中文系副教授；1958—1969年任合肥师范学院副教授兼中文系副主任；1976年以后一直任安徽师范大学中文系教授、硕士研究生导师，与林散之等人合称“皖东九友”，主要论著：《段注说文解字斠误》《离骚集释》《司马迁的讽刺语言艺术》等专著。

我所经历的峥嵘岁月

张俊杰

斗争入党

我是从一名师范院校的青年学生开始走上革命道路的。由于家庭贫苦，全家衣食维艰。我从读小学时，就多次利用寒暑假到富人家去“帮年工”或“伺候老爷”，挣几个小钱补贴家用。虽如此，仍几近辍学。为了能够继续求学，并获得师范学生每月5元钱的助学金，以减轻父母负担，读师范成了我唯一的希望。1923年17岁时，我以2000考生中第一名的优异成绩，考入了河南省第一师范学校。

我在师范求学期间，正值国内政治局势激烈动荡。当时北方军阀混战，如直奉战争、苏浙战争、河南省内的胡憨战争；南方进步势力待起：孙中山改组国民党，孙中山北上，主张召开国民会议……政治局势的发展，大大影响了青年学生的思想。随之孙中山逝世，“五卅惨案”的发生，广东国民革命政府的成立，在国民中产生了巨大的影响。在开封地下党的宣传、鼓动和领导下，青年学生首先被发动起来。河南第一师范学校，是开封学生运动最积极的地方。学校组织了“青年学社”（后来改为“河南青年协社”），其分社遍及各中学，甚至连中州大学（今河南大学）也有分社，领导着各校的学生运动。

我进入一师后，由于学习用功，成绩又好，一些高年级的学生都喜欢接近我，并在学习上、思想上给了我不少启发与引导，使我的思想觉悟不断提高。1925年的暑假，我参加了一师青年学社举办的暑假讲习班，聆听了王若飞、萧楚女、李秋实、郑震宇、冯品毅等人关于帝国主义、唯物史观、社会科学概论、社会进化史等的讲座。萧楚女有时晚上到我家与我谈话，谈话后就在我家与我一起共寝。这些对我进一步确立共产主义信仰影响很大，也推动我后来积极投入“五卅运动”的革命激流中，并参加了反帝国主义、反国民党西山会议派林森、邹鲁、戴季陶之流以及当时叫嚣反共最厉害的国家主义派（醒狮派）等组织的各项进步活动。如火如荼的斗争生活，使我进一步坚定了对共产主义的信仰。1925年秋，正值万物成熟的季节，这时我由同学刘英、韩绍湘两人介绍，加入了中国共产党。

入党以后，斗争生活更加紧张繁忙。那时直接指导我们工作的有萧楚女、李秋石（求实）、范易、张霁帆等同志。我们白天搞宣传，散发传单，接受上海、广州寄来的党内外进步书刊，有时收转负责同志的秘密信件；晚上，到地下机关里写标语、印传单、画宣传画，或是外出张贴上述宣传品；在学校里，还要写稿出墙报，与校内的国家主义派进行斗争；此间，我们还在市内开展了纪念列宁逝世、纪念“二七”等公开宣传活动。我与几位同学还在校内成立了“春光学会”，并主办有《春光》刊物。此外，我们还组织了开封市少年团体“光明少年团”，开展进步活动。由于自己表现突出，这是为当时国民党右派掌权的学校所不能容忍的。1926年暑假，校方借故把我开除，结束了我在一师的三年学习生活。从此，我也告别了学校的小天地，迈入了更加广阔的社会大课堂。

狱中生活

1926年暑假离开河南第一师范后，经中共河南省委决定，我被派往广东黄埔军官学校学习。入校后，被编入第六期入伍生二团二营八连当学员。我们同去的五名共产党员编为一个党小组，归二营秘密党支部领导，曾参加了军校内的“倒蒋”运动和反对戴季陶的孙文主义学会的斗争。

国民党“四一二”公开叛变革命后，黄埔军校“清党”，大肆抓捕军校里的进步学员。当时，我们连在珠江口防守炮台，不在校内。到四月十八日，校部派人带小船到炮台，以找我和另外两名学员谈话为由将我们带走扣押。反动派对待革命是从不心慈手软的。在转往监狱的途中，我们就被戴上脚镣，在一时黑云翻滚的广州城，带镣长街行。后来在特别刑事法庭审讯时，我始终重复编好的口供，没有暴露出共产党的身份，最后仍以“不无嫌疑”为由，判处感化二年（后又延长一年），押送广州南石头监狱。在这个监狱里，关押的大部分都是政治犯。所有的犯人都被戴上脚镣，剃光的头上还留下一撮十字形的黑发作为犯人标记。

尽管狱中的环境是恶劣的，但是革命的火种是不灭的。我们狱中的共产党员经过秘密串联，并经南方局同意，组织成立了狱中“特委”，带领狱中同志的生活和斗争。当时狱中党组织的活动，一是针对狱方，组织一些改善待遇方面的斗争，派人帮助某些人准备口供，对狱方在“上课”中的欺骗讲话，及时进行分析揭露，同时也准备搞狱中暴动，与广州暴动的部队搞里应外合（后因条件不备作罢）；二是对内部，主要是开展一些自我教育活动，利用个别谈话的形式，彼此谈认识、谈思想，鼓舞斗志。

在坚定的共产主义信念支配下，狱中的同志都把监狱当作是革命的大学。大家在狱中都积极努力地学习理论和文化，准备迎接出狱后的工作和斗争。我们在监狱里认真学习了“游击战术”，同时学习一些社会科学知识。当时狱中也有不少同志喜爱文学，对郭沫若写的《圣母像》等诗篇，以及林房雄（日本）的《在狱中》、王尔德（英国）的《狱中记》，大家都爱传读。我也爱学文科的东西，狱中摘录学习了郑振铎的《文学大纲》全部。平时还爱好写一些诗歌和小杂文，与一些同志相互交换传阅，交流学习。此外，我还持一个师范生之长，热心帮助狱中的一些工人和农民学习文化，教他们普通话。有些党外的进步同志，经过教育、帮助和考验，在狱中参加了中国共产党。我们就是这样，在恶劣的环境下，不仅把艰苦的狱中生活变得十分充实，而且也没忘记为革命事业积蓄力量。

由于国民党对北方人是否是党员不了解，对我只以嫌疑判刑。至1930年底，“感化”期满，由广州中山大学教师鲁子惠（我过去的老师）将我保释出狱，结束了难忘的三年狱中生活。

寻找组织

1930年底我期满出狱。行前，狱中特委在一本伪装的书籍中密写了介绍信，我带到香港，按地址与南方局联系上了党的关系。由于北方人在南方口音不同，从事地下工作有所不便，因此我与相继出狱的几位北方同志，都希望能回到北方去。后经组织同意，介绍我们回北方工作。

1931年初，我与河南籍的方铁汉同志回到开封。但是，未料情况有变。由于阎锡山、冯玉祥联合反蒋失败，河南陷入国民党直接统治范围。自1930年底开始，敌人实行大捕杀。河南省、市委的同志相继被捕，英勇牺牲，河南地下党团组织几乎被破坏殆尽。我们秘密接头的地点已被敌人查封。这时想再回香港，路费很难筹措。过去在开封的熟人，由于形势变化，党内同志全不知在哪里。最后经与方铁汉同志商量，鉴于开封反共空气紧张，不好轻易乱动，只有等待时机，先在自己工作中开展力所能及的活动，慢慢再寻找机会与党组织取得联系。

后来，经同学赵雨农介绍，我到国民党爱国将领吉鸿昌的家乡、河南扶沟县吕潭中学任教，兼师范部和中学部教务主任。吕潭中学是吉鸿昌所办，各项设备条件较好，规模比县中还大，是一个教书与读书的好地方。但是，共产党员的职责使我不能停止活动、停止斗争。因此，在工作一年多以后，受到把持该校的校董事长、国民党反动分子林老恒的排斥，我们几个战友被迫离开了吕潭中学。后又经同学介绍，先后到中牟县师范、灵宝县三小、灵宝师范任教。但辗转几县，一直都未能与党组织取得联系。与方铁汉同志分手后，在当时白色恐怖的环境下也早已失去了联系。这时的我，真好比失群的大雁，只能孤单地振翅奋飞。在这几年中，我只好利用教师的身份，积极从事一些进步活动，例如给学生介绍进步书籍，教育学生要读报纸，关心抗日救亡事业等。

特别是1931年九一八事件以后，我除认真搞好教学和教育行政工作外，还积极带动学生开展校内文化活动，组织了话剧社，带领学生到农村较大的村庄巡回演出，进行抗日救亡宣传活动。有时我自己也亲自登台参加演出活动。1936年10月19日，伟大的无产阶级文学家鲁迅先生逝世。20日，我们在灵宝师范及时组织学生举行了鲁迅先生追悼会，并利用“西安事变”呼吁当局停止内战，团结抗日。我就是这样，通过开展上述的进步活动团结、教育了一些教员和学生，同时也希望能以自己的进步活动寻访和联系上党的组织。

1937年七七事变后，全国抗战爆发。当时我仍在灵宝师范任教务主任兼国文教员。这年11月，我党华北联络局的刘贯一同志，以西安工商日报记者的身份来灵宝师范看望他的亲戚王雨晨，同时了解灵宝地方抗日救亡活动情况。当时我对刘的身份也不了解，但通过教员王雨晨的介绍，我与刘见了面。在交谈中，我发觉他对国际形势、抗战局势和全国政治情况谈得明了透彻，对抗战的前途抱有坚定、胜利的信心。我在心里认真分析后，觉得刘可能是党内同志，或是与党有联系的进步人士。于是我按捺下激动的心情，向刘流露出自己是和党失掉联系的共产党员，希望能早日与党取得联系。刘说，他在河南有朋友是共产党员，可以帮助我找到党的关系，并要我把近年的有关情况写个材料交给他。刘贯一走后不久，河南省委派王祝萱同志（豫西特委组织干事）来灵师找我。在密谈中，王告诉我，我交给刘贯一的材料已转河南省委。经研究，决定同意接受我回到党内来。

听到党组织的这一决定，我激动不已。离开党组织近七年之久，自己凭着对共产主义的坚定信念，孤身一人，坚持斗争，终于寻到党的组织，并得到党组织的理解和承认。

传播火种

河南省委在派王祝萱同志传达批准我回到党内来的指示同时，还传达了要求建立中共灵宝县委的指示，并把在灵宝的三名地下党员名单交给我，明确由我组建灵宝县委。任务光荣而又艰巨。

要成立县委，仅当时的4名党员，力量太薄弱了。当即我向王祝萱同志汇报，介绍了自己平时比较了解的思想进步、积极可靠的三名同志的情况，经王祝萱同志同意，及时将杨松年、王雨晨、买茵萍三人吸收入党，并参加中共灵宝县委会。

1937年12月下旬的一天晚上，王祝萱同志参加并主持了灵宝县委的第一次会议。会上，传达了省委的有关指示，指定由我任县委书记兼抓统战工作，同时按照组织、宣传、武装、青年、妇女等各项工作，对其他县委委员进行了分工。这次会议还明确了县委当时的工作任务是：积极开展抗日救亡活动；发展党员和党组织，壮大党的队伍；开展统一战线工作，向陕北输送党员和进步青年到抗大学习。

尽管国民党对共产党人实行大搜捕、大屠杀，但是，哪里有压迫，哪里就有反抗和斗争。人心向往共产党、向往团结抗日救国，是任何恐怖手段都不能阻止的。第一次县委会后，我们经过积极努力的工作，在短短的两个多月中，就在工人、农民和职员中发展了二三十人参加了共产党，使灵宝县委的组织迅速壮大。

在此期间，我还通过孙秋萍的介绍，认识了河南陕县大营的蔡迈轮同志。通过谈话，知道他是北京中法大学的肄业生，当时在大营张汴小学当校长，思想很进步，在校时还是民先队的小组长。经启发教育，他表示愿意参加中国共产党。于是按照手续，发展他加入了党组织。接着，灵宝县委又给他派去了新发展的党员许重山和发展对象狄俊民，要他们在陕县积极发展党员，建立起陕县党的组织。

三月初，我们又召开了第二次县委会。会议的中心议题，仍是研究发展工作，尽快把红色种子撒遍周围各县。会议之后，我和蔡迈轮同志又介绍失掉关系很长时间的关周光同志重新入党。关周光当时在卢氏县朱阳关小学当校长，我们又派张甲同志到卢氏县以教书为公开职业，积极协助关在那里发展党员，建立起卢氏县的党组织。与此同时，杨松年同志又在邻县阌乡县发展了党员。红色的火种，在恶劣的条件下，仍然以灵宝为中心在地下迅速地燃烧并影响到周围几县。鉴于党组织的发展范围已经由灵宝扩展到陕县、卢氏、阌乡等四县，因此，省委又积极指示，将中共灵宝县委，改为中共灵宝中心县委，仍由我担任书记，负责灵、陕、卢、阌四县党的工作。

随着灵宝中心县委的建立，党员人数的不断增加，加强党内教育、提高党员素质的工作又提上了日程。这年6月，中心县委又在县棉场召开了第三次县委会。这次会议着重是研究党的宣传教育问题。最后决定，中心县委出一个秘密发行的油印党内小刊物，定名为《我们的生活》。

弃笔从戎

我在担任地下党灵宝中心县委书记期间，在教学工作上始终十分认真，一丝不苟。除了正常教学活动外，每天还要批阅六十多名师范学生的日记，以了解学生的思想状况，引导、教育学生关心国家大事，宣传抗日救亡。不少同学在日记中表示："要为挽救民族危亡，献出一腔热血！"那时我的住所，也就很自然地成了一些进步学生在课外聚会和聊天之处。这样，就逐渐引起了国民党在灵宝反动势力对我的注意。

1938年春，国民党陕州专区党务专员到灵宝视察，县党部特为这位专员召开了一个文化教育界人士座谈会。会上，党务专员要大家讨论三民主义和马克思主义的区别。就这个问题，很多人发了言，但都没有触及要害，没谈出实质，有的甚至批评诋毁马克思主义。于是，我就策略地对上述言论进行了反驳。大意是："马克思主义是指导世界革命的学说，三民主义是指导中国革命的学说，而中国革命是世界革命的一部分。所以，中国革命既要学习三民主义，又要学习马克思主义，把中国革命与世界革命密切地联系起来。结合中国当前的实际，抗日救国就是中华民族救亡图存的革命，大家团结起来把日本鬼子赶出中国，这是三民主义革命在当前的新内容。"此事以后，我愈来愈被反动当局注视了，并有一些反动分子暗中搜集我的材料，形势对我越来越不利。但当时灵宝县教育局局长董云青，是国民党中比较进步的人士，也是我地下党定下的统战对象，与我的私人关系很好，因而多次受到他的掩护。

到了1939年夏，中共豫西特委郭晓棠同志来灵宝视察工作，就我当时处境，指示我趁尚未彻底暴露身份之前离开灵宝，到豫东新四军去工作。这之后不久，董云青也向我透露：当局已决定对我动手，要把我逮捕送到洛阳“劳动营”去。

情势危急。当晚，我就向新来接替我工作的苗树棠同志交代了县委的工作。苗树棠也告诉了我洛阳八路军办事处的地址。深夜，我独自一人冒风雪离开灵宝，前往洛阳。

1940年4月，经中共河南省委和豫西特委决定，我离开洛阳八路军办事处，受命随从延安养伤一百多归队的干部到豫皖苏边区的新四军六支队工作。从此，我迈入了戎马生涯。

地下斗争是艰险的，但武装斗争更是残酷的。我到部队不久，即经历了惨烈的“六一”战斗。当时我们部队正在豫皖边区的永城开大会，不想被一支日本鬼子的扫荡部队所包围。敌人猛烈的炮火压过来，我军立即组织英勇反击，双方伤亡惨重，但最终仍将敌人赶回据点。这之后，我们又参加了一次次险恶的反扫荡。抗战胜利后，部队又立即投入了三年解放战争。北上、南下，与敌作战，历经艰辛。最终，用彻底的胜利迎来了新中国的诞生。

忆往昔，峥嵘岁月稠。怎能忘：鲜艳五星旗，是由无数先烈的鲜血染就！

来源于1991年5月10日《安徽师大报》第220期

张俊杰（1906—2000），又名张午影，祖籍河南省渑川县（今尉氏县）。1925年9月加入中国共产党。1926年8月，中共河南党组织决定，派到广东黄埔军校学习。1938年8月，中共豫西特委将灵宝县委改为中共灵宝中心县委，负责灵宝、陕县、卢氏、阌乡四县党的工作，任中心县委书记。张俊杰于1940年2月离开灵宝，到达豫皖苏根据地新四军总部，曾多次参加对侵华日军的作战，并参加了三年解放战争。新中国成立后，仍在部队工作，曾任军区司令部秘书、科长、副主任、团政委等职，1958年转业到教育战线，曾任安徽省教育学院党委书记、院长，安徽师大副校长等职。

师 缘

——怀念我的父亲张俊杰

张锡玲

父亲88岁高龄了。自他1925年参加革命，在党旗下已走过了近70年的历程。父亲的经历中给我印象最深的是他70年来与“教”和“师”结下的不解“师缘”。

父亲最早是从师范学校踏上革命道路的。1925年秋，父亲在河南省第一师范学校读书时，在王若飞、萧楚女的引导下，加入了中国共产党。1926年夏，父亲由党组织派往广东黄埔军校学习。1927年国民党叛变革命，“清党”中，父亲共产党员身份没有暴露，但仍被当作嫌疑分子关进监狱。4年铁窗生活里，父亲把监狱当成革命的大学，努力学习革命理论，帮助狱中的工农兄弟学习文化，在特殊的环境下当起了“教师”。这时，父亲的小学老师鲁子惠先生正在广州中山大学任教，听说父亲在狱中，常给父亲送药品和中外读物，使父亲能在狱中坚持学习。1930年底，鲁老师多方奔走，将父亲保释出狱，拿钱买车票护送父亲回到原籍河南。这赤诚的爱生之情，使父亲终生难忘。

不料河南省委地下党团组织遭到严重破坏，父亲和党组织一时失去联系。他一边以教师公开身份作掩护，一边寻找党组织。父亲曾在吉鸿昌将军的家乡扶沟县吕潭中学任教，兼师范部和中学部的教务主任。后又在中牟县和灵宝县的师范、小学、中学任教任职。在教师身份掩护下，他积极带动、组织学生开展抗日救亡宣传等进步活动。1937年11月，父亲经过多方寻觅，终于回到了党组织怀抱，并担任了中共河南省灵宝中心县委第一任县委书记，在他周围的同事、学生中发展共产党员，并把他们送往革命圣地延安。他教学一丝不苟，是大家公认的。教国文，每天批阅60多本学生日记；教生物，夜间带着学生到荒坟中挖无名尸体骨骼，洗净蒸煮后穿起，组成人体骨骼模型标本。

1939年，父亲的进步思想和行动引起国民党注意。在敌人即将逮捕父亲的时刻，党组织派人接替父亲工作。并于1940年派父亲到豫皖苏边区的新四军四师工作。没想到在戎马生活中，父亲还是与“师”有缘。师长彭雪枫很重视知识分子，听说父亲是教书出身，就任命父亲当了师部的教育副官，还风趣地说：“我们新四军没有官，只有这一个官给你当吧！”1949年全国解放，父亲随军进驻合肥，担任了华东军区第六步兵预备学校副政委。他戎装在身，仍没有离开教育本行。1958年父亲转业到地方，担任安徽省教育厅副厅长兼高教局局长职务，后又担任过省教育学院党委书记兼院长，“文革”后，任安师大副校长，直到1983年离休。

回顾父亲70年革命征程，他始终和教师身份紧紧相连。这“师缘”镂刻在父亲的生命中，如此深刻、如此清晰、如此长久，甚至连我们全家也都沾了“缘分”。我母亲本是戎马出身的“红小鬼”，因受父亲的影响，转业后从经济部门来到教育系统，后来在皖南医学院工作并离休。我兄嫂大学毕业后，工作几经周折，而最终都成为大学教授。我和爱人都在师范大学毕业并从教。就连当兵三年的小弟也跳不出这缘分，也在大学里工作。

这深深的“师缘”牵连着父亲与亲友师长的情结，有时它的枝蔓能延续几代人。1974年，一个偶然的机会，遇上了一位女教师。不料她的父亲竟是当年保父亲出狱、多年寻觅未着的恩师鲁子惠，这样的巧遇，不又是“奇缘”吗？一年后，我上了大学，当年父亲恩师的女儿，又成了我的老师。两代恩师，两代“师缘”，知道这内情的人，无不称奇。

几十年来，父亲常常怀念他当年的老师、学生，他们也同样思念着引导他们走上革命道路的这位恩师。每当相聚时，那师生情谊，那动人场面，令我激动不已。

父亲革命历史、教书育人生涯，是对我们子女无言的教诲，成为我们努力工作、献身教育事业的动力。每当我们认为教书清贫、收入太少而满腹牢骚时，每当我们想随流“下海”“跳槽”赶潮时，就会想到父亲，想到在自己成长过程中的许许多多的恩师，想到他们对党的教育事业的耿耿忠心。

来源于1993年9月15日《安徽师大报》第261期

教坛宿将　风范长存

——悼念宛敏灏师

汪裕雄

宛敏灏先生溘然与世长辞了，学界失去一位著名词学家，教坛失去一员勋劳卓著的宿将，我自己也永远失去一位恩师。噩耗惊传，沉痛的悲哀攫住我的心。

我凝视着一帧照片，那是8年前先生80寿辰与我的合影。先生微微侧过身来跟我款谈。这是多么熟悉的声音，浓重的庐江腔，轻缓、抑扬，时不时还冒出几句充满睿智的谐言趣语，引得彼此开怀畅笑。先生暮年，不止一次跟我这样畅谈过，谈诗词，叙往事，拉家常。而今，我又何能再享与先生晤谈的欣喜，何处追回先生爽朗的笑声！

我是先生40年前的学生，后毕业留校。那时，先生出任合肥师院副教务长，实际却主持全院教学和科研的日常行政工作。而我，则在教学之外兼做中文系的科研秘书。承张涤华、祖保泉二位系主任的错爱，常让我协助系里起草一些有关科研和教学的上报公文。当时中文系人多，学生占全院半数，号称合师院"半壁江山"，宛先生又曾是中文系的主任，因此他对中文系特别看重，系里上报学校的有关公文，一般都要经过他亲自过目。他对公文的讲究是出了名的，有时竟近于苛刻。因此，每当系里要我撰稿的时候，我都不敢掉以轻心。

最难忘的时候是1962年进行的教学调整，那时旨在恢复正常教学秩序的全校性大动作。就在这次教学调整中，先生的多谋善断、指挥若定，都令我惊叹不已。大凡经历过那段岁月的人都清楚，那时的大学，已是元气大损，频繁的政治运动和过量的生产劳动，差不多把正常的教学秩序冲击无余，教学管理陷于停顿，教学质量一落千丈。要从根本上扭转局面，非但要有果断有力的措施，还得承担相当的政治风险。但这次调整在合师院进展很快。第一步是组织人马分赴大江南北，跟踪调查当年毕业生的质量状况，记得我们系是由祖先生亲自主事的，调查的结果令人吃惊，毕业生派往中学，因无法胜任教学而改作他用的已非个别，有的竟只能安排去看大门、敲钟。当时系里让我就此草拟报告，据说宛老师要亲自过目。按当时惯例，这类报告总得以肯定成绩为主，问题不易写得突出。报告稿送阅两次，宛先生都不甚满意，让一改再改，这使我困惑不解。这时，先生要我先看一份材料才动手。我见到的是先生以个人名义写给童世杰院长的一份建议书手稿，文字不长，件头却赫然书有两三行朱笔大字，记得是："照教务长意见办。请即组织精干力量先行调查，逐步实施建议各点。"下面落个斗大的"童"字。建议书对学校的教学形势估计得比较严重，为调整教学提出了系统对策：组织跟踪调查，分析存在问题，削减劳动时间，调整教学计划，加强基础课教学，给临近毕业的高年级学生补缺补弱，加强青年教师的业务进修，等等。读过这份胆识过人、思虑周详的建议书，我才恍然大悟，原来先生早有深谋远虑，而且已得院长批准，这次调查不过是庞大计划的最初一步而已。我原先的疑虑，涣然冰释。

先生的建议，在全院是全面实施的了，整个教学调整活动进行得是有条不紊、一气呵成，学校面貌也顿时改观。而中文系，由于张、祖二位主任的不懈努力、总支书王杰同志的全力支持，调整工作更是雷厉风行，效果也最为明显。为了给高年级学生补缺补弱，涤华主任亲自上阵，开设《古代散文选》，并请出一位当时还颇为年轻的同志跟他平行授课，一时传为佳话；老年教师则争先为青年教师开设学术讲座，一部《文心雕龙》，就由涤老、煦老（张煦候先生）、祖先生分别系统讲过，祖先生还讲过司空图《诗品》，孟永祈先生则讲过《托尔斯泰研究》。不知不觉，琅琅的书声，浓厚而活跃的学术空气，重又回归校园，合师院进入最旺盛的时期。

这件事，大约在先生本人也是平生得意的一大手笔吧，先生当年的建议，原是他与童院长数夜深谈的杰作。先生谈起过，他与童院长彼此是肝胆相照的。先生出任教务长时，童院长劈头第一句话就是："学校教务我是全权托付给你了，有责任我担着，有问题你大胆解决，我这是以心相托！"说罢，感叹嘘唏，不胜故人之情，已逝的童世杰同志是红军时代入党的老革命，经历过枪林弹雨，他的知人善用，先生与他的配合默契，都令我肃然起敬。

先生的教学管理，素来以严格著称。他在合师院亲手建立一系列管理制度，所谓"过五关"，要算最闻名的一项。那时规定，一个青年教师独立开课，须经指导老师、备课组、教研室、系、教务处的多次听课和考核才能算数，否则一律不得将课程列入课表。所以凡青年教师上课，无论独立开课与否，无不郑重其事、兢兢业业。而当时正值国家严重困难时期，青年教师经受饥寒仍精神饱满地学习、备课，每天午夜宿舍仍然灯火通明。极其艰苦又极其严格的训练，终于为学校造就一批教学科研的青年骨干。尽管"文革"时"过五关"曾被蒙上"资产阶级知识分子统治学校"的恶名而加罪于先生，但"文革"后不久人们就发现，幸亏当年有那么个"过五关"迫使大家养了点业务底气，否则，在那么困难的岁月，荒废专业真是太容易了。当我和先生谈起这一点时，先生感慨万端："不严不成军呀，搞教学行政就是这样，当时是得罪人，日久见分晓，公道自在人心！"

作为老一辈的词学家和词人，先生在海内外早已久负盛名。关于他的学术造诣，他的诗歌才情，有他的著作在，有他的词在，自有后人评说。倒是他的教学行政才能，因为当年身历其事的同志或亡故，或云散。了解的人已并不太多，就如那份重要的建议书，很可能当年就鲜为人知。然而，就我的亲见亲闻也难以推知先生为合师院的建议究竟倾注了多少心力！何况先生作为教育界的代表，曾长期担任省政协常委，对我省文教事业还建言多多呢！

愿先生在天之灵，永远安息！

来源于1994年12月10日《安徽师大报》第287期

宛敏灏（1906—1994），男，字书城，号晚晴，安徽巢湖市庐江县城关镇（今庐城镇）人，著名词学家。1929年考入安徽大学中国语言文学系，师从姚永朴（仲实）、陈朝爵（慎登）、周岸登（癸叔）、李大防（范之）等，于1934年以该系总评第一名毕业。新中国建立后，任安徽大学、安徽师范学院（即今安徽师范大学）、合肥师范学院中文系教授兼系科主任、副教务长等职。"文革"后任安徽师范大学图书馆馆长。曾任安徽省政协常委，中国作协会员，中国作协安徽分会理事，安徽省文联委员，中国韵文学会顾问，中华诗词学会顾问，安徽省诗词学会顾问，巢湖地区诗词楹联学会名誉会长，《汉语大词典》编委，《词学》编委。

张涤华先生对辞书事业的贡献

陈庆祜

1975年,重病中的周恩来总理批准了国家辞书编纂规划,要求十年内编写160种中外语文字典、词典。次年春,任务下达。名列规划首位的大型辞书《汉语大词典》交华东六省(除江西省)市编纂。这是一部为国争光的大书,安徽师大与有关院校有幸担起了这副重担。

张涤华先生被抽调参加这项工作,心情十分激动。因为早在1965年出席全国人代会时,他就与其他学者联署递交过编写大型语文词典的提案。新中国成立前,黎锦熙、钱玄同等学者曾组织编纂《中国大辞典》,后因客观条件不允许,只做了一部分资料工作便停止了。1949年以后,我国仅编写出版了一批小型字典、词典,与国外交流只能赠送《新华字典》,造成"大国家,小字典"的窘况。这是现代中国文化领域一块亟待填补的空白。如今,能够参加这项工作,怎不使他激情满怀呢? 为此,他不顾体弱多病,日夜操劳。1976年夏、秋之交,芜湖风传可能有地震,家家搭防震棚。为编纂这部大书,先生将书搬到防震棚里查阅,为编写工作提出许多有价值的意见。1977年,先生恢复了中文系主任职务,领导中文系教学和《汉语大词典》编写工作。不久,教育部和国家出版局任命他担任大词典副主编。他做领导工作总是身体力行。编词典的基础工作是积累资料,《汉语大词典》编纂处计划用三年时间,从我国古今代表性著作中收词制成卡片,先生也跟编写组同志一道看书收词。编写释文工作开始,他除为大家解答疑难问题外,还与编写组骨干一道审稿。他不顾酷暑严寒,也不顾身患高血压病,常常连续工作,一干就是十几天,有时达到几十天,令编写人员敬佩不已。

先生对《汉语大词典》的编写贡献很多,也受到兄弟省、市编写组同志的尊敬。在第四次编写工作会议上,他作了《略谈词典编写工作的几个问题》的发言,着重论述:①分工后的协作;②初稿与定稿的关系;③关于注音;④关于释义。发言给大家以很大的启发,受到与会同志的高度评价。发言稿在编纂处编辑的专刊上发表，对编写工作起到了重要的指导作用。先生的文章，经常刊登在《汉语大词典简报》上，使六省市编写组同志深受启发。例如，在看书收词初期，编写人员曾参考日本编写出版的《大汉和辞典》，有人未加细考，误将中国书（如《六部成语》等）当作日本书，将一些汉语词看成是日本词。先生立即写了《〈大汉和辞典〉中日本词语及日本书籍》，以严密的考证澄清是非，使编写工作避免了差错。

先生博闻强识，被大家喻称为“活字典”。大家在编写工作中遇到了难题，他都当即作答，极少数待核查的问题，也亲自查找文献，给予解答。编写组同志都说：“现在有些主编只是挂名，而张先生从资料建设到释文编写，都亲自参与，并且还帮助解答释文时的难题，这才是真正的主编！”1990年，安师大与兄弟省协作编纂的第五卷、第六卷问世，先生极为欣慰。1994年春，《汉语大词典》出齐（正文十二卷，附录、索引一卷，共十三卷）。5月10日，国家在首都人民大会堂隆重召开了庆功会，党和国家领导人江泽民等到会祝贺，向为这部大词典付出辛劳的同志们表示感谢。这部巨著的出版，在国内外引起强烈反响。人们纷纷赞誉它是“中国辞书史上的典范，堪称中国之最”，美籍华人科学家杨振宁说大词典的出版“是二十世纪中国的一件大事”。《汉语大词典》获国家对图书的最高奖赏——首届国家图书奖。在庆功会上、庆功会后，为这部大书辛苦劳作十八年的编纂人员都深情缅怀已经离开我们的张涤华先生等前辈，赞扬他们为这部巨著作出的重要贡献。

《汉语大词典》的问世，也向海内外展示了安徽师大的风采。

先生治学严谨，一丝不苟。1983年，华东地区几所高校协作编写《汉语语法修辞词典》，请张先生和复旦大学胡裕树等先生共同担任主编（胡先生坚持请张先生排名居首）。全书完稿时，先生因病住院，未及审读。出院看到校样，发现存在问题（如间接引用古籍书证未核对原书等），便与其他主编商量，推迟付印。先生推荐安师大语言所一位青年教师核查、校订，最后亲自审定。词典出版后，受到学术界好评，有人称赞这部词典体例严谨，很难找到差错。这在劣质词典泛滥的年代，实属难能可贵。《汉语语法修辞词典》是第一部关于语法学、修辞学的专科词典，具有重要的学术价值。

先生语言学专著、论文很多，其中有一批辞书学论文。例如《略论〈说文解字〉的说解》《〈说文〉段注与辞书编写》《读新版〈辞海〉偶识》《读新版〈辞源〉偶识》《论〈康熙字典〉》等，在国内外产生了很大影响。《论〈康熙字典〉》

一文，被学术界公认为二百余年来对这部字典论述最全面、评析最公允的高水平论文。

在先生辞去安师大语言所所长之前，所里开始编纂《全唐诗大词典》，大家恭请他担任主编。国外一位学者说过“要惩罚一个人，最好的办法是让他编词典”（大意）。这虽是句玩笑话，却道出了编词典的艰辛。因为从事这项事业，要有不怕寂寞、甘坐冷板凳的精神。先生曾患脑血栓病，虽然治愈，却留下了后遗症，手不能握笔，也不良于行。为编写这部词典，他坚持锻炼，一边看《全唐诗》，一边练写字，记下资料。不久，他写出《〈全唐诗〉失误举例》长文供编写同志参考。这部词典第一卷完成，他除审稿外，又撰写了数千字的序言，充分肯定编写这部词典的必要性。这篇序，是评价《全唐诗》的高水平的论文，《安徽师大学报》编辑部刊登了序文，供学术界参考。

先生晚年身体不好，难以亲自检阅资料，便决定不再担任主编、顾问。他对词典泛滥的状况深感忧虑，认为会误人子弟。曾有人计划编一部工具书大词典，未征得先生同意便在打印好的编写计划中将先生作为该书的“顾问”。“计划”寄达先生，先生立即谢绝。又有一部专业大词典上马，出版社要求编者请名人当主编。该组有先生的学生，专程来芜湖面请，亦被先生拒绝。先生说：“如不能亲自参与，一概不接受主编、顾问虚名。”这正体现了一位严肃的学者的高尚品德。

来源于《安徽师大报》第503期

张涤华（1909—1992），原名张铸安，安徽凤台县人，著名语言学家、目录学家、教育家。1937年毕业于武汉大学中文系。曾任安徽师范学院、合肥师范学院、安徽师范大学中文系主任，安徽师范大学语言研究所所长，中国语言学会常务理事，安徽省语言学会会长，安徽省哲学社会科学联合会副主席。他是第三、五、六届全国人民代表大会代表，安徽省第六届人民代表大会常委会委员。1991年被国务院授予“有突出贡献专家”称号。主编过《现代汉语》《汉语语法修辞词典》《全唐诗大辞典（第一卷）》，担任大型工具书《汉语大词典》副主编。

他在这里播下了金色的种子

山 佳

安徽师范大学数学系金再鑫教授在六安师专讲学，受到了该校师生员工一致的称誉和普遍的尊敬。

六安师专没有教授微分几何的教师，金再鑫老师以近七十的高龄于今年二月接受该校邀请，热情前来讲学。到校后，他一天也没有休息就走上了讲台，每周上四至六节课，下午便到班上辅导，有时甚至熄灯前还在教室。他每周布置两次练习作业，达一百多本，全部亲自批改。翻开他批改过的作业本，我们就会发现凡是同学做错的地方，他全用红笔仔细订正，甚至连证题方法、步骤上的错误也不放过。金老师喜欢别人提问题。他常说："学问学问，不光苦学还要勤问。问，不仅使你进步快，也使我从中发现问题，积累知识。"有一次，一位同学问了他一道难题，他当时也难住了。后来，我们整个下午没见到他，晚自习也没有见到他。这个同学在熄灯前准备回寝室时，想不到却迎面碰上打着手电的金老师。金老师高兴地摇着手中一叠纸，欣喜地说："上午问的那题，我做出来了。让我们来检查一下看看对不对……"

金老师新中国成立前曾在德国汉堡大学学习，一九五一年历尽艰险回到祖国。他从事微分几何学方面的工作与研究已有多年，教微分几何可以说"游刃有余"。可是他来没几天，图书馆的工作人员就非常熟悉这位头发花白的老教授了，大家劝他多注意休息，他总是说：现代科学发展日新月异，啃原有知识是很不够的。再说，这也是习惯了，上课前不翻翻看看就觉得不踏实。

讲学期间，金老师从不享受该校为他安排的任何比一般教师稍微优越一点的待遇。师专为了讲学老师工作和学习上的方便，安排了服务人员。但是金老师仍然坚持自己打扫房间，自己洗衣；小食堂为他单炒菜，他不吃，同别人一样排队买饭菜；五月上旬和六月底学校两次安排小车请他游览梅山水库、佛子岭水库，他都拒绝了。按规定应该领取的208元讲课费，他也分文未取。用他在欢送会上的话说就是：来这儿教课，是我的责任和义务。明年我就到七十了，“人生七十古来稀”。我不过想在有生之年里为“四化”多培养人才，为祖国的富强尽我一点微薄之力，你们不要感谢我，要感谢，就把感谢我的心情和时间用到学习上，多学一点，学深一点。

金老师在圆满完成教学任务后，连师专用小车送他回校的要求也没有答应，买了一张长途汽车票就返校了。金老师走了，但是他那对教育事业的耿耿忠心和不计报酬、不讲待遇、勤勤恳恳、忘我工作的精神，却在六安师专播下了种子。六安师专的师生深为金老师高尚的精神境界和炽烈的热情所感动。

来源于1980年10月30日《安徽师大报》37期

金再鑫（1911—1982），男，上海市金山区吕巷镇（干巷）和平村人。1930年考入浙江大学，攻数学专业，毕业后，留校任教一年，即去德国留学，在汉堡大学获数学博士学位，留汉堡大学任教。新中国成立后，于1951年8月回归祖国，受聘于东北工学院。1954年，他奉调北京师大执教，1958年，中央教育部动员北师大的骨干教师去外地支援兄弟院校，他毅然报名赴皖南大学（现安徽师范大学）任教。他一生从事高等教育事业，先后担任系研究室主任、系工会主席、全国高等数学教材编审委员等职。1982年12月10日因病逝于安徽师范大学，著名教授苏步青、谷超豪、张禾瑞等均发唁电悼念。

危难见真诚

——记雷垣教授

胡炳生

今年国庆前夕，上海枫林路上发生了一起交通事故。两位老人穿过枫林路，即将跨上人行道时，一辆出租车从一条小街突然急驶到跟前，猛地戛然一声急刹车，二老应声倒地：一人上臀骨损，一人股骨骨折。满街的人都看到了这一惊险的一幕，惊呼：老人被汽车撞倒了！

这两位老人就是住在附近平江路的雷垣教授和夫人刘惠青女士。雷老已年近九十，夫人也八十多岁，都是耄耋老人。因此，凡闻此讯者，无不感到震惊。但更使人意想不到的是，雷老在三次证词中都称：汽车没有撞到我们，是自己在惊慌中跌倒的。

一般人都知道，根据交通法规，如果汽车没有直接撞倒行人，那么司机最多只能负次要责任，伤害赔偿金就很少。而雷夫人未参加工作，仅靠雷老一人退休工资，在上海生活，本来就不富裕。现在要支付夫人数万元医疗费，实在非常困难，他们非常需要一笔赔偿金。因此有人暗示，希望雷老改口。但雷教授不仅不为所动，反而批评这些人说："我怎么能不说实话呢？"——他的这种实事求是的态度，使周围的人，尤其是司机深受感动。

"危难见真诚"，我们从这里看到了这位老人诚实可敬的品质。

雷垣教授，1912年元月生于上海松江，早年留学美国，获得博士学位，40年代就是上海几所大学的数学教授；他还精通音乐，是钢琴家傅聪的启蒙老师。1958年他从华东师大奉调支援安徽高校建设，担任安徽师大数学系主任，直至1987年因病回沪休养。1985年，中国数学会在上海召开大会，表彰为我国高等数学教育和数学研究工作50年的83位数学家，雷垣教授是其中之一。他的生平和成就已被列入《中国现代数学家传》中。

作为一位终生从事数学研究和教育的教授，他的人生准则是："为人要诚实，要坚持真理，不容许丝毫模糊与差错。"他也确实是这样做的，他已把数学严谨和精确的科学精神融入人格之中，为后学者树立了一个榜样。

来源于1999年12月18日《安徽师大报》第358期

雷垣（1912—2002），男，上海松江县人，我国现代著名数学家、数学教育家。1931年毕业于上海大同大学，1935年留学美国，在密歇根大学攻读数学，1939年获得博士学位。回国后，在大同大学、震旦文理学院和上海交通大学等校任数学教授。1958年支援安徽省高等教育建设，先后任合肥师范学院、皖南大学数学系教授兼系主任。1960年被评为安徽省先进工作者，任省第四届政协委员。1963年参与创立安徽省数学会，被选为副理事长，任中国科协理事，1982年任名誉系主任，1985年12月，中国数学会决定表彰83位对我国数学事业作出突出贡献的数学家，雷垣教授名列其中，他的传记列入《中国现代数学家传》。

纪念先师柳之榘教授

李　军

一

先师柳之榘教授已经故去多年了，可我却总觉得他一直和我随影随行。我的脑海里，也永远是他笑眯眯的样子。

1982年9月的江南，暑热依旧。恼人的蝉儿丝毫不理会秋日的脚步，铆着劲地合唱。

年仅16岁的我，怀里揣着安徽师范大学教育系的录取通知书，也揣着一颗忐忑不安的少年之心，由父亲从宣城一路护送到芜湖，在安徽师范大学校门口的新生接待站报道。

那年我的高考成绩比较理想，超过全国重点大学的录取分数线。当时，师范类院校和重点大学的招生同样优先，我就被录取到安徽师范大学。虽然未能满足我的第一报考志愿，可是我仍为能上大学而倍感高兴和好奇。

兴奋且腼腆着，是我入学时的真实写照。实际上，我对未来四年的大学生活一片茫然，也不知道等待我的命运会是什么。然而，有一点我很确定：好好读书，不辜负父母和乡亲对我的期望！

大学的时光，一天天地过去。大学的课程，也一个学期一个学期的紧张地修读完成。大学英语、马列毛论、教育原理、教育心理学、中国教育史……虽说不是每门课程都有兴趣，但是认真学习的劲头，却从未敢放松过。

大概大学三年级的时候，先生开始给我们授课，讲授的是中国教育史。三十多年过去了，我仍然清楚地记得先生上课的样子。他略带凤阳口音，讲课口齿清楚，掷地有声，犹如朗诵，极富节奏。当时我猜想，这大概是他以前念私塾时用诵读方法培养出来的习惯吧。

这样的猜想，来自我家庭教育的影响。家父受的是旧式教育，经常给我表演的一幕，就是他小时候念私塾时诵读诗文摇头晃脑的样子。

二

先生出生于1914年12月15日，是安徽师范大学德高望重的老教授，被大家尊称为柳老。他早年念中等师范学校，抗日战争时期颠沛流离，随父母逃亡至重庆，后来被西迁遵义的浙江大学师范学院教育系录取，于1942年毕业。

当时的浙大校训“求是”，由校长竺可桢先生亲自拟定，这在艰苦卓绝的办学环境下特别难得。竺校长在《抗战西迁日记》里，还专门提及先生于1941年10月25日晚主持教育学会十周年的纪念活动。可见，学生时代的他就十分活跃，并且深受竺校长和浙大校训的熏陶。

先生慈眉善目、面堂红润，戴着厚厚的眼镜，一点儿也没有饱经沧桑的样子。他中等身材，不胖不瘦，衣着考究，是位憨直的儒者形象。他对人总是和蔼可亲、笑容可掬，对学生的热爱更是溢于言表。

讲课时，先生提纲挈领、思路清晰、通俗易懂，典故、笑话信手拈来，再配合富于韵律感的表情和手势，极其生动有趣。有一次，先生讲解孟子的“浩然之气”，提到这样一段著名的历史对话：

公孙丑：敢问何谓浩然之气？

孟子：难言也。其为气也，至大至刚，以直养而无害，则塞于天地之间。其为气也，配义与道；无是，馁也。是集义所生者，非义袭而取之也。行有不慊于心，则馁矣。

这段师生问答的核心，是讨论如何培养正义，寓意于义利的两难选择。先生对此，提出了独到的见解。讲到动情之处，让人觉得他就是浩然之气的化身。非常奇妙的是，他的生动讲解，让我感到自己的身体和精神，也随他一起昂然矗立于天地之间。现在回想，人们常常所缺少的，不正是这浩然之气吗？

每当轮到先生讲课，我总是屏住呼吸，生怕漏掉一个字、一句话、甚至一个表情。大学四年，中国教育史课的笔记是最厚的。每次课后，我还会查阅各种相关的文献，进一步补充课堂笔记。后来考研究生的时候一举夺魁，这本笔记发挥了关键的作用。

印象很深的是，先生上课还特别善于提出问题和启发学生，体现了孔子启发诱导的教学理念和智慧。我常常有幸被提问到，心中的疑问越发增加，学习的兴趣也越发浓厚。

这一学期的前后，还有洪石荆、余永德、杨克贵等诸位先生讲解相关的课程。这些课程的安排相宜得彰，最终引导我走上了终身追求学问的道路。

三

我报考研究生的决心，来自对先生学问和人格的景仰。

从大学三年级下学期开始，我就时常梦想：如果有朝一日能够成为先生的弟子，该是何等的幸运啊！后来才知道，同班有这样梦想的，远不止我一人。

从那时起，每天课后我都是在图书馆里度过，也没有平日和周末的区分。主要是两件任务：写毕业论文和报考先生的研究生。

家父曾经是语文教师和小学校长。早早地古文训练，使我四五岁时已经开始喜欢阅读《三国演义》《水浒传》之类的原版古典小说。幼年所受到的这些教育，使我偏好历史、文化与哲学的相关课程。大学四年级的时候，我的毕业论文题目《论孟子对孔子德育论的继承与发展》，就是在先生的启发诱导下逐步酝酿而确定的。

虽然论文选题上未费周折，可是在写作上却远不是一帆风顺。

先生的要求自然是很高的，容不得半点错误或模糊，就连标点符号的误用，也绝对不会放过。当时，学校的资深教授，大多住在校园西北角的别墅群里。先生的家也不例外。每次沿着赭山的山路，把草稿送给先生审阅，拿回来时几乎每页都是密密麻麻的批改和点评。这样的过程，先后反复经过了21稿。

对于处理研究发现和结论，我的耳边至今仍然回响先生的一句话："有十分的证据，只做六七分的结论"。意思是，即便是证据满满，研究发现和结论都要有所保留，更不能做哗众取宠的浮夸结论。他很鼓励新颖的发现和观点，但也经常提醒我"述而不作"的重要性。这和沽名钓誉的不端学术行为，形成鲜明的对照。

这篇本科毕业论文，后来成为我公开发表的第一篇学术论文。对学问一丝不苟的严肃习惯，也是在这个时期开始养成。在我多年的教育生涯中，这个习惯也不断地传承给我的学生——包括我在海外教过的外国学生。

四

大学四年犹如白驹过隙，转瞬即逝。

当年一同考取研究生的，还有孙德玉、王先民两位师兄。和我一样，他们也不时得到先生的谆谆教诲以及师母朱瑞仙老师的生活照顾。有时在先生家里请教至夜深，还能吃到师母亲手做的美味夜宵。

研究生二年级时，我开始考虑毕业论文题目，选择了《论先秦两汉时期的私学》。这是非常有挑战的前瞻性研究，因为私立教育在中断多年之后，当时才重新起步。

在先生的指导下，我几乎读遍所有的相关史料。司马迁的《史记》、班固的《前汉书》、范晔的《后汉书》等等，自然都是多次通读和反复研究的对象。我还创造性地把计量历史学的研究方法，应用到教育的领域。同样，先生的指导细致认真，三万多字的文稿先后修改了17遍之多，顺利通过了论文答辩。后来，这部文稿的一部分发表在《教育研究》和《教育史研究》等学术刊物上。

五

书山有路勤为径，学海无涯苦作舟。这是家父常用来教育我的口头禅。先生对我的向学之心也十分了解，非常鼓励我追求更深更高的学问。

1988年的冬天，他力荐我报考华东师范大学教育系孙培青教授的博士生。紧张的考博准备，日复一日。同时，我也不时地向先生讨教有关的问题。最后，我成功通过考试，离开芜湖前往上海求学。

三年之后，我博士毕业，有幸留校任教，成为当时全国最年轻的教育学博士及副教授。1996年12月，我有幸应邀前往香港大学比较教育研究中心客座研究。次年10月，我东渡扶桑，与时任东京大学教育学院院长、日本著名教育社会学家藤田英典教授合作研究。历史悠久的日本报纸《朝日新闻》，还专门就我赴日研究，做过带有头像的专门报道。

六

古人云：苟日新、日日新、又日新。随着视野的不断开拓，我对学问的追求有了新的认识，不再局限于教育、历史和中国，期待自己能够做到无问西东和古今。

2001年7月的东京,永远是没完没了的闷热。这已经是我在日本的第三个年头。忽然有一天,我在东京西郊国分寺寓所的信箱里,收到一封来自马里兰大学哈罗·本杰明国家纪念奖学金委员会的信件。打开一看,原来是该基金会授予我全额奖学金的通知。通知书里这样写道:

你被作为不同寻常、非常杰出(very unusual and outstanding)的博士生候选人……授予哈罗·本杰明国家纪念奖学金……来攻读国际教育政策。本专业、本学系及本学院极为幸运地录取并授予你本奖学金。我们祝贺你!

几乎同时,我还有幸收到北美其他大学的奖学金及录取通知书。马里兰大学因为与美国首都华盛顿特区比邻,对于学习国际教育政策专业,有得天独厚的地域政治环境,成为我最后的母校。

七

2001年8月18日,是一个晴朗的好日子。我从东京成田机场启程,经过亚特兰大转机,最终飞往巴尔的摩,开始在马里兰大学教育学院攻读我的第二个博士学位,随后度过了六年的留美生活。

世界上拥有博士学位的人,可谓多如牛毛。同乡胡适之先生,还曾获得过35个荣誉博士学位。可是,像我这样通过真正的攻读、同时拥有东西方博士学位的两栖学者,却是寥若晨星。

这种对学术的坚韧和执着,虽说受我早年家庭教育的影响,可是与先生的不断鼓励和期望密不可分。

虽然远赴日、美留学,我仍不时返回母校,探望先生和师母,以及其他师友,向他们汇报我的进步。

1998年初冬,我由日本回国。此时,101卷的《中华文化通志》系列丛书由上海人民出版社隆重出版,成为时任国家主席江泽民访美时的国礼。当时参与这项宏大世纪出版工程的,还有北京大学费孝通和汤一介先生、中国社会科学院李学勤和庞朴先生、复旦大学姜义华先生等等。我算是年轻后学,有幸主持其中《教育学志》分卷的编写。

次年春夏之交,正值乍暖还寒的清明时节。带着新作,我由上海专程前往合肥,在老同学唐洁的陪同下,探望在合肥颐养天年的先生和师母。此时的先生，已经86岁高龄，由在合肥工业大学工作的长子柳柄康教授照料。

手抚我的新书，先生欣慰无比。在谈话中，他依然思路清晰，多次忆及抗战西迁时期在浙大求学的艰苦，再次勉励我，要敢于在学术道路上克服困难、继续勇攀高峰。师母还像往常一样，下厨端出热腾腾的饭菜，并一同把酒庆贺我的新书出版。彼时彼景，至今历历在目。

八

弹指一挥间，36年过去！

回想自己所走过的漫长学术之路，之所以能够做到不忘初心、渐得始终，是因为遇到了先生这样的人生导师——这实在是我的人生福分！

2017年3月24日，我接受母校桑青松院长的盛情邀请，担任教育科学学院的顾问教授。在当天下午的主题演讲中，我特别致谢先生和母校对我的培养之恩，几度哽咽落泪。

近年来，因在海外工作的关系，我的学术成果基本上是以英文、甚至日文发表的。这是我一直深以为憾的。其实，我最想把我的学术成果，直接贡献给生我养我育我的祖国。

去年，我的英文论文“中国大学3.0模式——传统、现代与前瞻”，被翻译成中文，在《清华大学教育研究》上重刊。借那次发表的机会，我特别地注明，以此文纪念先生。

确实，如果没有先生的指导，令我早年打下中国文化与哲学的功底，很难想象这篇文章能够做到真正的贯通古今与中外，在国际和历史的双重视野下，独到性地提出中国大学在全球化浪潮中的发展大势。

随着中国的崛起，世界上讲中国教育故事的学者，越来越多。可是，要把中国的教育故事讲透、讲好、讲得引起国际共鸣，并非一件容易做到的事情。张之洞主张的“中学为体、西学为用”，是一个获得广泛认同的叙事手法。在个人身上的体现，我恐怕也可以算作一个代表。

由此可见，先生对我的影响，可谓终身受益、至深至远。时至今天，每当想起先生及母校对我的教育，我仍是禁不住热泪盈眶、心存感恩！

九

一个人是否伟大，不在于是否做出多么伟大的成就，而在于有没有伟大的人格。

在我的眼中，先生是一位名副其实的伟大教育家和少有的真正学者。他始终如一的言传身教，使我毕生难忘。简单概括起来，我从先生身上至少学习到以下三点，成为我的终身财富。

一是学不可以已的求真精神。求真，实际上就是求善、求美。这三者是密不可分的。我们平常所不少见的，是世事的浑浑噩噩、生活的美丑颠倒和政治的尔虞我诈。如果没有追求真、善、美的目标和原则，实在没有学者这个群体存在的理由，教育乃至大学也失去存在的必要。德国哲学家康德坚持他的"绝对伦理定律"(Categorical Imperative)，坚持的也正是这个原则。

二是诲人不倦的儒者风范。教育家有很多种，其中也不乏欺名盗世之辈。能够在激发学生求知的同时，又能表率性地培育他们的德行，是中国教育家的一大优良传统，正如韩宣城所谓"师者，传道授业解惑也"。可惜，在礼崩乐坏的教育现实中，这一传统已经支离破碎、难以为继，值得人们很好地反思。

三是教育的艺术境界。教育是一个复杂的、因人而异的艺术过程，正如美国教育家杜威所说的"教育即成长"(Growth)。学生的成长是漫长的，也不会是一帆风顺的。他们需要教师有呵护的爱心、精湛的匠心和足够的耐心。只有用这样的"三心"去进行教育，他们才能在充满爱意的环境中健康成长，绽放出美丽的花朵，结出丰硕的果实。

十

先生于2003年3月5日病故。先生身故时，我仍在美国留学。望洋而兴叹，痛失为先生守灵扶柩的机会。

同年12月21日，是一个冷得出奇的冬日。我由美国经东京回国，专程去合肥看望高寿的师母，并和她的子女共同餐叙。望着清瘦的师母，不免为她担忧，更是思念起先生往日的音容笑貌。

逝者如斯矣！先生去世时，我的悲痛无以言表。心中的千言万语，化作这样一副短短的挽联：

一心诲人不倦，循循善诱。

毕生学而不厌，孜孜求真。

柳之棨(1914-2003),男,安徽凤阳人,1936年7月至1937年12月在省立安徽大学教育系学习,1940年在原国立浙江大学师范学院教育系学习,1943年7月在国立浙江大学获教育学士学位。1949年7月参加工作,1985年2月加入中国共产党。1958年5月至1969年12月合肥师范学院教育科学教研室副主任、图书馆主任。1974年5月-1989年3月安徽师范大学教育系副教授、教授。

淳朴的人　精湛的画

——忆石岑兄

郑　震

近年来我常作山水画，虽自以为尽力用心，但仍感画无长进。每当产生这样的心情时，辄忆故人：如石岑兄今仍健在，当有以教我。而今重展他的作品，睹物思人，回想昔年每每论画谈艺，深夜不倦，益增思念之情。

如国画大师李可染自称为苦学派一样，王石岑也是这种经过苦学而获得成就的画家。早年，他师承名画家黄君璧，长期不懈，备尝艰苦，深得黄先生钟爱而得到他的倾囊相授，还引荐他向当时的画坛大家悲鸿、大千等人请教，因此他兼采博学，奠定了深厚的传统功力。他的画用笔苍劲、运墨浑厚、皴法多变、构图清新，又融入岭南画派的渲染之长，层层相加，厚而不浊，使画中气韵生动而空灵。加之于古典诗词和书法均有良好的素养，具备了传统国画家的全面条件，一派大家风范。

石岑兄在五十年代初参加全国美展的作品即引人注目，此后创作甚丰，日益享誉画坛。他又多次旅行写生，并汲取了当时国画改革新风中的有益部分，画风为之一变。他在对传统程式的娴熟运用的同时，注入了清新的气息。例如他创作的《晓雾初开》《山村秋夜》等等，几十年后的今天看来仍然有着强烈的艺术魅力。这是因为他将自己的体会融入作品之中，使传统手法与写生素材巧妙地互相结合而没有那种焊接、夹生的痕迹。所以他的一些画能穿透时间，至今仍保持浓郁的美感。

他原来的画风酷似黄君璧，我曾看见他的一些早期作品，几乎可以乱真。作为一位有志于追求创造的画家，他当然不满足于在师门学得的技艺，因此他向传统继续钻研，也向当代大师汲取营养（例如在他的画上一度不难看出傅抱石的影子），并向诸多其他画种学习。他曾经不止一次地和我谈起学习水彩画中色彩的问题，并且收集过许多国外油画的印刷品作为观摩之用。这样的学习态度和方法在一些国画家中是不多见的，这对他后来形成自己的风格亦大有裨益。

石岑兄是一个严谨的画家，对自己的创作，每一幅都认真对待，画上的题款及印章使用都很考究，常常写成题画诗文初稿，向诗词学家宛敏灏先生等请教，反复推敲，以至于题字的多少、大小、用章的位置都苦心经营。我常常看到他将自己不满意的画，画上作废的记号，成批地丢到纸篓里，从来没有某些画家那种信手拈来，草率应酬的恶习，留下来的作品，几乎每一幅都很完整。

画如其人，王石岑是一位严谨宽厚的好人。在几十年相处之中，历经风风雨雨，他从来没有随波逐流，损人自利。即使在那样无可奈何的恶劣环境之中，他也仍然是沉默自律，从不伤害别人。现在看来，这是一种难得的为人处世的善良品质。

石岑兄也是一位好教师，言传身教、一丝不苟。他依照美术教学的特点，重演示。因为原作难求，便按进度要求，画了一批又一批的示范作品给学生临摹。这些画本应该用后收回，以供下一个班教学之用，可常常因为学生喜爱，有一大半就收不回来了，只好下次再画。我劝他对学生严格要求，不能重复出现这样的流失，他也只是露出宽厚的无可奈何的笑容而作罢了。

石岑兄的人和画，都是严谨的，令人难忘。作为一个老朋友，我仍感到一些遗憾，一来是正当他处于成熟期的时候，不幸长期患病，以致未能给我们留下更多的好作品，我每一次去合肥探视时，他常为此流下痛苦的眼泪；再则，由于多种原因，未能举办个展和出版一本画册，对于这样一位对安徽画界有出色贡献和影响的画家来说，不能不说是一种憾事了。

来源于1998年10月20日《安徽师大报》第344期

王石岑（1914—1996），男，原名王忠信，安徽合肥人。擅长中国山水画，少年时代师从合肥名画家陈茀塘学画，40年代在四川师从中央大学教授、艺术大师黄君璧学画。先后任教于安徽师范学院、皖南大学、安徽艺术学院、合肥师范学院，安徽师范大学艺术系，担任教授职务。曾任首届中国画研究院院委，安徽省书画院副院长，中国美术家协会会员，安徽省美术家协会常务理事，安徽省诗词协会顾问，安徽省文联委员，安徽省政协第三、四届常委。

悠悠师情

——记忆中的王石岑先生

李锦胜

为了查找资料，翻出了王石岑先生的《点帆楼诗词稿》，眼前浮现出先生那双慈善的眼睛和嵌着这双眼的严肃而瘦长的面孔。

先生的学问非我一时所能尽述，他给我留下最深刻印象的，是授业解惑时那似乎略觉过分的认真，及其间蕴涵着的永远无法忘怀的悠悠深情。

记得那是我毕业留校后，系里为了学科发展后继有人，特指定我随先生专攻中国山水画。作为一个刚由西画改学中国画的青年教师，我为有这样一位名家指导而庆幸万分。我窃喜，似乎已经看到了参加艺术大展的成功。

然而，最初的激动过后，却是出人意料的开端。记得先生坐在那堆满书稿的画桌前，眯着那双和善的眼睛，一字一板地说："先画石头，三天交一次。"天啊，我已经是教师，居然是"石头"！但毫无办法，我只能从"石头"开始艰难的艺术跋涉。

先是"石头"，再"石头"，各种各样，千姿百态，然后是树、云、水……能画得你心烦意乱，先生却不急不躁，意气勤勤。三天一批画稿，交先生指点评阅。每当此时，他总会眯着那双眼，分外的庄重和严肃。多数时候，是先生亲临我那位于三幢平房的寒酸小屋，看着满墙的画稿，他那双眼会溢出满意的目光。当时毕竟年轻，又兼任辅导员，总有些杂事，难免有疏懒时。但稍有懈怠，便觉先生的双眼在盯着我，顿时如芒在脊，只好收回意马心猿，发愤用功。

记得有一次，我正在小屋挥毫作画，忽然雷声大作，暴雨倾盆。先生却在此时叩开了我的屋门，看着他那湿透的全身和灰白脸上平静的一双眼睛，我的泪不由地流了出来。时至今日，三幢平房早已不复存在，那雷雨大作中小屋里的情与景，我依然历历在目，难以忘怀。今天，如果人们对我扎实的艺术功底有所赞誉的话，完全得益于先生的严格要求和认真教诲。

后来，我考了先生的研究生，开始了更为系统的学习和研究。先生仍然一如既往，认真负责，一丝不苟。他要求我：读书治学，要广博精深；画好书善，更需诗词文章；优秀的教师，必须具备多方面的艺术修养和文化素质。

先生曾师从当代艺术大师黄君璧先生，绘画艺术造诣极深，能诗善词，颇有传统文化的功底。因此，这样一位传统老派的学者，其自视甚高，自不待说。然而，其对教育事业的热爱，对工作的执著，所表现出的谦和态度、豁达胸襟，却感人至深。记得那是我读研究生的第二年，他将我找去，一脸郑重地说："你跟我学习多年，影响很深。应该出去，到浙美看看，艺术应该有多种流派。"为了事业，为了培养新人，先生提出以研究生身份出去进修，这在当时的学校尚属首例。他的胸襟气度，远见卓识，使我受益匪浅。

在浙美，我访陆俨少，拜孔仲起……学习，再学习。那学养的加深，眼界的开拓，思路的活跃，都使我终身受益。

如今先生已离我而去，睹物思人，他的音容笑貌宛如目前。我常想，他那认真得近乎拘谨的背后，隐藏着一颗多么滚烫的心！今天，我自己已做了研究生导师，先生那双慈善的眼睛仍注视着我，鞭策着我，教我认真，催我奋进。

来源于1998年10月20日《安徽师大报》第344期

俯首深蹄　默默耕耘

李智发

我永远不会忘记今夏我校"师德师风"报告会上陈怀荃先生的演讲：没有华丽的辞藻，没有激昂的语气，只是用朴实的语言，平常的声调，诉说着几十年来的风风雨雨。但正是这平淡中透露出一股激情，给人一种强悍而持久的震撼力。我突然意识到那已不再是言传身教，而是一名学者、师长在用他大半生的经历演绎着师者的情怀，诠释着生命的价值。会后，我要送他，他不肯，说："你忙，你忙。"在我的一再坚持下，还是没能将他送到家。最后我目送他踯躅地走下台阶，心中涌起一阵感动和崇敬。

治学严谨 黄牛情深

陈怀荃先生出生于湖北省宜昌西陵峡畔，《水经注》记录着当地流传着这样的民谣："朝发黄牛，暮宿黄牛，三朝三暮，黄牛如故。"在黄牛滩汹涌的波涛声和纤夫们低沉的哼唷声中度过童年时代的他，早已将此作为人生座右铭，激励自己默默耕耘，无私奉献。

陈怀荃先生治学态度严谨，考虑问题务求深入实际，撰写文章必经字斟句酌。他说，写文章不一定要多、要快，关键要有质量。他自己也就是这么做的。例如，经过几年思考，他于1954年写了一篇文章《〈水经·蒗荡渠〉及〈阴沟水〉篇补正》，后发现文章"未接触到核心问题，在地理上还有错误"，于是又经过两年时间的考察和钻研后重写此文，文章写得深刻，又解决了历史上存在的一个大问题。"板凳甘做十年冷，文章不说一句空"，说的就是先生啊！

陈先生至今共发表论文70余篇。他的论文语言质朴、论据充分、说理全面透彻，解决了历史地理学界的一些重大问题，深受同仁的好评。2000年9月，陈老精选其中的18篇，并结集出版。他在此书的序言中写道："我出生在黄牛之乡，安徽是我的第二故乡，又甘当老黄牛而辛勤工作一生。这本集子就题名曰《黄牛集》，以寄托对黄牛的深情。”

三朝三暮 黄牛如故

陈先生于1948年来到安徽。几十年来，他一直辛勤耕耘在安徽教育战线，从事中国历史和地理的教学和研究。作为一位师长，在半个多世纪的从教生涯中，陈先生兢兢业业、乐此不疲，在学校师资力量薄弱的情况下，他曾每周讲授17学时，由于交通不便，每天只有起早睡晚，早出晚归。每一节课陈老师都认真对待，绝不敷衍了事。他编写的讲义稿曾上报教育部参加展览，又在各高校间交流，得到一致好评。当有人提议出版时，他说：“这不是学术专著，不能出版。”一句话透露出先生严谨务实的人生态度和淡泊名利的崇高风骨。

如今，陈先生已到了退休年龄，可他依然像一头老黄牛一样辛勤耕耘着。最近十余年，他更加频繁地从事专题研究工作和参加学术讨论活动，先后共发表了论文十余篇。今年8月，陈先生作为省内两名代表之一赴天津参加“2002年中国历史地理国际学术讨论会”。会议开幕之日恰好是陈老85岁寿辰。主办单位得知这一消息后，定做了蛋糕为他祝寿。大家纷纷向陈老祝福，表达尊敬和爱戴之情。讨论会上，陈先生的论文《大陆、鸿沟与南水北调》中“依据古代鸿沟的形式遗迹，以安徽江淮之间的巢湖为起点，北越江淮分水岭，由古代鸿沟合肥渡淮北上，经亳州、商丘、菏泽、临清等地，北接黄河和海河有其便当之处”的观点引起与会者的极大兴趣，经充分讨论一致建议由陈老主笔起草信件呈交国务院。陈先生欣然同意并于8月22日完成此信，24日附《大陆、鸿沟与南水北调》和《黄牛集》一并寄出。九月初接国务院信访局电话得知《黄牛集》已呈交给朱总理，论文已复印并分发给相关水利部门，待充分研究后再做决定。很快水利部南水北调规划设计管理局来信对于陈老先生的建议进行了答复和肯定。谈及此事时，老先生有些激动，双手微微颤抖。他说：“作为一名学者，应有一份强烈的责任心，研究也不能空谈理论，应与实际相结合，应为国家作点贡献。”

9月的一天，我走进陈先生的书房，迎面而来的是浓浓的书香。正当我惊诧于书房中的家具之简、藏书之丰时，他已邀请入座，并坚持让我坐沙发，自己搬来一把椅子与我对座。对面的老者，精神矍铄，耳聪目明，口齿清晰，讲起话来滔滔不绝，动情之处声音沙哑但高亢沉稳。与之交谈感觉他思路明确、思维敏捷，完全不像一个已是耄耋之年的老人。这时我才意识到，“老”在先生那里代表更多的是知识阅历的丰富、人性修养的完满。先生的一言一行都体现出一种成熟的学者风范和真挚的师者情怀。先生的黄牛精神永远值得我们学习、继承和发扬。

来源于2002年10月31日《安徽师大报》第391期

陈怀荃（1917—2003），男，湖北省宜昌市三斗坪镇人，1943年毕业于国立东北大学历史系。先后在东北大学、安徽大学、合肥师范学院、安徽师范大学历史系任教。曾兼任中国地理学会历史地理专业委员会委员、中国地名协会地名考证专业委员会委员、楚文化研究会名誉理事、安徽省文物指导委员会委员、安徽省地方志学会顾问等学术职务。主持编撰中国地名委员会主办《中华人民共和国地名大词典·安徽卷》，自编论文选集《黄牛集》。

怀念魏心一同志

何　涛

获知尊敬的老书记魏心一同志乘鹤西去的消息，我的心情久久不能平静，三十多年前除夕的下午，他会见我们这些留守农场的穷学生时的情景就像过电影似的一幕幕呈现在我的眼前。

那是1977年春节前一天的下午，正当我们中文系和政教系8名留守农场的贫困学子无助地在宿舍看书、睡觉时，一辆黄色吉普车载着一位六旬左右的长者来到我们面前，留守农场的耿场长介绍说："这是校党委魏心一书记，现在来看望大家。"听说校党委一把手来看望我们这些留守同学，多天来吃不上正常饭菜的我顿时流下了委屈的泪水。魏书记握着我们的手问寒问暖，说我们有什么困难可以提，要求农场领导一定安排好我们春节期间的生活。当他听了我反映的由于我们没有钟表，大雪天不知开饭时间，所以好几次去食堂打饭都是铁将军把门，只能靠自己打糊糊填肚子的情况时，他告诉炊事班长："以后开饭时到宿舍叫同学们来吃。"并说明天就是春节了，学校一定会安排好你们的节日食品供应。我当时心想，宣城农场与芜湖安师大校本部相隔那么远，来回一趟近300千米，魏书记的表态也不过是安慰一下我们这些情绪激动的留守学生。可谁也没有料到，傍晚时分，那辆刚离去的吉普车又满载食品开进了农场。这下我们全体留守同学信服了，魏书记言而有信，心里牵挂着我们这些留守学生。

后来，听说他调任中共徽州地委书记，我几次都想利用回家度假的机会顺路去看望他。但考虑到当时刚粉碎"四人帮"不久，各项工作都处在拨乱反正之中，他又那么忙，就不忍去打扰他了。后来他又升任副省长，见他的机会更少了，我只好把对他的感激之情融入日常工作之中，在心中默默地为他祝福。如今他以人瑞之龄归去，也算是好人一生平安的最好诠释。

来源于2010年3月30日《安徽师大报》第505期

魏心一(1918—2010),男,曾用名魏心义,山东省定陶县定陶镇西关人。1936年参加中华民族解放先锋队。1938年加入中国共产党。新中国成立后,历任中共六安地委副书记,安徽省委宣传部副部长、文教部部长,安徽师范大学党委书记,中共徽州地委第一书记,安徽省副省长,安徽省第六届人大常委会副主任,第五届全国人大代表。

深情怀念老书记魏心一同志

袁起河

2010年1月9日，是曾任我校党委书记的魏心一同志驾鹤西去的日子。噩耗传来，作为曾在他身边工作过的老下级，我甚为悲痛。他忠诚于党的事业的敬业精神和音容笑貌，时刻在我心中萦回。由于信息不灵，未能为他送行，每每想起，心情难以平静。魏老书记于1971年4月至1977年8月，任我校“革委会”主任、党委副书记、书记。7年后，他奉命调省委、省政府任职。1990年离休后，他致力于关心下一代事业，担任安徽省关心下一代工作委员会副主任、名誉主任。在安徽工作60多年，他把身心和智慧无私地献给了安徽人民。他是我省文教战线上的好领导、党的好干部，我们永远怀念他。

参加劳动学习，老书记身体力行同甘共苦

魏老书记调我校工作时正值“文革”中期，当时，教育战线把体力劳动推向极致。学校既办工厂又办农场，师生、干部除定期到工厂和农场劳动外，校内劳动也成了每星期六下午的“必修课”。无论是在小农场插秧、大农场割麦，还是在校园内修路，凡有劳动人群的活动，都有老书记的身影。

在赭山校区图书馆至文科教学楼水泥路基以及生化楼至东大门水泥路基上，都有老书记流下的汗水。一次他因流汗过多，不慎将近视眼镜掉到劳动工地上，机关同志都停下来帮他寻找眼镜。

老书记来校不久，就被委派带领五六十名干部、教师去宣城峄山大农场办读书班。在那里，他既当学习班的领导者又当学员，和大家一起同吃、同住、同劳动。吃饭时和学员一起排队买饭菜，然后与大家一起蹲在地上吃。有时大概实在太累了，他也买二两山芋干酒（人们称之为“晕头大曲”）过个瘾，随后与身边工作人员一起在大寝室好好睡一觉。

整顿校园秩序，老书记精心策划终结硕果

由于“文革”中的打、砸、抢，加之随之而来的高等学校撤校、并校，当时校园秩序很乱。我校校园北侧与赭山公园相连，东小门至西大门形成了一条过校通衢，把校园分成了两半。向南有一道矮围墙，常有人翻墙出入校园，校园秩序很难维持。为了改变这种不良状况，从1972年起，老书记就酝酿在学校四周尤其是北面和东面筑起一道围墙，与赭山公园划清界限。仅此一举就遭到一些人责难，有人说：“你把围墙垒起来，我就把它推倒！”“你推倒我再建！”“你再建我就炸！”老书记气愤地说：“你炸我就去省政府静坐！”后来的事实证明，围墙垒起来了，平安无事。接着，老书记又下决心将东小门封实，切断自九华山路穿过校园至劳动路的“过街通衢”，同时加强治安管理，校园秩序大为好转。

随着上一招得胜，老书记又想安师大几代人所想，准备把原有的东大门东移，实现“门迎绿水，背靠青山”的美景。经校领导班子决策后，老书记即着手设计主干道走向和新的东大门门楼，决心把安师大几代人的梦想变为现实。对此，他力主以省政府大门图纸为蓝本，设计建筑我校东大门。就在校领导通过设计方案后，1977年8月，老书记奉命调省委工作，任大学科学部部长。离开师大前，他叮嘱党政领导按既定方案实施。后任书记陈韧同志到校后即按既定方案拍板施工。陈书记离校后，由继任书记沙流辉同志继续主持施工直至竣工。安徽师范大学东大门就是这样经三任党委书记呕心沥血建成，终于实现了几代人的心愿。

整顿教学秩序，老书记依靠群众果断决策

老书记来我校任职期间，学校在芜湖市郊有100亩以水稻为主产的农场（称为小农场），“文革”初期又在宣城县峄山乡圈了300亩荒山办了一个农场（称为大农场），师生、干部们常年轮流去两个农场进行教学与劳动。尤其是新开辟的峄山农场，投入大、收益小，且距学校有半天车程，领导和师生将其视为沉重包袱。但因是“学农”，谁也不敢说个“不”，都硬着头皮撑着，包袱越背越重。

老书记来校后，在拨乱反正过程中，他深谙全校师生的苦衷，围绕怎样提高教学质量，召开各种类型座谈会，广泛听取各方意见，接着又一次次地

召开校系领导干部会和学校党政领导班子成员会，引导大家各抒己见、畅所欲言。在校领导班子中两种意见尖锐对立，一部分人认为，大农场投入大，距校远，不能办学，坚决丢掉；另一部分人认为，学农是最高指示，如丢掉大农场则应在宣城县水阳江畔一个叫白马荡的地方办一个新农场。一边以干部为代表，一边以工军宣队为代表，两种意见互不相让。老书记冷静观察，沉着应对，不急于作结论。

随着拨乱反正运动的深入，发展形势日益明朗，老书记经过艰苦细致的思想工作，连续召开校党政领导班子会议，统一了认识，形成了决议：丢掉大农场，也不办白马荡新农场，将已在大农场办学的生物系和政教系迁到市郊小农场和校本部生化楼办学。一两年后，生物系也迁回到生化楼办学。从此，文理各科教学逐步走向正轨，教学质量逐年提高。

虽调离师大，老书记对师大还是情深深意切切

老书记长期担任我省宣传、教育部门重要领导职务，为推动安徽文化教育和科技等事业发展以及保证我校的改革发展稳定，都作出了重要贡献。老书记在师大工作7年，后来他虽离开了师大，但他对师大的关怀并没有因此而消失。师大后任领导每次去合肥开会，他都要问这问那，为师大发展兴盛而高兴。2004年2月，省关工委在合肥召开“双先”表彰大会，我校关工委是受表彰先进单位之一，魏老在主席台上，他一边发奖一边与我说话，走下台就急于和我合个影。2005年秋，魏老来芜湖，他从友人那里得悉我校东大门将要被拆除，心如火燎，立即设法找到师大校长，一见面他就急切地说：“面对镜湖建东大门是安师大几代人的心愿，而且经历了三任党委书记的努力才实现的。”“至于有人说那个大门式样不美，我不知道什么叫美？我是按照省政府大门的式样设计的。真的要拆吗？我看大可不必！”2008年夏，奥运会火炬在芜湖传递。当火炬传到我校东大门前马路时，“安徽师范大学”校门巍然耸立，门前人山人海，郭沫若先生题写的六个金色大字熠熠闪光。《人民日报》《安徽日报》等新闻媒体记者纷纷按下快门，几天后，以安徽师范大学校门为背景的群众传递火炬的照片，分别在《人民日报》《安徽日报》头版显著位置刊登。我想，魏老书记那时还健在，当他看到这张照片，该有多高兴啊！

来源于2010年6月30日《安徽师大报》第508期

项南：德高望重的校首任党委书记

牧　童

在安徽师大校史上，项南同志的名字占有重要的一页。1952年5月15日，我校首届党委宣告成立，年富力强的项南出任党委书记，时年33岁。在成立大会上，项南殷切希望学校"每个人都能全心全意为人民服务，为我们伟大祖国的繁荣富强服务，为国家培养千万德才兼备、体魄健全、具有高度共产主义自觉水平的优秀高级干部服务"。他的"三服务"讲话，至今仍在安师大人耳边回响。42年过去了，学校面貌在老书记项南创业的基础上，经过几代人的努力，发生了可喜的变化。他曾亲自过问建造的"五四堂"，依旧在绿荫掩映下巍然耸立。今天，当人们围坐在这座小楼内，谈论以实际行动迎接学校第六次党代会召开时，都在惦记着当年的老书记：他在哪里？过得可好？又在为何事操劳？

项南同志是福建省连城县人，生于1918年，现任中国扶贫基金会会长，他11岁就跟随从事地下工作的父亲到上海。后因战乱与家人天各一方，从此单身漂泊在外。七七事变爆发，他毅然返回福建开展抗日救亡宣传活动，曾任抗战剧团团长、战时民教工作队队长等职。1941年，他辗转到香港，住在廖承志设于九龙的招待所，受廖公影响，生活虽艰苦，精神却很乐观。后离港经沪进入苏北，并找到了新四军军部。在抗日根据地，他先后担任财经处长、县委书记、干校校长、地委宣传部部长等职，直到全国解放。

50年代初，项南出任安徽团省委书记。不久即调来我校工作，1951年11月到任，1952年12月离开，时间虽只有一年，给人留下的印象却非常深刻。据在校的几位教授（当时的学生团干）回忆：项南同志才识出众，作风民主，生活俭朴，平易近人，大家都很敬佩他。当时国立安徽大学和安徽学院合并成立新校不久，人员情况比较复杂，学校的主要任务是思想改造。他作的报告次数最多，可从来不带稿子，理论阐释深入浅出，联系实际针对性强，说起话来生动风趣，大家都爱听，也很受教育。他密切联系群众、与师生打成一片的优良作风，大家至今记忆犹新。他住在现校医院后面的简陋平房里，经常穿一件白衬衫、一条灰裤，同学生一个食堂就餐，一个澡堂洗澡，自己带头并号召青年师生跳集体舞。他善于团结老知识分子，重视发现和培养青年骨干，并充分发挥他们的作用。他几乎踏遍师生宿舍的门槛，交友谈心，了解情况，关心他们的进步成长。直到今天，一些当年与他经常接触的学生，项南同志不仅记得他们的姓名，而且还保持着密切的联系。

离校后，项南历任华东团工委书记、团中央宣传部部长、团中央书记处书记等要职。期间，应邀赴莫斯科出席苏联共青团十二大会议，并向大会献团旗；率中国青年访日代表团到日本广岛参观访问。回国后，曾来芜湖向学校师生作了一场精彩报告。1958 年，一向坦率正直的项南，突然被错误批判"犯了右倾"，下放农村劳动。"文革"开始，他又受批判审查，进了"五七干校"。70 年代末，党中央为他的冤假错案彻底平了反，恢复其名誉，先后任他为一机部农机局长、副部长，农机部党组副书记、副部长，国务院农机化领导小组办公室主任。1981 年，又调回老家福建，担任省委常务书记、省人大常委会主任、省委第一书记、省军区第一政委。在闽五年，他功绩卓著，名扬海内外。他的清正廉洁、微服私访、轻车简从的动人故事，似串串珍珠闪光；他力主修建国际机场、辟厦门为"自由港"的胆识与构想，受到党中央、邓小平同志的支持和肯定；他坚决贯彻改革开放政策，落实农村生产责任制，因地制宜地提出大念"山海经"、建设"八大基地"的施政方针，努力创造良好的投资环境、构建沿海经济开放三角地带等业绩，如座座无形的丰碑，永远矗立在福建人民的心里。离闽时，他挥毫写下王冕七绝名句"不要人夸颜色好，只留清气满乾坤"，表达了这位资深老干部严于律己的高尚品格和全心全意为人民谋福利的革命襟怀。1982 年，他还写信向学校师生问好。

1986 年 6 月，年近古稀之年的项南奉调再次进京。在从事中国农业机械化学会理事长、中华职业教育社副理事长和中国扶贫基金会会长等社会工作之余，仍不改勤奋求知的良好习惯，挤出时间博览群书，笔耕不辍。出版过《访苏日记》《国外农业》等专著，经常接受记者采访，为一些报刊撰写文章。他是第一、第五、第六届全国人大代表，第八次、第十二次、第十四次全国党代会代表，中共中央委员、中共中央顾问委员会委员。身份变了，他一身正气、两袖清风的本色始终不变。项南一贯反对摆阔气、讲排场，提倡廉洁简朴而又富于人情味。在福建，住房坐车不讲究，遇有海外侨胞送来表示敬意的礼品，他不是谢绝就是交公；在北京，家里除悬挂的书有范仲淹名句“先天下之忧而忧，后天下之乐而乐”等几幅墨宝和装满各种版本图书的书柜引人注目外，陈设十分简单，连空调机也不接。

老书记项南第二次回校是在1988年8月，他偕夫人汪志馨同志冒着酷暑，故地重游，别有一番感受。尽管时间很紧，却认真听取了校领导的情况汇报，亲切会见昔日学子，兴致勃勃地参观校园，情不自禁地留下了“安徽师范大学我永远不会忘记您 项南”16个圆润有力的大字。留恋、关注学校之情，溢于字里行间。

现已76岁高龄的项南，精力仍很旺盛，雄心不减当年，正在为缩小中国东西部贫富差别、实现共同富裕这一宏伟事业殚精竭虑、奔波操劳。自1989年3月他就任中国扶贫基金会会长以来，每年有一半时间花在十几个省区中穷乡僻壤的工作视察上。为动员社会力量、解决干部队伍和开发资金问题，他风尘仆仆，惜时如金，大力培训人才，组织对口支援，真可谓“烈士暮年，壮心不已”。在党和政府的领导下，目前我国扶贫工作已取得可喜的进展。不久前，他出席了中央召开的全国扶贫开发工作会议，新的纲领、新的举措，使他更加坚信：“在中国共产党的坚强领导下，通过全国上下的齐心协力，消灭贫困的伟大历史任务一定能够早日实现。”当他得知学校即将成立董事会时，欣然应允担任名誉董事长，这再次表明项南同志对安徽教育事业的高度重视以及对安师大改革发展工作的大力支持。我们期盼着：老书记第三次回校这一天早日到来。

来源于1994年6月20日《安徽师大报》第278期

项南（1918—1997），原名项德崇，福建省连城县人。1938年加入中国共产党。1941年9月18日，出任建阳县政府首任财经科科长。1942年2月，先后任阜东县县委秘书、县委宣传部部长。解放战争时期，任盐阜五分区、十一分区财经处处长。1952年任青年团安徽省委书记，安徽大学（安徽师范大学前身）党委书记，华东军政委员会青年工作委员会书记。后历任团中央书记、中共福建省委第一书记、省军区第一政委。党的第九届、十届、十一届、十二届中央委员会委员，中共中央顾问委员会委员。

花甲之年的追求

——记有机化学研究所叶钟文教授

松 涛

虎年伊始，银燕传书。元月28日，一封邀请信从美国阿贡国家实验室飞抵安徽师大。消息不胫而走：

“有机化学研究所要派员出席六月份在加拿大召开的第17届国际稀土研究会了。”

“他们还有四篇论文在大会上交流呐！”

喜讯在新春的校园传诵着。羡慕、祝贺、赞颂的心情溢于大家的言表；但也有人疑问：这个刚成立不久的研究所，为何能有如此多的论文同时被国际有关专家选中？所里中青年教师兴奋地回答：“这得感谢我们的老校长、导师叶钟文教授。”

一

1978年，对叶教授来说可谓喜上加喜。这一年，他跨进60大寿，又恰逢全国科学大会的召开。人逢喜事精神爽。他决心珍惜党为他创造的大好形势，像春蚕一样，吐出全部余丝，为装扮祖国科学春天竭尽绵薄之力。

当时，国家公布了12年自然科学规划。在十大课题中，有一项就是稀土化学。稀土，元素周期表上属镧系，有17种。它们化学性质极其相似，地球上存在很少，而我国却有得天独厚的优势，蕴藏量占世界的90%以上。这些金属，在冶金、电子、航天等工业上，均有独特的用途。因稀土金属有机物对空气十分敏感，合成难度较大，所以稀土金属有机化学这门有开发意义的学科，1978年以前，在我国还是空白。目前，国内只有少数研究单位刚刚开始探索，国外研究也不过十年来的历史。在这个研究领域里，能否赶上国内外先进水平？这个问题，常常萦回于这位教授的脑海，使他坐卧不宁。历史的使命，事业的追求，驱使他一面教学，一面筹划着如何在人手少、任务重的条件下，做到既出人才，又出成果。经过一番审时度势，一个念头终于在心头萌生。他果断地向老师们建议：围绕主攻方向——“稀土有机”干下去。

同年，他招收了第一批研究生，与大家一道，开始了艰苦的探索。但因“左”的流毒影响，进展不大。

新的攻坚战起于1983年冬。那时，他已辞去校长职务。好长时间，人们难得见到他的身影。可他老伴最清楚，校图书馆工作人员也知道，叶老成了书迷。在整整半年时间里，白天，他一头钻进外文书库，一本本，一页页，边查阅边摘录，直至两眼昏花；夜晚，他伏案灯下潜心研究；隆冬时节，手指都冻麻木了。据不完全统计，他先后从一千多篇文章中整理出卡片两千余张。望着那塞满抽屉、字迹娟秀、抄写工整的外文卡片，人们无不为他刻苦好学、奋斗不息的精神所感动。

一分耕耘，一分收获。叶教授终于从茫如云海的资料堆中，理清了当代稀土化学研究的历史、现状与发展趋势，从中捕捉到尚不为人知的闪光点。他没有把这很有研究价值的新进展视为己有，而是毫无保留地摆在同行们的面前。

二

如果说课题选择是万里征途第一步，今后的路将更加崎岖。专业精深的叶教授清楚自己的家底：试验需要的精密仪器设备奇缺，无水无氧系统装置才刚刚搞起来。但为了报效祖国，他决定执著地追求。他想起“他山之石，可以攻玉”，抱着争取同外地兄弟单位建立协作联系的愿望，叶老匆匆起程了。

1984年5月的一天，阴雨霏霏。停在厦门站那趟列车即将开动了，铃声响过，叶老才气喘吁吁地跑来。他满头大汗，险些误了点。上车一看，毛线衣早被挤丢了。原来，他乘坐的那辆公共汽车中途出了事故，耽搁了他赶车。

一位年逾六旬的教授，出差在外，是用不着去挤那大通铺的。可叶老认为，“科研经费来之不易，钢要用在刀刃上”。这次南方之行，前后十几天，奔上海，跑福州，赶厦门，他从不叫一次出租车。就连协作单位为他订好的一天20多元的房间，也硬让退掉了。他把节省下来的钱，用在同协作单位建立长期业务协作上。结果是学到了经验，武装了实验室，还先后与中科院福建物质结构研究所、上海有机化学研究所、南开大学共同完成三篇论文。

现在,这个所已有合成试验精密装置多套。能在含水和含氧量不超过百万分之五的惰性气体中进行实验,这在国内是不多见的。

叶教授前半生几乎全在教育第一线度过的。他先后在几所高校里执教,担任过系、校行政要职。50年代末曾去彼得格勒大学深造,80年代初又赴美作教育考察。积累40多年工作经验,借鉴国外办学的成功经验,他感到老一代培养新生力量的责任。让我们看一看,这几年他在这条道路上留下的滴滴血汗吧:

为培养研究生,他与原金属有机室负责人一起,精心编制计划。开设七门课,他主讲两门,其余的安排所内四名中青年教师担任,与他们共挑大梁。

吸收大家意见,采取果断决策,将大间实验室分隔成块,每人一间,避免了相互干扰;课题落实到人,形成竞赛局面,改变了吃“大锅饭”的现象。不少教师常常实验到零点以后,假期也不休息。

经常找研究生讲形势,谈理想,教书育人。发现思想问题,及时做耐心教育工作。他还对所里教师提出倡议:除寒暑假外,尽可能不在外兼课“捞外快”。

注重在教学中锻炼提高。所里先后接收化学系青年教师八人次来进修学习;去年起,每年担负十名化学系毕业生论文的指导任务,以及协助化学系无机研究室合成有机药品、摄取红外光谱等。今年,该所又挖掘潜力青年,招收四名研究生。

在叶教授身体力行、严格要求和大力培养下,有机所的中青年教师进步很快。他们不仅较好地完成了教学任务,科研步伐也越迈越大,他们与老教授一道,完成了一项项有影响的成果:在《有机化学》《稀土开发与应用的新成就》(英文版)刊物上发表论文三篇;另有六篇,《化学学报》《有机化学》《稀有金属》(美国)杂志也将发表;有五篇论文即将在国内外学术会议上交流。由于科研成绩突出,去年,这个所获准取得中科院科学基金的资助。

应用研究也十分喜人。他们与本校化学系合作的防水阻燃布和蔗糖硬脂酸脂,已在国民经济中发挥重要作用。而山梨酸防腐工艺吸引了四家工厂前来签订技术转让合同。

在叶教授出国之前,记者请他谈谈感想。他对自己的所作所为不愿提及,只是说:“学校要发展,中青年是骨干。我年岁大了,该让他们上来,把工作继续下去,争取在国内站住脚。”朴实的话语,表达了一个共产党员忠诚人民教育事业的心声，反映了一位老知识分子纯洁美好的愿望。

来源于1986年3月31日《安徽师大报》第135期

叶钟文（1919—2006），江苏泰州人，著名化学教授，安徽省有机化学重点学科学术带头人，享受国务院津贴。1942年毕业于武汉大学化学系，后留校任教，1947年受聘来国立安徽大学（后更名安徽师范大学）任教，此后一直在我校工作，1980—1983年任安徽师范大学校长，1994年退休。1978年安徽师范大学化学系组织了叶钟文教授领导的有机化学课题组，并开始招收有机化学研究生。同年以叶钟文教授为主，成立了金属有机化学研究室。八十年代起致力于稀土有机化学的研究，所发论文获得安徽省科学技术进步奖，先后获得"全国优秀教师""曾宪梓教育基金会高校教师奖""全国老有所为精英奖"等奖项。1986年主持的《稀土金属有机化合物的合成与化学性质》获国家自然科学基金资助，同年金属有机化学研究室获有机化学硕士学位授予权，此后金属有机化学研究室独立建制，成立有机化学研究所。有机所的成立对提高我校化学学科科研水平起到了促进作用，并取得了丰硕成果。

耄耋之年的感动

——记我校退休老师杨烈昭

梁骏 夏柯

忆往昔峥嵘岁月　再回首曾经风华

含辛茹苦为学生　换得桃李遍天下

“祝您生日快乐，祝您生日快乐……”在生日歌的祝福声中，在一群“特殊”客人的搀扶中，一位噙着泪花的老人缓缓入座。今天是她九十岁大寿，她没想到她会以这样温馨的方式度过自己的九十岁生日。“他们围在我身边，齐声唱生日歌，歌声整齐而响亮，我真听不出是一群80多岁的老人唱的，他们的歌声让我仿佛一下子回到了60年前的时光，我从内心感到温暖，快乐。”她就是杨烈昭老师，那群特殊的客人，是她曾教过的学生。

忆往昔峥嵘岁月 再回首曾经风华

杨老师生于1920年，从东北大学毕业后，她为了找到一份安稳的工作而辗转各地。在那个战乱不断、社会动荡的年代里，这位女青年为了自己教书育人的理想而不断奋斗。“那时候，自己是满腔热血，无论是对祖国还是对教育，都始终充满激情！”杨老乐呵呵地说道，“这么多年过去了，有时候回想起来，还真是很怀念。”

杨老师最怀念的是在同济附中的日子。那时候上海还没有解放，她曾经不惜冒着危险，保护自己的学生和朋友；她曾经不辞辛劳，尽心尽力地教书育人，传道授业。不仅如此，杨老对妇女工作的开展也作出了重大贡献。上海解放后，妇联希望她去主持工作。可是，由于钟爱着教育事业，杨老婉言谢绝了妇联的邀请，一心一意为学生，为教育。教学工作是枯燥乏味的，她却始终甘之若饴，几十年来没有半点怨言。

杨老说：“他们这群学生我几乎认不出来了，都是快上80岁的老人，身体也不是很健硕了。回忆往昔，恰同学少年，风华正茂，我带领他们进行爱国运动，是何等的斗志昂扬，激情澎湃。他们中有的是当时地下党的书记，有的是学生爱国运动的领头人……最令我感动的就是，他们能够凭借不畏惧一切的精神，努力学习和工作，一直保持艰苦奋斗的作风，勤于钻研，为人正直。”在那段特殊的岁月里，他们一起走过了风风雨雨，用自己的双眼见证了新中国的成立和发展，直至今日的富强。

杨老的书桌上堆了很多书籍和未写完的稿件。她说，这些都是她平时所做的工作——看些诗词，写些感受。一个九十岁高龄的老人，还能这样坚持自己的爱好，怎能不让人感动？而最让我们印象深刻的是学生们送给杨老的九十岁生日礼物——一幅《兰亭集序》的丝帛横幅和一把折扇。包装十分考究，放在锦盒里，显然是花了心思的。一封封信件诉说着当年的激情，一件件礼物饱含着浓浓的师生情。在这座城市的高楼中间，一位寡居老人的家中洋溢的是一种名叫温暖的氛围。

含辛茹苦为学生 换得桃李遍天下

“己欲立而立人，己欲达而达人。”杨老用她对教育的执著追求完美地诠释了这句话，平凡中彰显伟大。几十年的教书育人，杨老可谓是桃李满天下；几十年的不懈追求，杨老终不悔自己最初的选择；几十年的坎坷经历，杨老心心念念的还是学生的一切。

“学生是我的营养品。”杨老说。在那样一个黑暗的年代，学生就是支持她将“争取民主，追求自由”的信念坚持到底的动力。在她心中，教书育人即是要用自己的人格魅力去感染学生，要用真情实感去打动他们。杨老平和地告诫道：“当老师最基本的责任就是要日积月累地培养学生做一名正直的人。”话语很质朴，却蕴含无限深意。“专业知识固然重要，但更重要的是要以自己的人格魅力去影响人。只有真正了解学生的老师才能永远被学生铭记。”杨老一边说着一边拿出一摞学生寄给她的卡片。其中最令人感动的是这样一张贺卡，上面写着：“近日，很想念您，总是会不由自主地想起当年您教我们《狂人日记》的一幕……”

六十年，物是人非，曲终人散；匆匆年华，悲欢离合，掺杂着欢笑，混淆着泪水，最后演绎成点滴记忆。岁月虽逝去，却不会把记忆抹去；虽然模糊了曾经的人和事，却遗忘不了那份真情。蓦然回首，逝去的青春将定格在记忆里，继续在岁月中浮沉，寻觅那岁月的痕迹。

来源于2011年1月1日《安徽师大报》第513期

杨烈昭（1920—2015），女，四川重庆人，1938—1943年在四川成都光华大学、四川国立东北大学中国文学系学习，1943年9月参加工作，1960年3月加入中国共产党。1944年2月，先后在重庆宁河中学、上海同济大学附中、上海江湾中学任教导主任；1957—1961在安徽师范学院附中任教导主任；1962—1970年在安徽教育学院任教育学教研组主任；1970—1973在安徽劳动大学中文系任教；1973年10月后，在安徽师范大学教育学科教研室、教育系任教；1987年12月光荣退休，曾先后获得省级先进工作者、三八红旗手等荣誉称号。

戎马半生苦中作乐

——访我校离休干部杨志

王梦欣　陈儒雅

2009年9月25日下午，我校离休干部、原师大副校长杨志在家中欣然接受了记者的采访，这位91岁高龄的老人精神矍铄、思路清晰，声情并茂地讲述着曾经的故事。

战士生涯的开始

杨老参加了抗日战争、解放战争和抗美援朝战争。20岁加入了八路军，戎马生涯27年。他用一句话来形容自己的军旅生活：艰苦但很愉快。

杨老出生在山东临沂，高中时期跟着学生流亡队伍经过湖北、山西，然后到了西安的八路军办事处，最终到达延安。杨老笑呵呵地说："我在学生流亡时期加入了八路军而不是国民党，我想这是我一生中做出的最正确的选择。"在延安的时候，杨老进了抗日军政大学第一分校学习。学校离八路军总部很近，在那里杨老见到了毛主席和朱总司令，当时的情景历历在目，他细致地向记者描述了毛主席讲话时的音容笑貌和朱德打篮球时的场景。在他的眼中，一代伟人平易近人，与老百姓和士兵们同甘共苦。"虽然当时的条件很艰苦，但官民兵就像一家人一样亲密，这是最能让我感到愉快的原因。"杨老感慨地说。

智取鬼子窝

抗日战争时期，杨老在太行四分区的便衣武装侦察队里当指导员，主要负责了解敌区情报，并为军区提供必备的物资。在谈到难忘的革命经历时，杨老给我们讲了智取鬼子窝的故事：日本即将投降时，在平顺县老顶山还住着鬼子一个班，人不多但碉堡难攻。鬼子在里面不出来，他们就得想办法进去。但是用什么办法才能让狡猾的鬼子上当呢？他们侦察队的战士们想了许多办法，都觉得不可行。直到有一天，他们抓到了一个为鬼子作翻译的人，于是便决定以他为诱饵，深入敌人巢穴。就在实施计划的那天晚上，天上没有月亮，夜黑风高，伸手不见五指。他和其他侦察队员化装成农民，扛着米面跟着翻译官走近了敌人的老巢。

他们让翻译官在前面跟鬼子交涉，只见翻译官用讨好的语气跟鬼子中的一个人说：“太君，我们来送米面啦！”那鬼子观察了一下，就把门打开了。他们沉住气，跟着翻译官进了屋，趁鬼子不备的时候，掏出枪来一枪一个准儿，未损失一分一毫就一举消灭了十二个敌人。

光荣的战争

抗日战争结束后，杨老又参加了解放战争。当时，他在刘邓大军第六纵队的第十七旅政治部当组织科长，负责部队里的党组织工作，后来在改编成的十二军政治部中当组织处长和政治部主任。杨老回忆说：“解放战争的胜利是顺应历史的趋势。那时人们为了保卫胜利果实，纷纷送家中的男丁去参战。在那时参军是很光荣的事，一个村的人都要去欢送的。”说到这里，杨老目光凝视着远方，温暖而安详。

解放战争结束了，新中国终于成立了。当记者问他：“新中国成立的那天，您在干什么？”他平淡地说：“新中国成立那天，我在四川追歼国民党残余部队。”杨老是通过电台知道了新中国成立了的消息，那时他和战友们激动万分，心情久久不能平静。战争期间，杨老一直在全国各省辗转，十几年未与在国统区的老家通信，新中国成立后终于联系上时，家里人却早已以为他牺牲了。抗美援朝战争开始后，杨老又跟随部队12军到达东北，跨过鸭绿江支援朝鲜战场。在朝鲜的日子是异常艰苦的，中朝军民在落后的条件下顽强对抗美帝国主义的狂轰滥炸。老人说：“我们的战斗没日没夜，困了就睡在战壕里的大石头上，也缺乏必要的物资，但我们轻易不进老百姓家。”从老人的讲解介绍中，我们似乎亲临战场。战争对我们而言不再是数据与历史的堆砌，而是真实的血与汗、毅与志的拼搏！

新中国成立后，杨老曾先后任全国文联副书记、安徽省委党校党委书记，后来来到安徽师大当副校长。他说：“这么多年来，看着师大一点点成长，我为师大的快速发展而感到由衷的高兴。师大学生大多是师范生，教师这个职业是神圣而光荣的，要想成为一名优秀的教师，首先要抓德育，继而培养技能，要不断地充实自己，还要提高语言表达能力。”他希望师大能培养出更多高学历的人才，为中国教育事业做出更大的贡献。

辛劳大半辈子的杨老现在已经离休在家，安享晚年。小院里的株株花草，客厅内的幅幅画卷，体现着主人的品位。平日里，老人喜欢画国画、练毛笔字。他的国画绘工细腻，毛体书法苍劲有力。老人说他还喜欢在师大的校园里散步，感受着师大特有的人文气息。

直到采访结束，我们依然被杨老感动着。在他的身上，有一道道光芒在闪烁，那是为了新中国成立而忠诚无畏的奋斗精神，是在祖国建设中以国家和人民利益至上、开拓进取的爱国情怀，是心系祖国未来的宽广胸怀。

来源于2009年9月30日《安徽师大报》第501期

杨志（1920—2012），男，山东临沂市人，1938年9月参加革命，1939年9月加入中国共产党。先后任抗大第一分校学员、八路军总医院书记、二野6纵17旅直工科长。新中国成立后，先后任红军师政治部组织科长、四大队政委、35师政治部副主任、主任，全国文联党组副书记、政治部主任，省委学习班班主任、省委党校党委书记，安师大副校长，1983年11月离职休养，2009年9月享受副省长级医疗待遇。

张世锡教授当顾问之后

唐 玫

生物系顾问张世锡教授，虽年近古稀，但他的生活节奏从不见慢。他的时间表总是排得满满的，作报告、讲课、辅导、写论文、参加各种会议……大家劝他注意身体，他总乐观地说："我不老，还能干它十年呢。"是的，张教授的心中永远跳动着一颗年轻的心。

从1980年起，张教授就开始担任顾问工作。按理是没有任何具体教学任务的，然而他却主动承担了七九级、八〇级的《人体解剖》课中难度很大的神经系统等部分的教学工作。凭着自己丰富的经验、渊博的知识，他把每一个概念、每一个难点讲得深入而又透彻。为了加深印象，他还亲自到皖南医学院联系，带领学生去参观，只有当学生们的疑问得到了解决时，他才满意地点点头。

张教授严谨的教学态度令人敬佩。白天，他一连讲三节课；晚上，他又出现在教室里，辅导、答疑，与同学们探讨，直到深夜。有一次，他参加芜湖市政协会议，会间，他想到还要给同学们上课，便匆忙赶回学校。几节课下来，嗓子都哑了，他却顾不上喝口同学们送来的茶水，又赶回会场了，人们目送着他走下教学大楼，心中的感激之情难以言表。

他就是这样勤勤恳恳地为党工作，像燃烧的木炭，虽然没有冲天的火光却温暖着人们的心房；他又是一块基石，为人才的培养铺平了道路。

他指导学生写毕业论文，亲自为同学拟定题目、设计方案、确定实验过程。他带领学生做大学生脂肪密度的测定，利用同学晚自习时间测量身体的某些数据，一工作就是三四个小时。在他的精心指导下，学生们的论文都取得了较大的成果：王春山、程莉君同学的《大学青年身体密度的预测》《男女青年体脂含量的简易测定法》，张小平的《安师大生物系八一级新生体制评价》，都被入选在省第一届体育科学运动医学学术论文报告会上宣读，并获了奖。八一年王春山、程莉君合写的《身体密度和推算体脂的回归方程》

一文,在中国体育科学学会出版的学报上发表……一个个成果出现了,一批批人才培养出来了,这位为之花费大量心血的老教授,在学生们的论文被推荐发表时,却不愿署上自己的名字。有些论文没有他的名字不能发表时,他只得署名,但稿费分文不要。学校评教学质量优秀奖时,师生们评他,他不要,系里确定了他,请他提供材料,他也婉言谢绝,并诚恳地说:“我已经老了,无论是在教学上还是在科研上都已经力不从心,应多对中青年教师中进行鼓励。”当学校颁发给他教学质量优秀奖时,他把奖金全部献给了灾区,他的高尚的情操赢得了人们普遍尊敬。

来源于《安徽师大报》第109期

张世锡(1917—?),男,浙江嵊县人。1942年毕业于国立师范学院后,师从著名解剖学家赵敏学专攻解剖学,毕业后先后执教于台湾中央大学、南京大学、安徽医学院,1965年担任安徽师范大学体育系教授兼主任,1982年任生物系人体解剖学教授。曾兼任安徽省科协委员、省解剖学会副理事长、省运动医学会名誉会长、省高校教师职称学科评议组成员、中国体质研究会委员、国家教委教材编审委员,并历任第二、三安徽届省人大代表、第三届省政府委员和四、五、六届省政协常委。1981年获国家部委级教学一等奖,1986年获“国家级教学技术进步奖”二等奖,1990年获国家教委颁发的“从事高校科技工作四十年成绩显著”荣誉证书。

怀念母亲徐勉一

郑一骙

母亲去了,永远地离开了子女儿孙。一看到母亲遗像上那沉稳端详的面容,许多往事就清晰地重现在记忆之中。

记得我刚由养母家回到母亲身边时,教育部同志曾问她:“亲生儿子刚找到,孩子才十多岁,怎么不带着一块吃饭?”母亲说,小食堂是供司局级干部用餐的,子女不能享受这个待遇。母亲离休搬进我校新居后,我提出,住房西晒炕气大,要求栽几棵树。母亲讲,不是每幢房子都有空地可以栽。我们要栽,应该自己出钱买树苗。母亲的公私分明观念很强,界限也分明,常告诫我们:邮寄私人信件不能用公家信封、公文纸。但就“奉公”而言,她是不惜“破费”的。前些年,我发现她的物品中有一只电喇叭。母亲告诉我,那是在干校时买来做通知时备用的。农村缺电,晚上路又不好走,干校同志分住几个地方,遇有急事,电喇叭一喊,省力、省时、又方便。据说,她还给公家买过一些农具等物。可她自己的日常生活一直很俭朴,衣食住行从不讲究,没有任何高级服饰。我记忆中她没有买过皮鞋,手表也是60年代下放广西玉林时买的。母亲的观点是:没有高级生活用品,不影响工作。

不熟悉母亲的人,往往以为她难以接近,缺乏人情味。其实,母亲为人坦诚,很注意联系群众、关心他人疾苦,至交也不少。解放初她由江西日报社调北京工作,欢送时,报社同志真诚留言,以她为友为师。在高教部做机关工作时,很多同志的家庭生活、夫妻关系,她不仅熟悉了解,还做了大量工作。经济上也帮助过不少人,找她谈心的同志也很多。母亲特别喜爱孩子,几位老战友子女的思想、工作以至个人生活,她都萦记于怀,经常给予指导。当然,这种人际间的交往,一旦涉及原则问题,哪怕是多年的好友,她也是不讲情面,绝不让步的,颇有点六亲不认的样子。

母亲的一生没有什么显赫的成就和贡献,也有明显的弱点和欠缺。但她有一个突出的特点是不倦地读书,勤奋地学习,写了大量的学习笔记。在现存的几十本日记中详细记录着从1947年至病重前夕的悠悠岁月。战争环境中丧夫别子的残酷斗争促使她在读书学习中坚定意志和信念，树立精神支柱。

我为有这样的母亲而自豪，决心继承和发扬母亲的优秀品质，自重自强，努力工作，使母亲和早就牺牲的父亲能含笑九泉。

来源于1991年4月10日《安徽师大报》第220期

徐勉一（1919—1983），曾用名"徐绵宜"，原籍北京通县。1939年在河南信阳入党，同年成为山东济南民族解放先锋队（党的外围组织）队员，在革命根据地做机关、教育、报社编辑等工作。1949年至1960年在教育部任社会教育司处长，教育二司主任秘书、办公室副主任。1960年任广西大学党委副书记，1962年至1966年任北京函授学院副院长，1970年在教育部五七干校任连队副支部书记，成为干校党的核心小组成员。1975年后就职于安徽师范大学，任校革命委员会副主任、校党委会组织部部长、校党委副书记。1983年7月离休。

道德文章　永为楷模

——怀念业师叶孟明先生

王保顶

先生近几年一直身体不佳，今年五一劳动节刚过，又住进了医院。7月27日下午，当我从外地返回再去医院探望时，熟悉的病房人去室空，顿时一种不祥的预感袭上心头，医护人员告知先生已于1小时前离去了——永远地离去了。

与先生相识，屈指数来已有14年了，刚入学时先生担任我们历史文献课的教学，即叹服先生学识之广博、为人之随和，再接下来常常请益，先生凭渊博的学识及对浩如烟海史学文献的精悉，每次都能给我们满意的答复。4年本科毕业后即投先生门下学习三年，请益的机会就更多了，对先生的道德文章也就有了更进一步的了解。记不清多少次灯下絮语、促膝长谈，其情其景仍历历在目。随着时光的流逝，许多具体内容难以一一记起，但有一事深深地烙在我的印象之中，并不时浮现出来。一个冬日的上午，我去先生家，师母告知先生身体不适，一夜未眠，早饭没吃就去上课了。等了一会，先生下课回来了，虽显疲惫但神情怡然。随即先生给我讲了一番平凡而又实在的道理：学校办学，学生入学，中心、关键环节是教师的教学，只要能坚持，就要不折不扣地完成教学任务，他说不能因私事轻易请假，平生所请的最长一次假是先严去世，为期一周。事隔多年了，时至今日我仍能记起当时我内心深处被触动的感觉，也仍能清晰地记起先生谈到此时平淡、怡然的神情。就在那几年，先生年年大幅度超额完成教学任务，而超额部分基本上是无偿的。

先生总是以平常心看人生世态，不计名利，以看书为乐事，一有闲暇就赋诗填词，故怡然自得。夫子说："君子坦荡荡，小人长戚戚。"保持一个闲适自然的心境，何尝不是一种幸福的境界呢？先生乃世俗中人，而能达到这一境界，并非人人所能企及。

在治学上，先生属于钱钟书所说的"素心人"那一类。钱先生说："学问乃荒村野店二三素心人商量培养之事，都市之显学必成俗学”。先生以“素心”治学，厚积薄发，有如顾宁人所言“采铜于山”，书海涉猎之中屡有发明，辄成定论，根底之学与末叶之学高下判然。

先生是一平常人，可贵的是对人生世态持平常心，无论就道德或文章言，都永为我的楷模。

来源于1996年11月15日《安徽师大报》第316期

叶孟明（1921—1996）安徽桐城人，1947年毕业于安徽大学。安庆解放时参加中国人民解放军某政治工作团从事宣传工作。1981年任安徽师范大学历史系教授，1982年起任硕士研究生导师，1986年晋升为教授。1955年3月，加入中国农工民主党。任农工党芜湖市第四届委员会委员，芜湖市政协第六、七届委员。1987年获“安徽省教书育人先进工作者”。编著有《中国古代历史文选》《古代名人传记选》《中国古代军事家传记选》《安徽省古代科学家小传》等专著。曾为安徽省史学会、安徽省诗词学会、中华诗词学会会员，中国历史文献研究会、江南词学会、太白楼诗词学会理事。

“老夫聊作黄昏颂”

——记全国教学成果优秀奖获得者祖保泉

李 徽

在1989年国家教学成果优秀奖评选中，中文系教授祖保泉获此殊荣，为我校争得了荣誉。

祖保泉教授自1979年以来为中文系高年级同学开设《文心雕龙》选修课。《文心雕龙》是中华文化的瑰宝，对研究古代文学理论、古代文化具有十分重要的价值。但这写于中古时代的鸿篇巨制文辞晦涩、义理艰深，使许多学生望而却步。当时正值粉碎“四人帮”不久，“文革”耽搁了他十余年的光阴，他想把这时间补回来，于是上起了这门难读难讲的《文心雕龙》课。

这课，祖教授上了十轮，一届一届的学生毕业了。他也年近古稀了，但仍坚持在教学岗位，从本科生到研究生、进修生，兢兢业业地工作，将自己的知识无私地传授给学生。如今祖教授已是《文心雕龙》研究的知名学者，全国《文心雕龙》学会常务理事，其授课情况已被摄入“龙学研究在中国”的录像带中，在全国产生一定影响。

祖教授认为大学生上课不仅是个技巧问题，还必须有科研作后盾。故此，他在开设这门课的同时，即把《文心雕龙》作为研究的主要领域。几年来，共发表这方面的论文20多篇，其中有2篇入选《八十年〈文心雕龙〉研究论文选》，1篇入选《1949—1982〈文心雕龙〉研究论文选》。并撰成《〈文心雕龙〉选析》一书，安徽教育出版社1985年出版，作为授课的教材。此书出版以后，反应较好，现已被国内部分大学定为本课程学习的教材。去年岁末，他又完成另一本60万字巨著《〈文心雕龙〉通说》，可望今年与读者见面。因其在“龙学”研究中有较高的造诣，故其教学能左右逢源、得心应手，熔铸百家之学，又能自出机杼、独标新解。其课堂常讲常新，既有一定的深度，又活泼生动，学生颇感兴趣，每年选修人数都较多。他在书法方面也颇有功力，其粉笔字苍劲雅秀，人才云集的中文系无出其右，故学生谓之：“教：令人信服；书：使人绝倒。”

教书育人是祖教授自始至终坚持的，他注意用正确的思想引导学生，用马克思主义的科学方法去分析解决问题。他在教学中倡导一种严谨务实的学风，用他的话说：反对“空空道人”的习气。来无影，去无踪，空疏漂浮，不着边际，乃治学之大忌。他自己身体力行，备课一丝不苟，上课锱铢必较。历届同学都有反映，说他是中文系最严格的教师之一。也正是这严格使许多同学变成了有用之才。他指导的学生中，有的已脱颖而出，有不少在全国报刊上发表过《文心雕龙》的研究文章。国内同行把我校视为《文心雕龙》“研究基地”之一。

祖保泉教授担任中文系主任多年，积累了丰富的教学管理经验。近年来他虽退休，但常给系里提出积极的建设性的意见，对中文系的教学科研工作发挥一定作用。他年龄虽大，但仍潜心科研教学，每天凌晨四点起床，稍事锻炼后，即伏案写作，十多年如一日，几乎每年都有新的科研成果问世，除了《文心雕龙》研究之外，在司空图、王国维研究中成就亦斐然可观，其《司空图〈诗品〉解说》一书国内出了三版，香港商务印书馆也于1966年印行，他在上海古籍出版社的两本著作（其中一本与他人合著）又将在台湾印行。最近他正与文艺理论教研室的同志商讨未来发展问题，许多建议引起有关方面重视。

来源于1991年3月10日《安徽师大报》第216期

祖保泉（1921—2013），男，安徽巢县人，著名文艺理论家、教育家、安徽师范大学文学院教授。曾任安徽省师范专科学校中文科主任，安徽师大中文系副主任、主任，古籍研究所所长，兼任安徽省文联常务委员、《安徽古籍丛书》编委会副主任、中国《文心雕龙》学会常务理事、中国古代文论学会理事等。《文心雕龙选析》1989年获国家教委颁发的教学、教材建设优秀奖，《文心雕龙解说》获安徽省第三届社会科学研究成果一等奖。自1961年起研究司空图《诗品》，历时半个世纪，先后出版了《司空图〈诗品〉解说》《司空图诗品注释及译文》等专著。先生也是国内知名词学家，著有词集《丹枫词稿》和论著《王国维与人间词话》（合著）、《王国维词解说》等。

平生不学撑船诀

——访祖保泉教授

沈 正 赋

沿着一条林荫夹道、曲径通幽的小路，记者在一栋别墅般的三层教授楼的底层，如约叩开了祖保泉教授的家门。这位堪称中文系的“元老”，在系主任的位置上一坐就是26年的祖先生，自1994年9月从教学第一线退下来之后，仍宝刀不老，笔耕不辍，继续从事他的学术活动。

祖保泉早年毕业于四川大学文学院中文系，1952年秋调入安徽大学中文系任教，至今已有45个年头。抗日战争时期，他就开始潜心钻研中国古代文学理论，并有志于创造一个具有中国作风和中国气派的文学理论。在学术研究领域他一生共有三个着力点：《文心雕龙》研究、《二十四诗品》研究和历代诗词研究，尤其在二十四诗品研究方面成就突出。1961年，他发表在《合肥师范学院学报》上的《读司空图〈诗品〉札记》，成为新中国成立后研究《诗品》的第一篇学术论文。新加坡二十四诗品研究专家王润华，在他所著的《司空图新论》中称，郭绍虞和祖保泉是“中国大陆司空图研究的权威”。北京大学博士生导师张少康认为，祖保泉对《诗品》的研究，“为打开《诗品》的迷宫找到了一把钥匙”。到目前为止，他已出版学术专著5部，发表文字100多万，其中《文心雕龙选析》获1989年国家教委颁发的“文心雕龙教学、教材建设国家级优秀奖”，《〈文心雕龙〉解说》获安徽省第三届社会科学成果奖一等奖。

作为一位在事业上已功成名就的资深教授，到了退休年龄，从工作岗位上退下来颐养天年、安享晚年，也应是顺理成章的事。可退休时已是73岁高龄的祖先生却有点不服老的精神，他不愿休息，继续做他的科研工作。在采访中，他非常坦率地告诉记者：“经常有人问我，退休以后在精神上有没有失落感？我说这不是怪事吗？退休下来干不干还不在于你自己，你的精神世界完全由你自己主宰。我觉得我还能干，为什么不干呢？我知道老天留给我的时间虽然不多了，但总不能坐等老年痴呆症吧？我一直在干，而且几乎没有休息过。”据了解，祝先生每天坚持看书、写作都在6小时以上，双休日对于他来说似乎从来就不存在。因此，虽然退休仍成果不断。近年来，在参与讨论《二十四诗品》的作者问题上，他先后在《江淮论坛》等刊物上发表权威性学术论文3篇，在学术界引起较大的反响，进而将这场旷日持久的学术争论引向深入。祖先生还告诉记者，他手头正在赶写一部新著《司空图诗文研究》，目前已完成8万字，计划撰写12万字，预计明年完稿。在谈到这部书稿时，祖先生还高兴地向记者流露出这样一个情节：“我准备把这本书作为最有意义的礼物，献给我八十岁生日。”

在近三个小时的采访中，记者真切地感受到，已届77岁的祖先生说起话来依然底气很足，谈笑风生。熟悉他的人都知道，祖先生一向注重身体保健，即使平时工作再忙，也不忘坚持每天锻炼。因此，年近八旬，身体仍十分硬朗。正因为有这样一份难得的好身体作依托，晚年的祖先生甚至还外出参加学术活动。1995年夏，他曾以《文心雕龙》学会常务理事的身份，亲自赴北京参加“文心雕龙国际学术讨论会”。

当记者问及他平时还有哪些业余爱好时，和蔼可亲的祖先生扑哧一笑，指着双手捧着砚台刚刚从身旁走过的小孙女背影说：“教小孙女写字就是我的自娱活动之一。此外，偶尔也填词。不过，我填词倒是有个规矩，自愿才动笔，不逢场作戏，得罪人也在所不惜。”

记者欣然发现在祖先生家客厅的墙壁上还悬挂着一个条幅，是祖先生在60岁生日时写的一首自况词《木兰花令》，其中写道：“平生不学撑船诀，爱读诗骚师马列。”我们想，这大概就是祖先生在经历了几十年教书生涯之后而深深领悟到的人生况味，也是他作为一代学者为自己确立的人生准则。

谨以此文祝贺祖保泉教授执教50周年。

来源于1997年11月24日《安徽师大报》第333期

辛勤耕耘　果实累累

——记历史系副教授万绳楠

裘士京

提起万绳楠老师，许多同志自然会联想到他在文革初期的遭遇，这个我省学术界最早被点名批判、受过严酷斗争、无情打击的“三家村”“黑干将”，现在情况如何呢？

万老师20世纪四十年代毕业于清华研究院，师从清华四大导师之一的陈寅恪，为陈寅恪的关门弟子。他基础扎实，知识面广，学业精深，多年来致力于魏晋南北朝史的教学与研究。十年动乱后，他不计较个人的得失和恩怨，兢兢业业，埋头苦干，一心扑在工作上。特别是在党的十一届三中全会以后，教学科研都取得了令人惊叹的成绩。

在教学上，万老师是个不辞劳苦、辛勤耕耘的园丁。最近几年，他除了担任本系一年级两汉魏晋南北朝史的基础课教学外，还为高年级开设魏晋南北朝专业课（后改为选修课）。1981年他招收了一名研究生，又为该研究生和其他专业的四名研究生开设专史讲座，同时还指导七七至七九级近二十名毕业生的论文，工作量大幅度超额。据统计，在八一至八三年度，他总共完成工作量五千三百二十七学时。两年完成三年多的工作量，对一个年过花甲的人来说，在我校还是屈指可数的。难怪有人说他是提前跨入一九八五年的人。

在课堂教学中，万绳楠老师坚持既教书又育人的原则，注意抵制精神污染，努力运用马克思列宁主义的观点去分析历史，收到了较好的效果，思想性和科学性都有明显的提高，曾荣获我校1982——1983年度的教学优秀奖。

在完成繁重的教学任务的同时，万老师还挤出时间进行科学研究，成果颇丰。在多年研究的基础上，他完成了《魏晋南北朝史论稿》的撰写。该书28万字，已由安徽教育出版社出版。他编著或修改再版了《民族英雄文天祥》《冼夫人》《隋末农民战争》等三本小册子，与其他同志合著的《安徽史话》等两本书也已与读者见面。1980年以来,在省内外报刊上发表了23篇学术论文或短文。在此期间,万绳楠老师还担任了《中国历史大辞典》魏晋南北朝史分册的编委,负责编写、审阅南北朝词条近千条。这项任务,已于去年第一季度完成。1983年,万老师还完成了25万字的《文天祥传》,现已交出版社审阅。

短短几年,万老师之所以取得如此丰硕的成果,除了主观的努力、深厚的学识基础等原因外,党的知识分子政策激发了他为"四化"多作贡献的革命热忱是一个重要的因素。他感到三中全会以来的大好形势为知识分子的大有作为创造了良好的条件。

愿万绳楠老师在新的一年里再接再厉,在培养人才和科学研究上作出更大的贡献。

来源于1984年2月29日《安徽师大报》第95期

万绳楠(1923—1997),江西南昌人,当代著名历史学家。1942年国立十三中学毕业,同年考入国立西南联合大学历史系,1946年大学毕业,同年考取清华大学历史研究所,师从清华四大导师之一陈寅恪,1948年毕业,为陈寅恪的关门弟子。毕业后即弃笔从戎,参加革命。新中国成立后先后任教于安徽大学(安徽师范大学前身)、合肥师范学院、安徽师范大学,系安徽大学历史系创办者之一。先后被评为安徽省劳动模范、全国优秀教育工作者、全国"五一劳动奖章"获得者。著有《魏晋南北朝史论稿》《魏晋南北朝文化史》《中国长江流域开发史》等专著。

丹青不知老将至

——近访郑震先生

刘诗能

在安徽美术界，尤其是美术教育界，郑震先生的名字是异常响亮的。先生自1949年底执教于皖北文艺干校至从安徽师范大学美术系离休，在江淮沃野上默默耕耘了四十多个春秋，其间除创作大量优秀版画、水彩画和国画作品外，还培育出众多的美术俊才，可谓花团锦簇，桃李盈庭。他是公认的我省现代美术事业的拓荒者之一。1996年，中国版画家协会授予他“鲁迅版画奖”。先生平素文质彬彬，谈吐蔼然，但近年已难得一见。“莫道桑榆晚，为霞尚满天”，他在忙些什么呢？带着疑问，日前我如约揿响他家的门铃。

老先生热情地请我进屋，又礼貌地把我让进他的画室。“郑老，你离休后主要在忙些什么？”因为熟悉，我径直开口。先生却作如是说：“搞我们这一行，无所谓离休，若说有，只是无案牍之劳形。但这却给了我更大的空间，更多的自由。这几年还真做了不少事，1995年承好友给我筹办从教50周年的一系列纪念活动，同时《中国现代美术全集》等书收入我的作品，都已整理寄出。现在广东方面又为我举办个人画展，明天我就飞东莞出席开幕式。”“郑老，这就叫老骥伏枥，烈士暮年呀。你现在主要画什么画？”先生指指案头，爽朗一笑说，年岁已高，版画是搞不了啦，现在主要画国画，既寄情遣思，又延年益寿。当我问及先生的国画为何能后来居上，他若有所思地讲，我给画家分了三个阶段，青年看才华，中青看功力，老年看修养。有修养，作品才会溢诗情，出境界。我的国画论功夫不及一些前辈，但大家觉得可取，主要得益于文学上的储积。“听说你早年做过编辑，搞过文学创作，是否确切？”我开始插话。先生不仅作了肯定的回答，而且说他创作的诗、小说还发表了不少，只是到1945年后才转向美术。“那你早年的努力是否为后来的事业奠定了基础？”先生慎重地吐出四个字：“受益良多”。

安徽美术创作的中心是否北移，即由以师大为中心的芜湖地区移至合肥，这是近年美术圈中常提的话题。我开始询问先生的看法，他没有正面表态，却诚恳地说，当初我们这里云集着一批有才华的画家，队伍又健全，国画有甲茂之、光云鲲、王石岑等，油画有张自申、吴栋梁，版画则有周芜和我，不讲是中心，至少算得上半壁江山。现在我们仍有优势，但整体力量不如以前。看着先生若有所思的样子，我随即道："你曾是中国美协理事、安徽省美协副主席，又是安徽师大美术系的老主任，作为老领导和知名教授，你对全省美术事业寄予那些期盼？同时你对青年一代又寄予什么样的厚望？"先生顿了顿，深情地讲，我曾与亚明聊天，亚明讲，平心而论，安徽画家的实力不弱，出不来的原因有两个：一是人为操作不够，二是"码头"不好。我看安徽的美术和经济一样，总的有发展，但动力不够。要改变现状，一是画家们要潜心事业，二是政府要加大投入。至于青年一代，他们遇上了极好的生存环境，思想敏锐，见多识广，整体智力有发展，但知识上两极分化，好的拼命干，另一部分却做表面工作。趁着先生停顿，我怕访谈过于严肃，便开玩笑地问："听说你能炒一手的好菜，据我所知，南京的宋文治先生亦如此，是不是在诗画琴棋与柴米油盐间确有沟通处？"先生接过话茬道，那样说是调侃，不过我倒是注重生活中的情趣。比如经常出去散散步，有时坚持自己上街买东西。要热爱生活，唯其如此，才能热爱工作、事业，以及国家。在先生舒坦的微笑里，我慎重地点了点头。

猛然，我想起明天他还要南行，便起身告辞，先生却执意要送我出门。望着他清癯的面容，环顾居室中雅洁的陈设，仿佛这一切已融入他那秀逸、俊挺的画面。

来源于1999年10月15日《安徽师大报》第355期

郑震（1922—2013），原名世勋，曾用笔名侍熏，安徽合肥人。在版画和水彩画领域皆有着突出的贡献。四十年代自学木刻，曾任报刊文艺编辑。1949年以来，先后在安徽师范学院、合肥师范学院、安徽艺术学院任教。中国美协会员，获国务院特殊津贴，曾任安徽师范大学艺术院教授、名誉院长、中国美术家协会理事，安徽师范大学艺术系主任，中国版画家协会理事、安徽省美术家协会副主席等。国家一级画师。出版有多本个人画册。

忆力求老师

陶　庆

须力求老师曾是安师大历史系主任、副教授。他虽然没有给我上过课，却是改变我人生路的第一位恩师。

1991年，我在一个偏僻的农村初中当英语教师。大学的殿堂对于我这个中专生是十分神秘莫测的。倔脾气的我，也不知哪来的胆量，竟傻乎乎地要考史学研究生。

第一次见到力求老师，也是我生平第一次见到教授，是在他的厨房里，他腰间系着白围兜，忙进忙出烧饭做菜。他个子不高，身体消瘦，眼睛看人特别有神，嘴角时常露出慈祥的微笑。

“你想考研？”他问。

“是的。”我怯生生地回答。

“看过什么历史书？”

“嗯……《三国演义》。”

话一出口，我脸唰地红了。读中学时，因为有主、副课之分，历史课是糊里糊涂地过了场，谁教的课我都忘了。后来也没有读过什么专业书。这样的底子也敢考研究生？我浑身上下不自在，只盼早早结束谈话，回家了事。

不料，力求老师宽厚地笑了笑。问我想不想看些专业书？他提醒我：看书可是要做冷板凳的，得有长期准备的思想……

拿着力求老师开给我的必读书目，我东买西借弄来了一大摞陌生的书籍，兴冲冲地回家了。

此后三年，我一边工作，一边埋头研读这些书籍。其间，我每次写信向力求老师求教，他都及时回函指导。临考之前，他反复交代如何把握学术新动态，如何结合现实研究历史问题……那些日子里，力求教授成了我心中的指路灯。他不仅给我排忧解难，指明我前进的道路，更给我增添了战胜困难的勇气和信心。

1992年，我去宣城报考。面对严格的应考要求和必备的知识能力，我没敢报名就打道回府了。力求老师知道后来信鼓励我继续努力，使我抛锚的生命小舟又扬起希望之帆。

1993年因信息不通，我延误了报考的时间，赶到芜湖时已是天黑了。他二话没说，带我找有关老师商量补报的事宜。至今我忘不掉，那天晚上，他不顾年高体弱领着我在崎岖不平的小路上，深一脚浅一脚去找人的背影。

1994年初，考研之前，我带着几个问题求教力求老师。想不到他生病住进医院。我匆匆赶到市一院，看到力求老师比先前更瘦了。见到我，他的眼睛亮了起来。他微笑着示意着我坐下，并不回答我的问候，反详细询问我的备考情况。当得知我为考研一直没有添孩子时，他一反往日的温和，竟大声叫道："一定要有孩子！一定要有孩子！"满屋子的人都笑了起来。

我陪力求老师在病房住了一夜，第二天，他有说有笑，也能吃点稀饭、牛奶了。他执意让我回去认真备考，不要浪费时间。我强忍住眼泪，又匆匆踏上归乡的路。

想不到，这竟是我最后一次见到力求老师。几个月后，当我用电话想把我考研总分第一名的喜悦告诉他时，听到的却是他溘然去世的噩耗。泪水止不住地滚落下来，打湿了我紧紧攥着的话筒！

力求老师去了，但他谦逊宽容、乐善好施的美德，他爱护青年、甘为人梯的品质，他正直无私、两袖清风的风范，永远激励我向前，向前……

来源于1997年11月3日《安徽师大报》第332期

须力求（1924—1994?），男，1946—1947年在南京《大中日报》做副刊助理编辑、兼任记者；1946年在《益世报》当记者；1949年在皖西第四军区政治部《新闻报》做编辑；1949—1955年，在合肥的《皖北日报》《安徽日报》做编辑、记者；1955—1956年在芜湖安徽师范学校附师做教员，正式开始了教师之路，1957年—1959年，在安徽师范学院历史系任教师；1959—1969年在合肥师范学院历史系任教；之后被下放到阜阳插花公社；1974年调回后一直在安徽师范大学历史系任讲师，副教授，教授，主讲《中国现代史》。在南京《大中日报》《南京人报》《皖北日报》《安徽日报》写稿多篇，擅长新闻采访、编辑、摄影、精通《中国现代史》。

我所经历的抗战

李　敏

1938年秋，日本侵略军占领了我的家乡，在离我村不远的镇上安了据点。那时我刚上初中，鬼子来了，辍学在家，亲身经历了当地的抗日活动，有几件事深深印在我的脑海里，难以忘怀。

两颗手榴弹

我家所在的村子离镇上只有三里路。站在村头的岗子上，能看到鬼子修的炮楼。只要鬼子一出动，人们就奔走相告，立刻隐藏在树外的山林里，只留下老人看家。

在村子西边三十多里外的大山深处，是抗日游击队的根据点。游击队经常在鬼子眼皮底下活动，我母亲就有两位“干女儿”常来走亲戚，她们把我家叫做“堡垒户”。

在村庄住过的有位老杨同志，他是为根据地兵工厂购买材料的。他在我村托人从烟台买到旧的电影拷贝，是用来制火药的。游击队在射击时，要捡回弹壳，装上火药和弹头再用。老杨在送拷贝回根据地时，把他带着防身用的两颗手榴弹留下了。

我和几位同伴商量：不能让手榴弹白白放在这里，咱们来试试它的威力。一天夜里，我们三个摸到离炮楼一百多米的地方，把手榴弹卡在沟边的树杈上，用麻系住引信，用力一拉。轰！轰！两声，手榴弹爆炸了。炮楼里一阵骚动，随即升起两颗照明弹，接着机枪“嗒嗒”地扫射过来，我们却顺着沟底溜之大吉。

第二天，镇上纷纷传说：昨晚游击队来打炮楼，折腾得鬼子一夜没睡。我们听了十分开心。

漂亮的伏击战

我住的村子在青烟公路旁边。这是一条重要通道，日军特地派军车护卫班车通行。

一天清晨，老杨说游击队在公路上埋了地雷，要伏击日本军车。要我和他守在村口，不让村里的人上公路。

大约九点多钟，从烟台方向开来了三辆汽车，头一辆是军车，车上有十几个鬼子，驾着一挺机枪。车子从山岗前经过时，地雷响了，埋伏在松林里的游击队一齐开枪射向日本军车。鬼子仓皇下车，有的钻进车底，有的跳进路边壕沟，凭借火力优势，顽强抵抗。游击队又扔出手榴弹，炸得鬼子乱窜。不一会儿，据点里的日军赶来救援，游击队已迅速撤离，不见踪影了。

这次伏击，炸毁了日本军车一辆，打死三个鬼子，游击队无一伤亡，还缴获了一挺机枪。周围的群众无不交口称赞："打得好！"

修不好的桥

日本把沿公路的村庄定名为"爱路村"，责令村民维护公路交通并按时向据点报告游击队的活动情况。我们的村长表面上是替鬼子办事，暗地里却在帮游击队。只要据点里增加了兵力，准备进山"扫荡"，村长会立即给游击队报信。

我村前面公路上有座桥，经常被破坏。刚修好不几天又不通了，鬼子非常恼火，责怪村长。村长说游击队来破坏，封锁了道路，没法去据点报告。实际上，这座桥是村里自己破坏的。

一天，有大队日军经过，车子开到桥边无法通过，日本军官气得哇哇叫，下令向村里连开几炮，打坏了许多房屋。然后派兵抓来村长，不由分说，立即在桥边枪杀了。日军用刺刀威逼着村民修桥，并威胁说："如果再破坏这座桥，就把整个村子烧掉！"

村民们没有被吓倒。白天修好的桥，到了晚上就被破坏了。日本侵略军无可奈何，车子经过这里，只好绕路从上游水浅处开过去。

这座桥始终没有修好，它傲然兀立在那里，显示出一种不可征服的精神！

来源于2005年9月25日《安徽师大报》第446期

李敏，男（1924—2015），山东栖霞县人，1943年10月参加革命工作，1945年10月至1948年2月在重庆、上海复旦大学学习；从1952年起先后在安徽大学、安徽师范学院、安徽师范大学工作，任安徽师大语言研究所副所长。工作期间，参加了国家重点科研项目《汉语大词典》的编纂工作，承担《全唐诗词典》的收词制卡、写稿工作。1987年6月光荣离休（享受副厅级待遇）。

八十载峥嵘岁月　五十弦桃李满园

——记我校离休老干部李敏

梁骏　吴双　陈娟

执著理想，不畏迫害为国家。八十七年的风霜雨雪，六十五年的丹心如水，五十六年的赤诚付出。当历史的车轮缓缓驶过，时间把所有的一切都悄然刻在这位老人微深的皱纹里，融在他和蔼的笑容中，他就是李敏，一位执著于自己的理想，为师大奉献了五十多年的老干部。在这个冬末初春的傍晚，在离退休老干部工作处一间温馨的小会议室里，李敏老师带着我们一起追忆往昔，重温那峥嵘岁月。

1924年，李敏出生在山东。由于地理位置优越，李敏的家乡在当时尚属富裕，因此他也得以从小就接受教育，去学校读书。可好景不长，抗日战争爆发了。日军入侵，国难当道，山河沦陷，民不聊生。尤其当家乡被日本军队侵占后，不愿做个"顺民"的李敏同千万青年学子一样，怀着满腔抗日救国的热血选择了离开家乡继续求学，开始了为期数年的流亡生活。流亡的生活是艰苦的。从山东，到四川，再到重庆，从地图上算来已有近三千千米，更不用说流亡途中的迂回辗转！没有交通工具，他们只能徒步翻山越岭；没有像样的住宿和伙食，只能在饥一餐饱一餐中和同伴们相互扶持，随时都会有生命危险。几年间，流亡学生们三五个一组，想方设法突破了重重封锁线。在横跨多个省份，辗转千里之后，李敏终于来到了陪都重庆，考入了当时迁移到大后方的复旦大学，主修教育学。

当时的中国依旧笼罩在日本帝国主义的枪炮下。在为数不多的几座保存下来的高校中，读书氛围非常浓厚。"那时候，我们大学生都是心怀救国热情，都渴盼能多学知识，毕业后可以重建被战火摧残得面目全非的家乡，可以为祖国的统一和未来奋斗！"李敏回忆道。

在那些动荡不安的岁月里，李敏和千千万万的进步学生一样，渴求知识，向往自由民主。他们以自己的满腔热情和刻苦钻研的求学精神撑起了中国有志青年的脊梁！

学生时代的李敏，追求自由民主，渴望国家统一。在当时学生运动屡遭迫害的情况下，依然不畏艰险，执著理想，组织成立“海智”社团，编写《浪花报》，宣传民主进步的思想，深得其他同学的信任和支持。时任“地下学联”五位执委之一的他，为学生运动作出了重大贡献。

他说：“在当时，我们的确有许多阻力，不少同学甚至为此而牺牲。但即便如此，我们还是不惧国民党的监视，去读《新华日报》等一些进步的报刊书籍。”正是在这些进步的报刊熏陶下，李敏的思想越来越向共产党靠拢。

1946年，李敏参与到要求民主的学生团队中。当时抗战已经结束，国民党撕毁重庆谈判协议后，全国上下笼罩着一片内战的阴霾。在这个过程中，许多学生都意识到新生无产阶级政权的潜力是巨大的，而依靠国民党的政府寻求和平统一是行不通的。青年知识分子，尤其是正义感强的在校大学生，敢于站出来抗争，不畏流血，不怕牺牲。为响应毛泽东主席主张的“第二条战线”，青年学生通过各种合法组织与国民政府进行合法的沟通，复旦大学内兴起各种学生社团，调动广大学生的力量，开展各种合法活动，反对内战，要求民主和平。

1947年，“反饥饿、反内战”运动后，李敏渐渐地接近了党组织，秘密加入了新民主青年社。作为几个社团的领导者，他响应社会潮流和革命呼声，积极组织并开展“和平建国座谈会”、政府请愿、学生游行等反战活动。由于长时间组织学生运动，李敏也上了国民党的黑民单。“记得毕业前，国民党发布了一份包含共产党积极分子名单的密电，其中就有我。”李敏淡淡地说道，语气却带有几分自豪。由于已经暴露，不适合潜伏下来做一些地下工作，组织将李敏派遣到解放区，在淮海战役支前司令部研究新民主主义，后又参与到战俘的再教育中。

新中国成立后，各地开始兴办学校，培养人才，为新中国的成立做准备。李敏先后在华东大学皖北分校、皖北师范学院工作过。1954年，李敏来到当时的国立安徽大学，也就是现在安徽师范大学的前身，在政治处宣教科任教，教授中国革命史。

来到师大后，李老将自己的一切无条件地奉献给了师大。粉笔无言写春秋，桃李不言自成蹊。几十年来，李老教过的学生不计其数，可谓桃李遍天下。不仅是教书育人，在李老的师大岁月中，还有一件事不可不提：

1975年，重病中的周恩来总理批准了国家辞书编纂规划，要求十年内编写160种中外文字词典。1976年春，任务下达，名列规划首位的中华大字典交于“五省一市”（山东、浙江、江苏、安徽、福建和上海市）进行编写。这部高标准的词典反映了新中国成立以来中国各方各面取得的伟大成就和汉语研究的最新成果，工程浩大。在当时没有电脑及相关电子编辑技术、没有网络资源的中国，这是一项“硬活”，只能靠专家、学者搜集毕生所学资料，将所有汉字按部首分工，一字一词地分类整理成卡片，再统一编集成文本。

那时刚经历过“文革”的李敏从农村回到了师大继续工作，参与到了张涤华先生的编纂团队中。为完成这一浩大的工程，他们夜以继日地工作。“最开始，我们‘看书搜字’。各个工作小组都有分配的任务，在制定的书目，比如鲁迅的经典作品中择取单字，摘抄整理与这个字相关的句子，再整理成卡片，按部首分类后按条类归纳，为每个词以不同的意向下定义。这项工作持续了几年，当时看过的书都数不清了。”李老回忆起当时的工作经历，笑着对我们说：“如果我们当初没有那么努力，你们或许到现在还用不到一本权威的字典。”

光阴似箭，岁月如梭。1987年，年逾花甲的李老虽然光荣退休，但依然关心学生，仍坚持每天读书看报、关注时事和社会发展。李老热心从事关心下一代工作，继续为学校发挥余热，尽自己所能及的一份力。隔三岔五，就有学院来邀请李老来为他们作专题讲座。就在不久前，李敏老师还为化材学院的同学们分析了“大学的使命和大学的责任”，鼓励他们在这座具有徽风皖韵的大学中将师大质朴的学风代代相传，把母校建设得更美好。

数度春风化绸缪，几番秋雨洗鸿沟。即使岁月的痕迹爬满了额头鬓角，这位年届耄耋的老人却依然心系学生，情笃师大，甘愿为工作了五十多年的师大继续奉献自己的力量。蚕丝吐尽春未老，烛泪成灰秋更稠。无论是青年时代的意气风发，抑或是如今的淡然睿智，李老始终不曾改变的就是对国家深深的爱和对教育的执著追求。在采访的最后，李老依然不忘勉励我们要虚心踏实地学习，时刻关注国家和社会发展。隐而不退，离而不休，李老用自己的热血和丹心谱写了一曲教育界的夕阳红。

来源于2011年3月1日《安徽师大报》第514期

记我国著名翻译家力冈先生

朱良志

一

力冈(1926—1997),原名王桂荣,山东广饶人,生前为安徽师范大学教授,中国翻译家协会会员、中国作家协会会员。他是我国当代著名翻译家,一生翻译俄苏文学作品达700多万字,主要译作有《静静的顿河》《安娜·卡列尼娜》《复活》《猎人笔记》《上尉的女儿》《当代英雄》《野茫茫》《白轮船》《儿时伙伴》《查密莉娅》和《帕斯捷尔纳克诗选》等,不仅以其数量,更以其翻译质量,确定了他在中国翻译界的地位,成为我国当代顶尖俄苏文学翻译家群体中的一员。著名翻译家杨武能说他“以一系列名著佳译,为自己竖立了一座不朽的、高大宏伟的纪念碑。”

他的新译本《安娜·卡列尼娜》出版后,在《新闻出版报》组织的笔会上,力冈以这样的话回忆其一生的经历:“少年颠沛流离。青年、中年当‘右派’。噩梦醒来,已是人生的黄昏。一生清白,一生不弯腰。始终记住自己是人,没忘记应该怎样做人。心犹年轻,似乎逝去的只有岁月。”

今天读起这段话不免有点酸楚,使人依稀看见这位翻译家的沧桑岁月,也看见在这沧桑岁月中塑造出的刚硬的山东汉子,更感受到这刚硬的山东汉子乐观、旺盛的生命活力。

人们都说力冈这个笔名颇能反映这位翻译家的个性,一生刚正不阿、宁断不弯,“文化大革命”中批斗他时,造反派要他跪下,他反而将腿站得更直,造反派冲上去,对他拳打脚踢,硬是将他打倒在地,他被打伤、打昏,但是就是不肯跪下。用力冈这个笔名,据说是一种偶然。1949年,23岁的王桂荣从济南华东大学分配到大众日报社工作,因常发稿件,需要有个笔名,报社七八个年轻人凑到一起,不知是谁出了个主意,分别在七八张纸条上写上笔名，每人抓一张，偏偏他拈上"力冈"二字，虽然不是刚强的"刚"，音却相同，他非常喜爱，所以他一直都在使用。不知这偶然中是否有必然。

他将自己的性格"抓"到了手，这刚强的性格帮助他战胜一次又一次磨难，也赢得了无数同行和后学的崇敬，但当一个社会流行着应声虫和软骨病的时候，这样的性格将会给他带来很多的麻烦是不言而喻的。

先生一生坎坷，出生在山东广饶一个贫苦的人家。11岁那一年，他刚读高小，日本侵略军占领了他的家乡，他无法再继续读书。16岁那年，他和两个年龄相仿的伙伴一起逃离了家乡，从此开始了长达6年的颠沛流离的生活，先后在安徽、河南、甘肃和陕西等地逃难，并坚持时断时续的学习。1948年底，他的家乡彻底解放了，22岁的他立即投奔解放区，入济南华东大学学习。第二年他被分配到《大众日报》社工作，从此，他的文学生涯也揭开了篇章，在这期间，他就发表过不少文学作品。

当时，人们对苏联文学作品表现出极大的兴趣，受这种时代风潮影响，力冈也开始接触大量的俄苏文学作品，并进而对俄语发生了浓厚的兴趣，以期掌握这一工具，可以更直接地接触俄苏文学的原作。

1950年8月，也就是全国解放的第二个年头，在和平的环境下，当时全国人民都在意气风发地投入到自己的工作当中，力冈为了大展宏图，便考入了哈尔滨外国语专科学校。当时这所外语专科学校的俄文教学在全国外语院校中具有十分突出的位置，除了国内许多著名的俄语专家在此任教之外，还聘有苏联专家。力冈就是在这里得到了他一生事业最重要的滋养，在三年的时间里他如饥似渴地学习，并以优异的成绩从这所院校毕业。

当毕业分配征求个人意见时，他可以选择大城市，但是，他却打开地图选择了长江中下游的一座中等城市——芜湖，来到了安徽大学(安徽师范大学的前身)外语系从事教学工作。力冈的文学翻译工作也就是从这时开始的。在几年中，不到三十岁的他，一年发表了二十多篇翻译作品，他的细密的文思、优美的文笔，当时就引起了读者的注意。三十岁的时候，他的第一部译著《里雅什柯小说集》在上海新文艺出版社出版。

正当他的翻译事业向前推进的时候，一场政治斗争使得他的事业戛然中断。

二

1957年上半年的一个下午，他的人生于此经受了一次重要转折，因为他在那天下午的座谈会上发表了一些激烈的个人意见，于是被打成“右派”，伴着没白没夜的批判，他被开除公职，被投到芜湖市郊的新生耐火材料厂劳动改教。在常人难以忍受的痛苦和辛劳之后，1960年7月，他被“摘帽”，回到了学校。他又凭着自己的生命热情，燃烧起希望之火，开始了他的俄语教学和翻译工作。

古人说：“诗穷而后工。”力冈一生的翻译精品之一《查密莉娅》就产生于这艰苦的岁月中，与其说这部译作是用笔写下，倒不如说它是以血和汗铸造。这部译作发表于1961年10月号的《世界文学》上，这是我国出版界第一次出版艾特玛托夫的作品，也是一部给力冈带来极大声誉的译作，后来被收入多种文集和丛刊中，并被收入《〈世界文学〉三十年优秀作品选》，力冈的翻译风格也是在这部作品中初显面目，他的典雅传神的译笔征服了无数读者，著名作家张承志读了这部中篇小说后极为称道，他说：“我恨不得将其倒背如流。”

“文化大革命”的到来，像力冈这样性格刚烈、又有“右派”前科的人自然难逃厄运，他遭到了长达数年的非人折磨，批判、毒打、谩骂，接着又剥夺了他做教师的权利。1968年，他被迫第二次离开学校，他和全家下放到农村种地，在一个偏僻的山村里度过了将近十年的痛苦而漫长的时光。他最好的年华就是在这山村中度过的，一个未来的翻译家却经过了令人窒息的十年空白期。

1978年，他又回到了安徽师范大学，回到他梦魂牵绕的大学讲坛。当他回校后首次站到同学们的面前开始讲课时，不禁泪眼迷离。从1957年被划为“右派”到当时已经经过了二十一年的时光，他从一个英姿风发的青年变成了一个年过五十的“准老人”了，这时，他的翻译家的里程似乎还没有真正起步，似乎还留在梦幻中。“噩梦醒来，已是人生的黄昏”，他这样形容自己，可以想见当时他的心情。

他的刚强性格也体现在他的翻译事业中，他以常人难以想象的毅力投身到他的事业中，从此时到他查出患有癌症的1996年下半年的18年时间中，他一共翻译了近七百万字的作品，一部部文笔清畅、韵味悠然的译作从他的笔下流出，流到了读者的心中，有的读者形容读他的译作是“如饮甘泉”，著名作家刘白羽读了他翻译的卡里姆的《漫长漫长的童年》,激动地说,读这样的作品简直感到“受到圣灵的诗的沐浴”,并将这样的作品推荐给读者。

从八十年代初开始,他的文思就像饱含甘泉的泉眼,无止无息地喷射。到1985年,他一口气翻译了《高尔基传》《别林斯基传》《爱的归宿》《野茫茫》《漫长漫长的童年》《白轮船》《儿时伙伴》等多部中长篇小说。

八十年代的中国翻译界充满了活力,一缕缕希望的云霓从这里腾起,当时一些翻译家和出版家提出了名著重译的问题,得到各方面的响应,而力冈先生重译的《静静的顿河》是新时期第一部重译的大型多卷20世纪文学名著。作为俄苏文学的翻译专家之一,他在阅读《静静的顿河》这部旧译时发现了不少问题,这些问题直接关系到读者的正确理解,他觉得,作为一个翻译工作者他有义不容辞的责任,于是他接受了漓江出版社的约请,开始重新逐字逐句地翻译这部巨著。力冈先生呕心沥血,经过了近千个日夜的辛劳,终于将四部八卷共146万字的《静静的顿河》的新译本奉献给读者。这部新译本一问世,立即引起了轰动,新华社以中、英、俄三种文字向国内外报道了本书出版的情况,并且指出:“首都翻译界人士对这部新译本给予很高的评价。”他一生也最爱这部译作,爱这部作品中的主人公葛利高里,他说葛利高里就是我。

从此以后,他一发不可收,先后重译了一系列俄罗斯文学名著,其中包括《安娜·卡列尼娜》《复活》《猎人笔记》《上尉的女儿》《当代英雄》等,每部译作出版后,都引来了读者的欣喜。在读者的心目中,他成了苏俄文学的顶尖翻译家中的一员。在前几年的《读书》杂志上,甚至刊登读者的这样一种要求,在读到一部未翻译过来的俄罗斯名作时,竟认为这样的作品只能由两个人来译,或者高莽,或者力冈。这是读者心目中对力冈的强烈认同和恰当的评价。

1995年,力冈先生终于到了在他的想象世界中无数次徘徊的俄罗斯,他更真切地感受到俄罗斯文化的博大精深,感受到这种文化的内在精神气质。当他正准备将这次俄罗斯之行的体会纳入他的翻译之中时,却于1997年2月因病医治无效而过早地离开了我们,去世时留下了一部还没有翻译完成的陀思妥耶夫斯基的《罪与罚》,留下了他700多万字的不朽译作,留下他对同事的赤诚,对后学的扶助,对家人的眷爱的温情,留下了散播于人间的耿介的人品。

来源于2000年3月15日《安徽师大报》第360期

怀念父亲——力冈

王　燕

一

父亲原名王桂荣，力冈是他的笔名。父亲离开我们已经一年多了，可在我的心里，从没感觉父亲离去，我无法相信也不愿承认那么善良、可亲可敬的父亲就那么迅速悄然地走了，直至今天我仍然认为去年冬天的那一切都是假的。每当回家时，我总想开门的一定是父亲；每当进入书房时，我仿佛看到父亲仍伏案翻译俄罗斯名著……可这一切确已成为过去，我深情地怀念父亲。

父亲一生历经磨难。少年丧母，时而寄人篱下，时而流离他乡。1948年投奔解放区，入华东大学学习，不久调新华社山东总分社、大众日报社任助理编辑。1950年考入哈尔滨外国语专门学校，后被分配到安徽师大外语系任教，并开始从事文学翻译。1957年，父亲被错误地打成“右派”，“文革”中又被迫带着全家下放农村长达9年。但父亲却很少对我提过去的事，只是说失去的时间太多，长期离开了他心爱的文学翻译工作。

十一届三中全会后，父亲重新走上教学岗位，边教学边埋头进行翻译工作。他特别珍惜时间，每天时间安排得井然有序、极有规律，除了吃饭、早晚散步外，几乎是分秒必争。屈指算来，从1980年到1996年父亲生病为止，父亲翻译了《静静的顿河》《安娜·卡列尼娜》《复活》《猎人笔记》《当代英雄》《上尉的女儿》《风雨人生》《日瓦戈医生》《白轮船》《野茫茫》等20多部俄罗斯文学名著近700万字，平均每年有40多万字的译著出版。父亲生前正重译陀思妥耶夫斯基的《罪与罚》，还没完稿，无情的病魔就过早地夺走了他的生命。

初次接触父亲的人，见他表情严肃、不苟言笑，以为父亲难交往，其实父亲是一个充满爱心、乐于助人的人。说到这，我想起母亲跟我提起的一件发生在六十年代的事。一次父亲陪她到医院看病，因为母亲行动不便，就叫了一辆黄包车。当他看到车夫是一位六十多岁的老人，他不仅自己不坐车，而且一定要代车夫拉车，让车夫跟在车后走。到了医院，他付给车夫相当于车费十倍的钱。老人感激不已，连声说："我今天遇到了一个好人。"

父亲爱憎十分鲜明，只要是真诚的朋友，他会全心全意地对待，会处处为他着想，尽自己最大能力给予精神慰藉和物质支持。而对于那些私欲熏心的人，不管他地位多高，他都是不买账的，甚至连见面打招呼都不愿意，敷衍的话更是讲不出来，经常把人晾在一边。所以不了解他性格的人，都认为他很怪。以至于我女儿的钢琴老师对父亲说："我刚到你们家教课时，有的老师劝我不要来，说你这个人挺怪的，开始我真的有点害怕，一接触才发现你对人特别真诚。"芜湖电视台有一位记者早就听说了父亲是著名翻译家，一直想给父亲拍一个专题片，只是听人说父亲很怪，不喜欢别人宣传他，一直没有与父亲联系，但最后他鼓足了勇气登门采访。一个人物专题片拍完了，他和父亲成了忘年之交。因为通过那一次次的交心长谈，他发现父亲是一个"挺可爱的老头"。因此，原漓江出版社的副总编刘硕良叔叔亲昵地称父亲是"扬子江畔的格里高力"。

二

父亲历经磨难，养成了刚强的个性，只要他认为对的，他一定会坚持下去，一定要做好。1982年，在厦门市一次外国文学讨论会上，刘硕良叔叔约父亲重译《静静的顿河》。开始时父亲认为重译要超过原译难度很大，不肯接受。后来，他看到刘叔叔态度坚决、真诚、恳切，他把这个任务接受下来了。他说："为了争一口气，表明我们这一代人有能力做好这件事。"两年后，《静静的顿河》重译本出版了，在国内外影响很大，新华社、塔斯社和苏联真理报等新闻媒体都发了报道和电传，因此，他在翻译界获得了很大的声誉。但父亲从不以名人而自居，更没有利用自己的身份拉关系、谋私利。有一次一位曾受父亲帮助的中文系学生来找父亲，希望介绍他参加省作家协会，父亲语重心长地对他说："重要的是作品，不在乎头衔。"不贪图名利这就是父亲一生的做人宗旨。

别以为父亲只爱他的翻译工作，其实父亲对培养青年俄语人才也特别关心。记得1987年系里安排三个青年教师跟父亲听文学欣赏课，开始他们的兴趣并不大，对学好俄罗斯语言文学也缺乏信心。父亲知道了这个情况，就耐心地给他们讲学习俄罗斯语言文学的重要性，帮助他们树立信心，掌握正确的学习方法。结果这三位青年教师均取得很好的成绩。

父亲不仅在教学、翻译上兢兢业业完成工作，在家中也是一位好丈夫、好父亲。母亲的腰不好，父亲尽力抽出时间帮助做些家务，以减轻母亲的负担。听母亲说我小的时候父亲计划把全市点心品种买遍，以致我长大之后，见了点心都不愿吃。我上大学时在外地，父亲差不多每个星期都要到我那里去，给我带上一大堆吃的、用的。工作以后，有时因事下班回家晚了，父亲肯定会来单位接我。每天吃饭无论我每天回来多迟，他们都一定要等我回来。我的女儿出世后，父亲几乎是每天抱着她到外面呼吸新鲜空气，沐浴阳光。我的女儿不会说话时，父亲已经注意到对她的教育，告诉她这是什么花，那是什么树，教她说话、学走路，关爱备至。人们见了都很感动，报纸记者曾想以“力冈和他的外孙女”为题写文章，但被父亲婉言谢绝了。父亲对于自己尤其是对衣食，从不在乎，夏天常穿的是一件老头衬衫，一条西装短裤，冬天常穿的是中式老棉袄。遇到外出开会，母亲总想让他穿一件好一点的衣服，他总是不肯，他说：“衣服本身是为人服务的，如果穿在身上不舒服，为了好看勉强穿上，那就失去意义了。”虽然父亲为自己想得很少，但对家人特别关心，不管家中谁不舒服，他都非常着急，认真服侍，他按时把药拿好，把水倒好，看着你吃下去他才放心。因此我母亲同他开玩笑说：“你是我们家中的保健医生。”而他对自己，即使遇到烦恼痛苦，也是默默地承受，从不向家人发泄。在他生病的最后日子里，那一次次化疗和放疗，父亲所受的痛苦是无法形容的，但父亲从没有向家人说过一个字，没有叫过一声，从来没有抱怨过家人的服侍不周，对家人所做的饭菜从来没有说过一个“不”字。当我们征求他想吃什么时，他从来都是两个字“随便”。所以现在每当我回忆这些，就觉得心里特别难过。

我也喜欢文学，喜欢父亲翻译的一部部俄罗斯文学名著，然而我更喜欢生活中的父亲。现在父亲离我们而去了，我再也得不到父亲的关心和帮助。然而我却时刻铭记父亲的谆谆教诲。尽管我不能完成父亲的未竟事业，不能把父亲尚未译完的《罪与罚》等名著奉献给读者，但我一定要像父亲一样做一个对社会有用的人，以告慰九泉之下我那可亲可敬的父亲——力冈。在我心中，父亲永远活着。

来源于1998年3月23日《安徽师大报》第337期

力冈(1926—1997),男,俄苏文学翻译家,本名王桂荣,山东广饶人。1953年毕业于哈尔滨外国语专门学校(黑龙江大学前身)俄语专业,分配至安徽师范大学任教。改革开放之后,力冈翻译了《静静的顿河》《安娜·卡列尼娜》、《风雨人生》等近七百万字的俄苏文学作品。

薪火相传　精神永续

——记离休干部、原副校长张范

赵颖虹　储贇

1949年10月1日，天安门城楼上响起毛主席宣告“中华人民共和国中央人民政府成立了”的声音，崭新的历史诞生了。2009年10月1日，同样的话语回响在新中国成立六十年后的天安门，历史的钟表仿佛又旋转了一圈，我们在激昂的乐曲中迎来了伟大母亲的六十华诞。为了庆祝这一具有历史性意义的日子，学校举办了“追昔抚今话发展 风雨同舟六十年”的活动，通过采访老干部们的革命事迹弘扬革命传统，激励后辈师生，让革命精神代代相传。借此，我们有幸采访到了原安徽师范大学党委常委、副校长、现离休干部党支部书记张范同志。

1926年6月28日，张范出生在江苏盐城小乡村一户朴实的百姓家庭。那时震惊中外的五卅运动在上海爆发不久，南方国民革命也不断兴起，全国掀起了群众性的革命高潮。在这种历史背景下成长起来的张范，逐渐建立了革命信念。15岁那年，他毅然地离开了父母，到离家很远的一个补习班读书。记者采访时，他深情地讲述到：“从小我就喜欢读书，也上了很多年私塾和小学，但是觉得学到的东西太少，得知盐东有个补习班，我就想去。虽然舍不得离开父母，但还是义无反顾地去了。”之后张老又听说根据地办了一所中学，便连忙赶去报到，成了第一批入校学生。学习期间，他认真踏实，严格要求自己，办事有高度的责任心，常为同学们办好事、办实事。由于办事积极、表现突出，1945年，经党组织培养，张老加入了中国共产党。

就这样，张老在求学中，开始了自己的另一段征程——革命之路。经过党的指导和培育，20岁的他革命信念更加坚定，他相信总有一天中国会站起来，中国人民会站起来！

1948年，中国革命形势开始发生了根本性的变化，解放战争取得了战略反攻的节节胜利。随着战争的发展，解放军不断向国民党统治区挺进。但当时新解放区政权还未建立，很大程度上仍然是国民党遗留下来的乡保长在掌握政权。于是党中央决定从各大解放区抽调区以上的各级领导干部，组成南下队伍支援新区。

张老还清晰地记着："当年的11月13日，党组织来了通知，说我们一些人要被抽调到新区工作。接到任务后，大家心里很忐忑，不知道自己将要被抽调到什么地方，想着即将离开家乡，依依不舍，但这是组织的命令啊，我怎能将自己的儿女情长放到工作中呢？"后来张老与同行的干部们一起背着行囊，靠着两条腿走了一个月到达现在的安徽蚌埠市五河县。接着又马不停蹄过淮河，自己拉着纤来到当时的"小蚌埠"（今淮河以北的一个小镇）。在那没等多久，便接到了上级的通知说要乘火车去合肥。"这可乐坏大家了，因为那时候我们从没看过火车，更别说坐火车了，所以很期待能亲身体验下，结果一看才知道是拉煤炭的车，不仅脏而且还没座位，车子刚开不久，老天爷又捣乱，下起了大雨。没有雨伞、没有雨衣，每个人只好用自己的衣服来避雨，当到达合肥时，所有人经过雨水一淋，再加上车上的煤炭灰，大家都弄得黑不溜秋，谁也不认识谁了！"说着，张老呵呵地笑了起来，这一笑，夹杂着多少艰辛与困苦，也只有像张老这一辈的老同志才能体会其中的真正意味。"那时候粮食也短缺，大家只能靠高粱米、高粱糊充饥，1949年的春节，很多老百姓家里都做豆腐，而我们这些人没有吃的，就只好向他们买了些豆腐渣炒炒将就着过了年。不过现在百姓的生活水平提高了许多，希望你们年轻一代听了这些故事后能够好好珍惜现在的生活，它真的来之不易啊！"

张老自1949年来到安徽，已经在这片土地上生活了六十年零九个月。他将自己那满腔的热血都倾洒在了安徽。"我来安徽的前三年，一次都没能回家看望家人，因为当时我正在白龙区（合肥市肥东县管辖的一个区）的人民法庭担任审判长，负责镇压反革命活动，后来收到父亲去世的噩耗，我不禁痛哭流泪，很想回去看下父亲，但是人民需要我，部队需要我，我不能离开啊！"回忆这段岁月时，老人的声音一直很低沉，当被问及后不后悔时，他坚定地说道："不后悔！"

回望张老的这六十多年，革命活动贯穿了始终，但大部分时间他还是躬耕在教育这块土地上。完成镇压反革命后，张老就被调至巢湖地区当文教科科长，这是他初涉教育领域。1952年9月，经芜湖地委确定，他被任命为和县中学校长并参加了县委工作（当时县委不设常委）。在和县中学他大力加强学校硬件建设，改善办学条件，拆除学校大礼堂，兴建新教室，开辟理、化、生实验室；扩大办学规模，开设初中六个班，高中两个班。1955年9月，张老调离和县中学到中央教育学院学习一年半。期间，他学习了教育学、心理学、党史哲学等教育理论，为今后校园建设提供宝贵的理论依据。1956年张老从北京回到了安徽，担任屯溪高级中学校长。屯溪高级中学的教学成绩那几年名列全省前三名，跨入省重点高中的行列。1977年，他来到了安徽师范大学担任党委常委、副校长。1978年他再次前往北京，在中央党校学习了七个月，这七个月中张老系统地学习了马克思主义理论，成了一名坚定的马克思主义者。

在我校任职期间，他积极响应国家高等教育政策，非常重视教师队伍的建设和教学质量的提高。可在那个“左倾”思想影响的年代，大多数人对改革开放和中央的政策还不能彻底理解，而张老却一直坚持着改革。当记者问他对学校未来的教育发展有什么建议时，张老语重心长地说：“学校要加快学生思想教育建设的步伐。对学生要求要非常高，但是，对于那些犯错误的孩子，却要耐心地教育，希望现在的教师也能这样。因为只有先爱孩子才能教育好孩子！”

如今，张老已离休在家，但他仍然心系我校的发展。闲暇时候，张老喜欢到师大校园中散散步，看看杂志，偶尔也练练书法。他非常关心下一代工作，经常给新生作革命传统报告。在担任离休干部直属党支部书记16年间，他无私奉献，积极开展形式多样的学习活动，即便在身患重病的情况下，也能以顽强的毅力坚持下去。“5.12”汶川地震后，他还积极捐款和主动交纳特殊党费。在多次扶贫救灾捐款中，张老总是全力配合，起带头领导作用。由于他坚持不懈地认真工作，前不久，张老被光荣评为“安徽省离退休干部先进个人”。

国庆六十年之际，张老还挥毫写下“锦绣中华”四个大字，作为献给祖国母亲的礼物。

六十八年前，张老凭着一腔热血，毅然投身革命；六十八年后，经过岁月的消磨，张老虽已没有了强健的体魄，但是他仍然保存这一颗火热的革命心，他用自己的热情燃烧起革命的火焰，照亮了后辈们前进的道路，他的这种热衷革命、献身教育的精神将会代代相传，永不泯灭！

来源于2010年3月30日《安徽师大报》第505期

张范(1926—2009),男,汉族,江苏盐城人,中共党员,1941年参加革命工作,投身党领导下的抗日救亡运动,1943年在盐东中学学习、入党,毕业后调盐东县政府工作,后任乡长、镇长、区长,1952年任和县中学、屯溪中学校长,1955年至1956年在中央教育学院学习,1962年起任宁国县长,安徽劳动大学教务处长,安徽农学院副院长,1977年调安徽师范大学任副校长,党委常委,1979年任安徽机电学院副书记、副院长,1978年至1979年入中央党校学习,1984年任我校顾问,1986年离休。

追忆李顿先生

项念东

就在开学不久，大家正忙着新学期各种事情的时候，李顿先生悄悄地走了。没有炫目的花圈花篮，没有人满如潮的追悼仪式，他带着习习秋风，带着一颗安宁赤诚的心走了。惊闻噩耗，我还不敢相信，也不愿意相信。尽管他一直身体不好，可我还依旧记得，就在院里上一次欢迎新生的文艺晚会上、迎新年的教师聚餐会上，他还为大家演唱他终生最爱的国粹——京剧。

我到师大求学时，老先生已退休离开讲台多年。一次院团委组织“为老教师献爱心”活动，他成了我们班服务的对象，那时，我已不再担任班级的主要学生干部，去他家服务只有一次。可就是这一次让我感受到一位老师、一位从教几十年的老师对学生的爱。他与我们谈了很久、很多。尽管当时他的老伴张老师一再提醒他，跟孩子们多讲讲现在的学习、生活，不要再讲“文革”那些噩梦般的往事。可他却说，讲一讲没关系，让孩子们多知道一点往事，知往而鉴今。就是这一席谈话，他就成了我心目中最值得敬爱的老师之一。

毕业后，留校工作了。事情就那么凑巧，他又成为我担任辅导员的那个班级的“献爱心”对象。虽然我和他的直接接触很少，但从学生们的言谈中，我能感受到他当年的给予我们的那种关怀和爱护。青年节到了，他给学生们开专题讲座，讲五四精神启蒙和爱国主义；私下交流，他给学生们讲戏剧和人生。学生们喜欢他，尊敬他，而我也由衷感谢这位年逾古稀的老人。当年他曾给过我生活方面的指导，而今又真诚地关爱我的学生。好像，生命中与学生打交道是他最快乐的事情。

记忆一幕幕浮现，我不自觉地又拿起他那颤抖的手书写给我的一页短笺。事情是这样的，1999年春天，院里组织全院教职员工去黟县参观考察，我曾经对西递村中的一座大宅院有过许多疑问。恰好李先生在我旁边，便告知我此宅主人叫汪大燮，是民国政坛的风云人物。他还说，我可以到他家里去看一些相关资料。我当时不过随口一问,并没有怎么往心里去。没想到,回校后的第三天上午,他拄着拐杖递给我一张十六开的信纸,信纸上写满了他抄录的汪大燮的相关史料。而且,他还怕我看不清他因手抖而略有变形的字迹,一一为我说明。我当时真的是说不出的感动。虽说上学时,老师们以亲身教学实践告诉我何为严谨治学,可今天我是亲眼看到一位已离开教坛一二十年的古稀老人对知识的执著。而且,当时我还只是刚留校不过几个月的毛头小子。今天想来,恐怕这就是老教师所特有的对年轻教师的那种关爱之心吧!

捧着这页短笺,字迹依旧那样清晰,可写字的人已离我们远去了。我唯有将这短笺,和着我对李顿先生的片片追忆,永久地存放于我的心底了。同时,也让我默默地遥祝先生,一路走好!

来源于2002年10月15日《安徽师大报》第390期

李顿(1927—2002),男,安徽宿县人,安徽师范大学文学院副教授、我省著名现代文学教学与研究专家。1958年至1970年在合肥师范学院中文系任讲师、系务委员会委员、教研室主任;1970年至1981年在我校中文系任讲师、系学术委员会委员;1981年5月任中文系副教授。李顿先生长期主讲《中国现代文学作品选》《中国现代文学史》等专业课和《中国现代戏剧史》选修课,长期致力于中国现代文学研究,曾主持和参加编写《中国现代文学》《鲁迅杂文选讲》教材。著有《论"五四"戏剧运动》等现代文学研究论文数篇,其中尤以对中国戏剧史的研究具有较高水平,产生良好影响。

信念之歌

——记优秀共产党员、优秀人民教师李友才

宋　理

世界上的每一人都在用自己的思想和行动绘制人生的航线。在生活的激流中，信念就是生命之舟的罗盘。三十年来，李友才同志生命的指针始终不渝地朝着共产主义的方向。不管是在阳光灿烂的年代，还是在乌云蔽空的岁月，他义无反顾、执著地追求，全心全意地为实现自己的信念而勤奋地工作，把对党的一腔忠诚化为报国之力。即使是在身患绝症以后，仍然以惊人的毅力，争分夺秒，顽强地学习和工作，努力为党和人民多作一些贡献。李友才同志是我们安徽师大的栾茀，是我们身边活着的蒋筑英、罗健夫。他用自己的行动，实践了三十年前在大学时代申请入党时，向党组织表示的坚定信念：

“跟着党，为实现共产主义事业献出自己的一生！”

一

李友才幸运地赶上了一个崭新的时代，是在党的直接培养和教育下成长起来的第一代知识分子。1950年，当新中国的太阳刚刚从古老的神州大地蓬勃升起的时候，他就来到华中师范学院生物系学习。在党的阳光照耀下，他开始懂得了“没有共产党就没有新中国”和“只有社会主义才能救中国”的真理。一个坚定的信念，逐渐在他年轻的心田里扎下了根。1953年，在党的生日那天，他第一次郑重地向党组织递交了入党申请书，决心为实现共产主义的伟大理想而奋斗一生。

当一个人把信念罗盘的指针拨向共产主义方向的时候，就会产生无穷无尽的力量。1956年，李友才从华东师大生物系无脊椎动物学研究班毕业以后，被分配到合肥师专生物科工作，同时挑起了行政、教学、科研三副重担。他担任了系里的行政秘书，头绪多，工作忙，从桌椅板凳、图书资料，到课程安排，事无巨细，他一手抓。一天忙到晚，却又忙而不乱。1959年，李

友才担任了系里的实验室主任，负责筹建几个实验室、标本室。他亲自设计，根据不同实验室的不同要求，添置用具，采购仪器，搜集标本，样样亲自过问动手布置。每一个实验室，都耗费了李老师的无数心血啊！

在搞好行政工作的同时，李友才还兼任着大学二年级的无脊椎动物学的教学任务。他备课认真，一丝不苟。在课堂上，他讲课生动，深入浅出，给同学们留下了深刻的印象。每一次作业，他都认真批改；每次实验，他都耐心指导；每一次考试，他都能真实地考出学生的实际水平。他先后主讲过《无脊椎动物学》《植物保护学》《农业昆虫学》等课程，年轻的大学生钦佩李老师的学识渊博，更敬佩他对工作极端负责的精神，把李老师作为学习的楷模。

人们说，科研是软任务。李友才在出色完成行政和教学工作的同时，从来没有放松过科研。首先向鱼类和家禽寄生虫研究的领域探索进军，了解寄生虫的种类和危害。在星期天，在寒暑假，他经常跑到市郊的养鱼场、养猪场、养鸡场里，进行深入细致的调查研究。研究寄生虫，少不了要与禽畜的粪便打交道，又臭又脏。尤其是盛夏，解剖鱼肚肠更是腥臭难闻。辛勤的劳动终于换来了丰硕的成果。六十年代前期，他在世界上第一次发现了鱼鳃中的一种寄生虫新种，命名"芜湖指环虫"；接着，他又在家鹅的眼睛里首次发现了另外一种寄生虫新种"安徽嗜眼吸虫"。在寄生虫领域发现一个新种，就如同天文学家在银河系发现一个星体一样，谈何容易！它要求研究者必须扎实掌握本学科的基础理论，熟悉了解大量的国内外文献材料，同时还要得到国内和国际权威人士的认可。李友才发现的这两个新种，受到了科学界的重视，得到了国际上的承认，被收入中国科学院主编的有关专著之中。他发现的"芜湖指环虫"这个新种，比苏联专家阿哈明洛夫的同样发现早了两年，这在当时是多么扬眉吐气啊！

有人要问，李友才浑身使不完的干劲和精力是从哪里来的？呵，你去看一看李老师一次次交给党组织的入党申请书和思想汇报吧。

二

十年浩劫，风云变幻。学校，变成了战场；实验室，被砸烂了；知识分子，成了臭老九。在动乱的年代里，李友才同志想了些什么，干了些什么呢？

李友才的思想是纯粹的，他的信念是不可动摇的。他相信我们的党，相信党的历史是光荣的，相信党的最终目标是符合全人类利益的。他相信党一贯提倡的知识分子走与工农相结合的道路，大方向是正确的。他以自己的行动来实践自己的信念。1970年初，他主动去芜湖市郊的阡坡山生产队建立了科研点，和当地农民交上了朋友，为生产队搞虫情测报和病虫害防治，他相信，这项工作是有益于人民的。

李友才卷起铺盖，带着显微镜，来到了阡坡山生产队，在一间简陋的农舍中建起了植保实验室。这里条件十分艰苦，不大的房子，还放着不少农药，连他的床下也放满了。六六六、敌敌畏、乐果、一〇五九，剧毒的农药散发着刺鼻的怪味。他不顾环境的恶劣，日日夜夜地勤奋工作。白天，他蹲在地头，细心地观察计算百株蚜虫量，一蹲就是一个多小时，站起来两眼发黑；夜里，他忍住蚊虫的叮咬，在田间守着诱虫灯值班，一直到半夜十二点才关灯。1974年，他编写了一本《芜湖灯下害虫种类》的小册子，得到了普遍的好评。

李友才吃苦在先，挑大粪、甩塘泥、拉板车，样样走在前列。棉田发现虫害了，他亲自背着喷雾器，和社员们一起在大田里打农药，一边打药，一边查虫。喷雾器坏了，他自己拆开修理，既省钱又省时。

李友才住在阡坡山生产队，还经常抽空到附近的前埂、后埂等生产队去转一转，看看病虫害的情况。他和蔼可亲，毫无架子，附近的农民都认得他。有时，社员们站在稻田里很远和他打招呼："李老师，你看看这块田里的虫子怎么样？"他往往二话不说，脱下鞋袜，便走进田里观察起来，和群众一块儿研究防止病虫害的有效措施。他不但自己苦干实干，还为生产队培训植保干部，教他们怎样观察，怎样分析，怎样防治……

时隔多年了，当地的社员们都没有忘记李友才老师，乡亲们对他的事迹记忆犹新，赞不绝口。

三

万恶的"四人帮"，终于被扫进了历史的垃圾堆。高等学校招生制度的改革，给校园带来了崭新的气象。拨乱反正，百废待举。李友才同志以十倍的热情、十倍的干劲投入到紧张的工作中去。

李老师一个人同时兼了两个年级的两门不同的课程。他既教七六级的植保课，又教七七级的无脊椎动物课。十年动乱造成了不可估量的损失和困难。没有教材，他自己编；没有标本，他重新采集；没有挂图，他亲自画，时间实在来不及，就叫儿子帮忙画。他上班比别人早，下班比别人迟，星期天也照常到实验室来工作。每到吃饭，经常要爱人和孩子催促几遍才想起就餐；每天晚上，他书房的灯光总是一直亮到深夜。为了党的教育事业，他心甘情愿地竭尽自己的所能。

李友才同志主持进行的“安徽省农作物害虫天敌资源调查”，是省重点科研项目。为了取得有关资料，他以学校的小农场为实验点，每周固定一天时间去实地调查。另外还挑选了十几名学生，组成了一个科研小组，利用假期在家乡附近采集标本。他清晨就出发去农场，早饭来不及吃，顺路买几个烧饼充饥，经常在农场一待半天。每个寒暑假，他都迈开双脚，到全省各地采集标本，顺路指导科研小组的学生。他的足迹踏遍了江淮大地的五十多个县。这个项目于1981年荣获省科技成果三等奖。同时，他长期进行蜘蛛的研究，探索稻田蜘蛛防治害虫的规律。在烈日炙人的酷暑，他置身于闷热的稻田里，忘我地观察蜘蛛；在寒风凛冽的隆冬，他掘开冻土，觅宝似的采集蜘蛛标本。在马鞍山，他第一次在安徽发现了蜘蛛新品种“细纹舞蛛”。德国人申格尔曾经在我国华北境内发现了雌性“细纹舞蛛”，但雄性蛛却一直未能发现。而李友才这次却同时发现了雌性和雄性两种“细纹舞蛛”。这又是一次具有世界水平的新发现！李友才是中国昆虫学会理事、省动物学会常务理事兼秘书长，除了承担自己的科研项目之外，还承担了全省的昆虫分类和鉴定工作。

生物系的青年教师和同学们尊敬李老师，爱戴李老师，李友才同志教书育人的高尚师德，给大家留下了难以磨灭的印象。七七级的这一届学生中，只有五位同学是第一志愿报考生物系的，大部分同学专业思想不够牢靠。李友才上课时，结合专业学习进行思想教育。第一堂课，他就从动物学的概况讲到近年来生物学的飞速发展及其在四化建设中的作用，引导学生们热爱自己的专业。有一次，一位同学期中考试只得了四十八分，引起了李老师的重视。他通过深入了解，得知他因为考虑个人问题较多而影响学习时，便与政治辅导员交换了意见，多次找他谈心，开导他正确处理恋爱与学习的关系，帮助他摆脱了苦恼，期末考试时，他这门课考了九十六分。李友才处处以身作则，走在同学前面，每当他带领同学们到农场实验基地教学时，该下水田，他总是首先卷起裤腿跳下水，有时被蚂蟥叮的鲜血直淌；该打农药，他总是亲自背起喷雾器走在前头。李老师铁面无私，爱管“闲事”，实验室里的照相机、录音机，他从不私自动用，也不准许别人随便动用。炎天酷暑，学生给他送来一杯冰水，他一口也不沾，并要求学生不要在冰箱里冰茶水，使这位同学深受教育。

为了追求崇高的理想信念，李友才尽力把自己的智慧、才能和全部力量无私地奉献给党和人民。他一生中留给自己支配的时间极少。李老师的大儿子李斐辉家住在四褐山，有公共汽车可以直达那儿。但李斐辉结婚四年多了，孙子也三岁多了，可李友才时间太紧，竟连一次都没有上门看望过孙子。

四

也许，是十年浩劫的摧残；也许，是近几年的过度劳累。1981年初，身体一贯身体健壮的李友才同志不幸患病了。他咳嗽不止，痰中带血，但仍然夜以继日地工作，还抱病应邀前往淮北农学院讲学。回来以后，又风尘仆仆地赶到武汉参加中国昆虫学会议……同志们劝他休息，建议他到医院检查，他总是笑笑说：“我没有时间。不要紧，过两天会好的。”

李老师的病情加重了，连上生化楼也十分吃力，不得不到医院检查了。从弋矶山医院转到上海，确诊为肺癌。一位肿瘤专家预言：“他最多只能活四十天！”

在去北京肿瘤研究所附属医院治疗的时候，李友才照例带了一大包书。他爱人关文英流着眼泪劝阻他：“你是去治病的，还是去工作的？”李友才解释说：“时间，对我来说，确实太宝贵了……”

在身患绝症、生命受到威胁的日子里，李友才想到的只有工作、加倍的工作！1981年3月16日，他在北京的医院里，给生物系党组织写了一封感人至深的信。他在信中坚强地表示：“我绝不做癌病的俘虏，更不会被癌病所吓倒。因为共产党人活一天，就应该为党工作一天！”

他是这样说的，也是这样做的。从北京回来后，他才休息了几天，就正式上班工作了。系领导没有安排他教学任务，一再说服他安心治病，但他始终坚持着科研活动。生化楼的阶梯上，经常可以看到他在吃力地攀登；实验室里，经常可以看到他瘦削的身影。教研室打扫卫生，他坚持参加，连实验室搬大橱，也和大伙儿一道动手抬。每逢政治学习，他准时参加，一边咳嗽，一边学习。三四月间，正是昆虫活跃时期，他急需带卵囊的蜘蛛标本，以进行科学研究。他的助手陈发扬每三天一次到野外采集，均未采到。四月十二日，李友才带陈发扬到离学校七八千米路的杨家门采集。当时，天气依然很冷，他下到稻田里，一边咳，一边蹲在那里寻找。每挪动一步，都要用手扶着膝盖。坚持了几个小时，终于找到了十几个带卵囊的蜘蛛，这才拖着疲乏的身体回到学校。

又是十多个四十天过去了，李友才生命的火炬奇迹地燃烧着。多少个不眠的深夜，他还在舍生忘死地拼命学习和工作，他不但撰写自己的科研论文，还经常为校外不断登门请教的同志们查阅资料、修改论文、解决难题。谁也无法统计，这些日子李老师到底干了多少工作。一天，助手陈发扬带领学生从黄山实习回来，去看望李友才。他问小陈："标本带回来了吗？马上拿来研究。"小陈看着重病在身的老师，不忍心交出标本，说丢在实验室里。其后，李友才一次一次地要，陈发扬却一次一次地拖。李友才着急了，他对陈发扬说："我的时间不多了，让我抓紧再把眼下的几个项目搞出点眉目吧。"小陈无可奈何，交出了标本，在心里默默地念道："李老师啊李老师，你忘我的工作精神，我真是一辈子也学不完啊！"

李友才去医院看病、打针，只要还能坚持就自己走到医院。大夫吃惊地说："你病成这个样子，怎么还能走啊！"医生要派车送他回家，他谢绝了。为了节省公家的几元钱，他忍着巨大的病痛，从来不向组织上开口。有时，他实在无法走动了，关文英瞒着他，要求学校派车送他上医院。事后，他一再批评患难与共的妻子："你怎么能这样麻烦组织啊！"他念念不忘地叮咛，要把汽油费如数地付给学校。

李友才的病越来越重了，可他想到的不是自己，而是别人，是党的工作。楼上的陈老师病了，李友才知道后，便拖着虚弱的身子艰难地攀上楼。陈老师不在家，他留下了一张条子，嘱咐陈老师安心养病。

李友才躺在弋矶山医院的病床上，脑子仍然像转动的机器一样休息不下来。不看书、不工作对于他来说，比病魔缠身还要痛苦。离开了课堂和实验室，他心里总好像缺少了什么。他向前去看望的同志热心地询问系里的课程、学生的实习、老师们的积极性……他像一支红烛，燃烧了自己，照亮了别人，让生命绽放出灿烂的光辉。

啊！李友才这种对共产主义事业始终不渝的信念及其指导下的实干精神，乃是我们这个伟大时代的无价瑰宝！

来源于1983年1月31日《安徽师大报》第78期

李友才(1929—1983),男,湖南省沅陵县人。安徽师范大学生物系副教授、动物学教研室主任,安徽省蒋筑英、罗健夫式的先进模范人物。1954年毕业于武汉华中师范学院生物系,又在华东师大无脊椎动物研究班学习两年后任教于合肥师范学院。1977年,将科研方向转入生物防治病虫害,承担了全省稻田害虫天敌资源调查研究工作,主要是进行蜘蛛的资源调查和种类鉴定。用五年时间采集标本,查清了我省稻田一百三十多种蜘蛛的种类和分布情况,并确定了几种优势种,因此获得有关部门的嘉奖。

朱彤先生琐忆

俞晓红

朱彤先生辞世，已届百日。初时的伤痛已渐淡去，而深心的忆念却从没有停止。

先生早年就学于北大，后至合肥师范学院执教。家运系于国运，先生和大多同龄士子一样，命运如汪洋中的小舟，颠簸不定。俟妻儿团聚，先生即全身心投入古典文学的舌耕笔耘之中；除每日早起活动、三餐茶饭外，便封自己在那间名之为“冰炉”的斗室内，爬梳钩沉浩瀚古籍。

先生旧学渊厚，曾借调北京参加艺研院新校本《红楼梦》注释部分的撰稿定稿工作，后又承担以李评本为底本的新校本《西游记》的大部分校勘注释部分工作。繁重教学之余，不时将感悟到的书中三昧敷衍成文。先生文章并不轻易拿出，而问世之作必为佳构。其考释文字或纠偏勘误，欲辨析前注之错讹，或阐精发微，实补苴时论之罅漏；而论析之篇则多辞章高妙，构想奇颖，征史原流，妙息入微，常令人拍案叫绝。《白首双星》一出，便以其凌云才思声动京华，名重红学一界。

先生奖掖后学，不辞烦劳。十多年来经先生扶持指点而有成就者不下20人。77级一位学兄，为论文经先生红笔圈点挖补者三，发表时坚持前署先生之名，先生不允。对一些学丰笔健、离校后为生活所迫而湎俗辍耕者，先生时以函至，勉励勤耘不废。或遇人生巨变，先生得知，必驰书抚慰悲情。又焦虑专业教师队伍后继难为之情状，为从基层调回77、78两届学生中教研能力出色者，多方奔走说项。凡身历者，莫不敬其为人。即资质愚钝如我者，亦受先生十余年关注；今日念及，不禁潸然泪下。

先生赴京治病，心犹系于学术，又遥念余等学况，时致函慰勉。去冬自京返芜，除药品衣物外，满满数箱全是在京期间所购书籍。今春先生文集付梓，虽已沉疴不起，仍费力亲阅书稿，审订再三。至生命最后阶段，病床之上犹不停谈论国是校事、治学计划，自信不久即能重返教研园地。如今书物依旧，而先生却离我而去。

回思十余年师生情谊，静读那些灌以生命激情与丰厚学力的文字，感触一个独立的思想者的灵魂，默想先生超越生命的精神，似乎获得诸多的启悟。

来源于1992年12月15日《安徽师大报》第248期

朱彤（1930—1992），男，辽宁省复县人。早年就读于吉林省，后考入北京大学中文系，毕业后先执教于合肥师范学院中文系，后转入安徽师范大学中文系，曾任古典文学教研室副主任、《红楼梦》研究室主任。著名红学家、中国红楼梦学会常务理事、《红楼梦学刊》编辑委员会委员。

美学教授王明居

吴申道

王明居教授1957年毕业于北京师大中文系，三十多年来，先后在哈尔滨师院、合肥师院、安徽师大从事文艺和美学教学工作。他说："只有究尽毕生精力去渴求美，人生才有价值。"

长期以来，先生在漫漫修远的学术征途上，披荆斩棘，上下求索，锐意向前。他一方面钻研朗吉弩斯、鲍姆嘉通、康德、歌德、黑格尔等西方美学大师的美学著作；另一方面，又系统地学习中国古典美学，并密切关注着国内美学发展的新动向。"爬罗剔抉，刮垢磨光"，潜入美学理论与实践的海洋。那时高校美学教学没有统一教材，先生结合自己的体会，扎根于前人的美学理论基础之上，自编讲稿，并于1985年付梓出版，取名为《通俗美学》。此书旁征博引，纵横捭阖，深入浅出，雅俗共赏，1987年在北京获全国优秀畅销书奖，1988年又获全国首届优秀教育图书二等奖并参加香港书展。

"板凳一坐十年冷"。思考十年悟出了一部专著《文学风格论》，又思考四年写成一部专著《唐诗风格美新探》，该书去年荣获安徽省首届高校优秀教材一等奖。著名作家王蒙在《一篇锦瑟解人难》一文中曾引用此书。先生精神矍铄，夜以继日，不懈地探求着美。

1987年夏季，他应邀到河北避暑山庄讲学，并观赏塞外风光。苍苍茫茫、烟波浩渺的朦胧美与混沌美渗透他的心房，瞬间仿佛受到天地的灵气感化，模糊美感心理空间场迅速形成。模糊美的精灵突然降临，打乱了他的生活节奏，把他搅得寝食不安，他一心想把模糊美的姿容、形态、性格用逻辑语言表述出来。于是，先生躲进小楼，静居心斋。伏身桌前，描绘四时风雨；窗前台灯，常至黎明不熄。一向嗜爱山水的他，写作时专心致志，几乎是"油瓶倒了也不扶"。1991、1992年《模糊美学》《模糊艺术论》两部专著共44万余字先后刊行，引起美学界的重视。1992年《模糊艺术论》获华东地区优秀教育图书一等奖，《人民日报》海外版"文萃"栏作了专门介绍。

先生除单独出版共达百万字的五本专著外，还在国家级与省级刊物发表文章百余篇。其中《诗风格谈》一文，被中华书局收入《诗文鉴赏方法二十讲》一书。此外，还与他人合作了《审美教育》《中小学美育浅谈》等专著。

巴尔扎克说："要永远渴求美。"先生无论是深研学术还是寻访名山大川，都将其铭之座右。

来源于1993年5月15日《安徽师大报》第257期

王明居（1930—2014），安徽天长人，安徽师范大学文学院教授，研究生导师，中国文艺理论学会理事，安徽省文学美学研究会会长。1957年毕业于北京师范大学中文系，受教于黎锦熙、黄药眠、钟敬文、刘盼遂、陆宗达、李长之、穆木天、启功等学术先辈，先后在哈尔滨师范学院、合肥师范学院、安徽师范大学中文系教授文艺学与美学。主要著作有：《通俗美学》《文学风格伦》《模糊艺术论》《模糊美学》《唐诗风格论》《唐代美学》《叩寂寞而求音——〈周易〉符号美学》《徽派建筑艺术》等。

忆王明居学长

刘元树

王明居学长是一位颇有建树的美学家，是安徽师范大学一位名副其实的老教授。去年九月下旬，他游美前夕，还来电相约合肥聚首。真是天有不测风云，三个月不到便溘然长逝了。作为与之相交几十年的老朋友，除甲午冬至那天心驰芜湖向遗体告别外，特从封存的记忆中搜寻出一些往事，作为永恒的怀念。

1958年，在“大跃进”的锣鼓声中，明居从哈尔滨，我从上海来到刚成立的合肥师范学院中文系教书。同在一个教研室，同住一栋楼，加以大家都是坦诚的人，相识后很快就熟悉起来了。第一次见面的情景，早已忘记。长期留在我脑海里并烙下深深印痕的，是他到校不久听我上课的一幕——偌大的教室挤满了青年学生，后排有一个年岁稍大的年轻人，身穿棉大衣，头戴皮毛做的苏联式红军帽，帽子两边护耳边沿的短缨未在头顶上系牢，护耳便张向两侧，不时悠悠地晃动……1959年7月，明居与赵光霞女士结婚。十年间，相继生下三个儿女。双方的母亲都是家庭妇女，便同来合肥随儿女生活。三代六七口人，睡在两间20多平方米的卧室里，虽然拥挤不堪，倒也甜蜜温馨。而经济的困窘，却让明居夫妇伤透了脑筋。明居初来合肥时，月薪53元，后调为59元；光霞30元，后增为35元。每月不到百元的工资，要养活六七口人，一人一天平均不到5毛钱。当时的物价虽低，但不到5毛钱要解决一人一天的全部费用，实在是要省吃俭用、周密筹划、精打细算才行。我记得当年系里组织过一次远足参观学习的政治活动，参加者要交两毛钱就地午餐。明居没有多余的钱支付，便自带干粮充饥，所谓“干粮”，不过是硬邦邦的米饭团而已。

明居对自己如此节俭，对朋友却慷慨大方。这里，我讲一件刻骨铭心的往事。

事情发生在20世纪60年代共和国历史上著名的“自然灾害”时期。那年头，黄豆是高档营养品，只有住院的浮肿病人等少数人才能凭票券买到一点；至于肉食更是奇缺，除“高干”外，一般老百姓不知肉味，何止三月！而明居从老家皖东天长带来一点黄豆与咸肉，经夫人烹调后，竟端了一碗到我家来。在那么困难的年代，送来这样珍贵的食品，简直使我承受不起。

1969年，“文化大革命”进入“斗、批、改”阶段，合肥师范学院在“斗、批”之后停办了，校址让给北京南迁的中国科技大学。明居夫妇随中文系合并到芜湖皖南大学即随后更名的安徽师范大学。我则下放到肥东县梁园公社插队落户，“接受贫下中农再教育”。

后来得知，明居去芜湖后，又添了一个孩子，同去的母亲60开外，又患关节炎和心脏病，儿女逐渐长大，有的已上高中或大学。工资的增加远不如支出的增加，生活困窘日甚一日，被芜湖市政府列为全师大最困难户。校办一位姓杜的主任通知明居，要他记下每天的开支，上交市人事部门审核属实后，每年可给20元的生活补助费，明居拒绝了。

1974年，我从农村上调安徽师大，即去校内池塘边的“红楼”拜访他，室内一切都显得很破旧。在卫生间里，我发现一个吊挂着的玻璃丝网兜内，装的全是剪成小块的废报纸和油印的旧讲义，代手纸用。可见明居的经济情况，实在拮据。

即使这样，明居依旧慷慨大方。中文系资料室资料员霍养信同志，做事一丝不苟，对人一视同仁，刚正不阿，默默奉献。可惜因贫病交加，不到50岁就去世了。噩耗传出，全系同仁为之悲叹。一位好心人牵头为他的家属募捐，明居欣然解囊，捐出10元。在那时，10元钱可是明居个人半个月的生活费用，也等于芜湖市政府给师大最困难户半年的生活补助。

“文革”初期，明居被划入“革命群众”范围，他自然紧跟部署，积极投入批判斗争。谁料到芜湖后，一夜之间，竟成了“现行反革命”，局外人真难以置信。

事情的原委是这样的：明居到芜湖不久，就遇上了“一打三反”运动。“一打”就是“打击现行反革命”。决策者的心目中是否有具体对象，老百姓当然不得而知。但有些单位在贯彻这一“伟大的战略部署”时，总是调动一切感应器官，捕风捉影，首先对“伟大领袖”和“他的亲密战友”的反对者、污蔑者以及非议者开刀。

原合肥师院教师王多治（即诗人治芳），消息灵通，心直口快，听到这方面的言论，便透露给二三同事。“一打三反”开展后，被知情者揭发，便被暂定为“现行反革命”，从下放地淮北利辛押回学校具体交代。一天，明居与之相遇，安慰他说：“我看你不是反革命，有错误，交代、检讨就是了。”这话被一旁的一老左听见，便向上级报告，明居就成了“一打”的对象。

在工宣队的授意下，由系某领导出面，为明居举办毛泽东思想专题学习班。学习班以红得发紫的人为头目，以“左视眼”为骨干，以明居为靶子，外加一些知情人组成。“学习”时，总是先念几段“最高指示”，然后表演三部曲：交代、揭发、批判。天天如此。

学习班的策划者为了达到主观设计的效果，不准明居与外界接触，家人探望也属于“不准”之列。三餐由监视者送饭，连上厕所也有人跟随。时值盛夏，炎热难当，汗流浃背时，只能打开水龙头接些水擦擦身体。

为了“推动”学习，领导者一方面组织“革命群众”写大字报，一方面召开大会揭发、批判。揭发的内容就是前面提到的那么一点，而批判的高度却骇人听闻：向敌人通风报信，就是内奸、叛徒；内奸、叛徒就是破坏运动的绊脚石；包庇现行反革命就是现行的反革命……如此折磨，长达半月之久。结果，那位心直口快的老师，构不成现行反革命罪，也谈不上多大错误，没有受到任何处分，连口头批评也没有。明居的种种罪名，自然也就是无稽之谈。一场轰轰烈烈的闹剧也就呜呼哀哉了。

明居的学术研究是从鲁迅起步的。20世纪70年代到芜湖之后，才转向美学。那时，他承受着一般人难以承受的政治压力和经济压力，锲而不舍，苦干十年，终于完成了《通俗美学》这本脍炙人口的大著。而出版却在完稿五年之后了。出版时，明居的职称还是讲师。

《通俗美学》荣获全国优秀畅销书奖、全国首届优秀教育图书奖，连同修订本在内，累计印数四万余册。正是：艰难困苦，玉汝于成。

《通俗美学》的获奖与畅销，给明居带来巨大的喜悦，经济状况也开始有所好转。他乘势前进，奋力拼搏，之后的五年内，又先后出版了《唐诗风格美新探》《文学风格论》《模糊美学》《模糊艺术论》四本专著。

这些著作引起了学术界的普遍关注，《模糊美学》尤得好评。其开拓精神与奠基意义，甚为专家们所称许。周长才先生说：“由于模糊美学可以解释20世纪西方现代派艺术中前人无法解释的东西，所以它必然具有世界意义……到目前为止，我认为对模糊美学贡献最大的是王明居先生。”（《模糊美学在中国》,《外国文学研究》1996年第一期)季羡林先生说模糊美学与比较文学“有紧密相连的关系”,谈比较文学而不顾模糊美学,“那是绝对行不通的”。他接着说:“我对模糊美学,并无精湛研究,外国著作一本还没有读过。我现在正在读王明居教授的《模糊美学》,觉得颇有收获。”(见季羡林为高等教育出版社出版的陈淳等主编的《比较文学》所写的序言)

明居是个淡泊名利的人,但还没有到心如枯井的地步。1989年,他赴蓉参加学术讨论会,当时我已经调西南民院任教并主持汉语文系工作,便请他给全系师生作一次美学讲座。在商量怎么介绍主讲人时,我才知道他仍是副教授职称,颇感不公,他也流露出一些情绪。难能可贵的是,他不怨天,不尤人,不用歪门邪道的手段来讨好评委们,而是勤奋再勤奋,拼搏再拼搏,最终以优异的成果无可争议地征服了评议者。

1991年12月中旬,我在成都接到明居从芜湖打来的电话,说他刚被批准为教授,评议时全票通过。他很强调“全票通过”,言语中流露出许多欣慰。我无话可说,只“啊、啊”两声。因为副教授、教授对于他来说,都来得太迟了。

明居出生于1930年,晋升教授时年逾花甲。所以人们诙谐地说,他刚评上教授,就是老教授了。

“老教授”精神不老。晋升教授后,他仍以美学为研究中心,纵横开拓,锐意创新,发表了35篇论文,完成了6本专著,其中《唐代美学》《徽派建筑艺术》《叩寂寞而求音》《先秦儒道美学》已先后出版。《王明居美学文选》《徽派建筑风韵》以及“自传”正在印制中。总其成的《王明居文集》不日即可出齐。这是多么骄人的成绩!

这成绩不是句号。明居是个闲不住的人,茫茫太空有美景无限。他准会继续寻找美、欣赏美、研究美,不断写出关于太空美的新篇章。

来源于2015年3月31日《安徽师大报》第553期

文章不著一字空

——记中文系古代文论教授梅运生

吴申道

风格即人。梅老师，朴实，真诚，与他论著中体现出来的踏实认真的学风协调一致。他的论著《钟嵘和诗品》探源析流，穷究诗理。该书1982年由上海古籍出版社出版，填补了国内钟嵘诗品研究领域的空白。1986年荣获安徽省社科联合会优秀学术成果二等奖，1991年，中国台湾国文天地出版社将其收进中国古典文学基本知识丛书，向海外发行。

梅老师治学谨严。"板凳要坐十年冷，文章不著一字空"，是他朴素的治学名言。他从不将自己一知半解的东西敷衍成篇；总是深研原著，神思方运万途竞萌时，才妙众悟而成言。9年前，学术界对钟嵘的身世及其《诗品》品第之间关系莫衷一是，聚讼纷如。梅老师也为之所困，夜难成眠。他大量检阅《齐书》《梁书》《南史》等，"收百世之阙文，探千载之遗韵"，爬梳钩沉。数月后，一篇万余字论文颖然脱出，被学术界誉为"力作"。

在具体的学术领域里，"我着重解决当前未曾解决的疑难。"这点他决不含糊。为此，他十分感激复旦大学的师友们。早年在复旦进修时，导师朱东润先生厚积薄发，严谨刻苦的治学风尚深深地熏陶着他，朱先生多次谆谆告诫："做学问要像开矿采铜一样，从最深处发掘第一手材料，不要去炒'冷饭'"。这些话对他一生都产生了影响。朱先生在主编《中国历代文学作品选》时，把编选古小说的重任托付给当时年仅20来岁的梅运生，并对他刻苦的自学、认真的工作给予很高的评价。数十春秋已度，每每及此，梅老师怀念之情溢于言表。

社会科学不同于自然科学，它需要在文史哲等极为广博的学识基础上提出己见，尤其要对前贤研究成果细加辨析，才能驳申自如。十多年来，梅老师埋头于古人卷帙浩繁的诗论辞话之中，将炯炯目光投向前人留有阙疑和今人研究未到之处，他决意要留给后人一份真正的礼物。"给后人以启发，利于进一步开拓。”他发表了高水平高质量论文20余篇，出了两本专著，除前所说《钟嵘和诗品》外，还有《中国历代词论专著提要》，论著《中国诗歌理论批评史》即将付梓。后两者属于国家教委“七五”重点科研项目。

来源于1993年6月20日《安徽师大报》第259期

梅运生（1932—2016），男，安徽贵池人，安徽师范大学文学院教授、硕士生导师、当代知名古文论专家。梅运生教授1957年夏毕业于安徽师范学院中文系，同年8月留校任教，1959—1962在复旦大学中文系进修，1962—1969年在合肥师范学院中文系任教，1975年任职于安徽师范大学，1978年晋升讲师，1986年晋升副教授，1991年晋升教授，1998年退休。参与撰写的《中国词论曲论专著提要》为国家教委“七五”重点科研项目成果，《中国诗论史》为国家教委“八五”重点科研项目成果和国家“十一五”重点图书出版规划项目成果，2007年获首届“三个一百”原创图书奖。

赭山松柏傲风霜

——记历史与社会学院教授管敬绪

范茂礼

美丽的安徽师范大学坐落于赭山南麓，镜湖北滨。进入校门，映入人们眼帘的是挺拔剑宇的参天松柏,森林蔽日，绿韵播馨。众多古树名木拱卫着幢幢楼房，宁静和谐。到处鸟语花香，沁人肺脾，动人心魄。山顶上的天籁之音悠扬悦耳，飘漾远方。徜徉林间小道，仿佛置身于现代桃花源，更似陶醉于人间仙境。

这时，有位年近九旬的老寿星像屈原似的若有所思。他举头远眺蓝天，沉默不语，突然间，灵感“仙子”迫使他回家。他奋笔疾书，紧紧抓住灵感“仙子的脉搏”，完善原先著作的思维结晶，于是一篇优秀论文终于“脱胎分娩”了。

这位老寿星就是中国当代著名历史学家与教育家，现任安师大历史与社会学院教授管敬绪先生。管先生从事高教工作60多年来，坚持教书育人，兼科研攻关，他数十年如一日，在教学科研中筚路蓝缕，披荆斩棘，开拓创新，韧搏前进。他夙兴夜寐，废寝忘食，默默耕耘，无私奉献；他理论思维，硕果结晶，精品力作，熠辉日月。为发展和繁荣中华现代文化添砖加瓦，为人类文明的理论宝库丰腴养料，他是名副其实的“实干家”，更是杰出的精神产品的“种粮大户”。

管先生一贯淡泊名利，宁静致远。他的艰辛劳动和创造性理论思维，受到党和人民的高度赞誉与表彰，这绝不是偶然的。管先生是兼“经师”与“人师、学者与专家”于一身，不论教学或科研，他都十分重视人才梯队建设，发挥团队的集体作用，朝着共同目标前进。在教学中因材施教，表扬先进，激励后进；在科研中带头挑重担，攻坚克难，不畏“啃酸果”，勇攀教科珠峰，甘作人梯与铺路石，乐作拓荒先锋。同时，将科研大项目中的子项目分解给年轻人承担，给他们点“压力”，在实践中锻炼他们成才，不断壮大“诸葛”团队，并发挥“诸葛”团队在教学科研中的中坚作用。如完成国家重大社科项目——《世界近代史大词典》。他和师生相处和睦，诚实相待，平易近人，相互信赖，情同手足；他和莘莘学子打成一片，用心交朋友，以情感人，以德服人，和谐教养，教学相长，身心愉悦。

他是实事求是、爱岗敬业的劳动模范，终生追求并坚持真理，一身正气，两袖清风，忠诚笃志，以身许国，廉洁奉公，乐于奉献。他“不唯书，不唯上，只唯实”，在学生中提倡“站在书本上读书”，要求学生理论联系实际，反对被书本牵着鼻子走、“读死书”或“死读书”。坚持以学生为本，虚心向学生学习长处，真诚提携年轻教师中的俊彦，反对“职评”工作中的论资排辈现象，使优秀人才脱颖而出。

管先生不论身处顺境或逆境，矢志不渝，孜孜以求。“文革”浩劫，他受到“冲击”，但仍学习鲁迅先生那种刚直不阿与韧博奋斗精神，坚持真理，伸张正义。坚决反对与抵制“李白”打“杜甫”等乱象，挺身而出为同仁（所谓“反动学术权威”）辩诬；为学生“导航”——关心他们的身心健康，注重思想道德品质教育。他“任凭风浪起，稳坐钓鱼台”，坚持搞五湖四海，反对帮派山头。笃志马列，排除干扰，“躲进小楼成一统”，在完成教学工作任务外，仍坚持读书写作，笔耕不辍，不断增强文化知识的积累，期冀厚积薄发。

党的十一届三中全会犹如春雷动地，管先生得到了“二次解放”。从此，他更加焕发了青春，全身心地投入到教学与科研工作中去，出色地完成了各项教研任务，成绩斐然，众口皆碑。他不仅晋升为教授，而且光荣地加入了中国共产党。他认为，晋职入党，不仅是荣誉，更是神圣使命、职责担当。唯有只争朝夕，恪尽职守，勤奋工作，多作贡献，才能报答党恩，不愧职称。

在教学科研中，他不分昼夜，呕心沥血，殚精竭虑，皓首穷经。除了超时高质完成教学任务外，还出色地完成了科研任务20多项。《世界近代史大词典》的面世，不仅受到全国教育界和广大师生的称赞好评，而且还得到了科学泰斗周谷城与钱学森的首肯推崇。在日常教学中，管先生将辩证唯物主义与历史唯物主义贯穿始终，教育引导学生坚持用马列主义毛泽东思想和邓小平理论的立场观点和方法分析问题，解决问题。同时他还倡导学生博览群书，一专博能，要多学并掌握文学、哲学以及其他学科的基本常识，注重理论联系实际，增强分析综合、解决实际问题的能力。其实，先生自己就是这方面的典范，“读万卷书，行万里路”，遨游书海，勤攻书山，其理论火炬点燃了莘莘学子的心海，深邃精辟，如雷贯耳，哲思缥缈，催人奋进。

教书育人 堪称师范

教学中管先生把爱和情贯穿始终，爱折射着太阳的光芒，情拂煦着春风的温暖。他把爱的阳光撒入每个学子的心田，让情的春风温暖每个学子的身心，这不仅体现在先生的师德师风、人格魅力、“术业专攻”以及“三立”（立功、立德、立言）实践上，而且体现在对学生的思想道德品质教育、世界观、人生观及价值观教育上，更体现在落实对学生的全面素质教育等方方面面。他的教案像蜜蜂“酿蜜”，博采众长，常教常新，精益求精。如果给学生“一碗水”，他往往准备了“一桶水”，为了写好一堂课教案，连续日夜翻阅几十本书刊资料。课前调查，课中提问，课后辅导，层层紧扣，教学互动，教学相长。先生坚持“快乐”教学法，形成和谐师生关系。改变学生“要我学”为“我要学”，端正学生态度，树立良好学风，师生心有灵犀。他特别注重发挥老师与学生的两个“积极性”，将老师教与学生学的积极性发挥到极致，尤其注重发挥学生的主观能动性与创造性，提倡并践行“师教生，生教师，学生互教”，教学相长，比翼齐飞。

宁静致远，淡泊明志，是管先生终生践行的座右铭。他的人生轨迹见证了他像孺牛似的“吃的是草，挤出的是奶和血”，奉献给祖国教育事业与人类文明宝库。他一贯远离教师的“通病”——即喜欢“好学生”，厌恶“差学生”，他对待所有学生都像对待自己孩子一样，不分亲疏，一视同仁，对他们既不“拔苗助长”，也不歧视抛弃。尤其对“差生”，不是将“婴儿与洗澡水”一起倒掉，而是倾注更多的精力与关爱，善于发现他们身上的“闪光点”，予以及时表扬鞭策。他牺牲大量休息时间，利用课余给“差生”补课，“开小灶加餐”，鼓励他们战胜困难，战胜自我，坚定信心，勇敢跟进。对“好生”不“娇惯”，不“放纵”，高标准，严要求，鞭策他们“更上一层楼”。对于经济或生活上有困难的学生，先生总是慷慨解囊，“雪中送炭”，济困翊学，解燃眉之急。这种鱼水般深情，使受助者终生难忘，即使毕业离校的学生，有人也经常受到先生春天般温暖阳光的“照耀”。虽然也有人“捕鱼忘筌”，但绝大多数校友重情重义，不忘母校老师的谆谆教诲。

20世纪70年代初，正值不惑之年的管敬绪先生即使连续“夜差”，一上课堂，他即精神抖擞，精辟哲论，令人肃然起敬。他那气宇轩昂、浩然正气的大儒形象，在广大学员们的心海中镌下了不可磨灭的印象。至今，我们仍然记忆犹新，没齿难忘。

据悉,虽然天各一方,依然有许多学生与管先生"藕断丝连",关系密切,或鸿雁传书,或电话慰问,或登门拜访。每闻有人取得一点成就时,他总是致信贺勉。愚生近40多年来出版了《绿色情韵》《元帅史诗:彭德怀传》等6部诗集。当管先生收到上述2本拙著后,即写了回信(含精炼精辟的书评)给我,令我感激涕零,受到极大鼓舞鞭策。因为诗难,创作伟人传记的史诗更难。原想休闲轻松,颐养天年,未料,恩师的示拨鞭励,令我韧博奋进,增强了"伏虎"的信念。时光流逝四五年后,我又创作了一本长篇《元帅史诗:朱德传》,管先生收到了此本拙作后,再次写了热情洋溢的惠函(含书评),令我万分感动,心灵震撼,夜不能寐,思绪万千……如何"知恩图报"呢?我将教育我的子孙永志不忘朱毛泽东红军的丰功伟绩,定将长征精神世代薪火相传;同样,我将永远铭记管先生及所有教过我的老师们的海恩硕德,生命不息,笔耕不止。

教学相长 蚕烛精神

管先生在教学中将毛泽东"两论"(即《矛盾论》《实践论》)中的主要观点贯彻始终,并给学子作辅导报告。教导他们树立正确的世界观、人生观和价值观;帮助他们坚定理想信念,把握人生航向,走好人生正路;要求他们在掌握基础知识的前提下,学会抓重点(即抓"牛鼻子"),重点抓,亦即抓主要矛盾和矛盾的主要方面,使一些难题得到迎刃而解,从而避免了"胡子眉毛一把抓",甚至"抓芝麻丢西瓜"的现象。在课堂上或课外活动中,他主动与学生交流互动,既当先生,又当学生,认真从学生身上学习长处,欢迎学生对老师的教学内容进行评议,虚心听取批评意见,修改完善讲稿,补充学生的真知灼见。尤其支持"优生"认真备课,鼓励他们大胆上课堂讲课,在实际教学中不断增长才干。为了对"差生"开小灶补课,管先生牺牲了大量的休息时间,千方百计地帮助他们学好每门功课,有时被迫暂时停下自己手中的"活计",花大量心血和精力辅导"差生",鞭励他们坚定学习信心,注意学习方法,"笨鸟"先飞,奋起直追。

20世纪70年代初,我国实行推荐工农兵上大学。当时,绝大多数学员思想政治激情高,但文化水平普遍偏低——初中生占大多数,小学生也不乏其人,而高中生寥寥无几,属"鹤立鸡群",出类拔萃。由于文化水平参差不齐,老师授课难度之大可想而知,常有"对牛弹琴"之艰。在学员中,有人如饥似渴,发愤读书;有人自卑颓唐,悲观失望;更有人厌学,甚觉前途渺茫……凡此种种,不胜枚举。在课堂上,教师教学花了"九牛二虎之力""满堂灌”。可是，学员有人“吃不饱”，也有人“吃不了”；有人了解“皮毛”，也有人“一鳞半爪”；有人一知半解，也有人囫囵吞枣……授课教师“吃力不讨好”，劳累得精疲力竭，昼夜苦恼找不到“灵丹妙药”。

尽管如此，管先生和本系其他绝大多数任课教师仍然毫无偏见，毫不气馁，满腔热情，倾注大爱。首先，从做思想政治工作入手，并将其贯穿到教学始终。其次，动员党员学员积极参与思政工作，充分发挥先锋模范作用。针对学员中党团员较多以及绝大多数学员受极左路线影响，管先生结合课程内容，专门作了学习《论权威》与《共产党宣言》的辅导报告，使许多学员增强了党性，增强了法纪观念。给学员讲清“工农兵上大学”是政策使然，学员自身“无错”，要“既来之，则安之”，要端正学习态度，坚定学习信心，克服畏难情绪，战胜和走出自我，努力学好各门功课，毕业后更好地为人民服务。他苦口婆心，肺腑之言，有的放矢，谆谆教诲，犹如春风化雨滋润广大学员们的“荒漠”心田。精诚所至，金石为开。有许多人坚定了自信心，扬起了理想的风帆，增强了前进的动力。

而在教学中，管先生知难而进，迎难而上，竭尽全力，勇扛大鼎，独自承担《世界近代史》等8门功课教学，在当时乃至现在，也实属罕见。他呕心沥血，任劳任怨，韧搏耕耘，无私奉献，认真写好每堂课的教案，废寝忘食，夜以继日，加班加点，司空见惯。他经常给学员们补课“开小灶”，帮助他们扫清“拦路虎”，为他们释疑解难，举一反三，直至弄懂弄通为止。在管先生及其他老师精心培育下，毕业后有的昔日“害群之马”奏出了“新拉兹”之歌，有的“铁杵磨成针”，还有的“木秀于林”，其中不乏“凤毛麟角”类社会精英……

教学之余，他还承担了大量科研项目。对自己的论文和著作，不是“养在深闺人未识”，而是奉献给社会和人类宝库；不是“孤芳自赏”，而是给莘莘学子“共同分享”。对在校生和离校生一视同仁，一往情深地关心他们成长进步与身心健康，我毕业离校至今已40多年之久，曾寄两本拙作及数首拙诗给管先生，他回赠寄两本鸿篇巨著《世界近代史》《世界近代史大词典》及数篇已见刊的优秀学术论文。“投之以木桃，报之以琼瑶”，恩师的厚爱，使我坚定了坚持终身学习与创作的毅念。

桑榆晚霞 烈士壮心

20世纪九十年代初，管先生光荣退休，实际上退而不休，他被延聘，教学与科研任务依然繁重，都出色地完成了任务。他学习中国伟大思想家、教育家孔子的“周游列国”，奔波各地，把教学从课堂延伸到社会，延伸到绿色军营，远游讲学达20多次。

十几年来，管先生受邀先后到安徽大学、安徽财经大学等高校、中国人民解放军驻皖部队及有关军事院校讲课，从近代研究讲到当代研究，从国内研究讲到国际研究，课题涉及领域较为丰富广泛，引起强烈反响，获得一致好评。认为管先生的报告“开阔了视野，启迪了思维”，还有的院校及有关单位将管先生的讲课报告内容进行全程录音录像，在本单位重新播放，进一步加深理解。

讲学之余，管先生仍笔耕不辍，先后在国家级重要刊物上发表10余篇优秀论文，堪称“宝刀不老”，老当益壮，老有所为，老有所乐。每天，他仍坚持散步锻炼身体。还坚持看书读报，偶有心得体会，捕获灵感，即奋笔疾书。

纵观管敬绪先生数十年教学科研生涯，闪光的人生足迹清晰可见。他付出了无数的艰辛劳动与汗水，他在平凡的岗位上做出了不凡的业绩，受到了党和国家与人民的表扬和赞誉，更受到了广大师生的衷心爱戴与诚挚钦佩。

如今，管敬绪先生已是两鬓斑白的耄耋老人。寒冬腊月，在安师大校园，人们偶尔见到他拥抱旭日的背影。他漫步在松柏林立的崎岖小道上，依然神情凝重地若有所思。其实，管先生就是一棵甘于寂寞、坚贞不渝的“参天松柏”。夕阳红缱绻韶华，矢志忠诚地鼎翊，他永葆松柏样青春。但愿管先生笑对人生，颐养天年，豁达乐天，松鹤寿仙，这是笔者和众多“桃李”们的衷心夙愿。

来源于2015年4月30日《安徽师大报》第554期

管敬绪（1930—）男，安徽南陵人，1953年毕业于国立安徽大学（安徽师范大学前身）历史系，现为安徽师范大学历史系教授，香港国际教育交流中心研究员。曾历任安徽省社会科学联合委员会委员，中国世界近代史研究会理事、常务理事、副秘书长、副理事长、学术委员。牵头主编部颁《世界近代史教学大纲》，主编高等院校文科教材及其参考资料7部，荣获1978—1985年安徽省社会科学优秀成果奖。

一腔热血勤珍重　洒去犹能化碧涛

——张海鹏先生倾心徽学研究二三事

李琳琦

张海鹏，1931年7月出生于安徽省枞阳县，安徽师范大学教授，曾先后担任历史系主任、副校长、校长，兼任安徽省社会科学界联合会副主席、安徽省历史学会会长、中国明史学会副会长、中国商业史学会副会长、中国历史学会理事，2000年9月因病辞世。其主编的代表性著作有《明清徽商资料选编》《徽商研究》《中国十大商帮》《安徽文化史》《中国历史大事典》《当代社会科学大词典》等，他的代表性论文收录在《求实集》中。

今年是张海鹏先生82周年诞辰，也是先生创立和领导的安徽师范大学的学术团队开展徽商和徽学研究30周年。先生虽然离开我们十余年了，但先生的音容笑貌依然真切、先生的谆谆教诲仍在耳际，对先生思念之情随时间的推移反而更为浓烈。徽商和徽学研究，是先生倾注后半生全部热情所从事的学术事业，学界誉其“采文华章，徽商研究独步海内外”，“开创徽学研究领域，具奠基之功”。先生是在桐城文化熏陶下成长的，但其后半生却把徽州文化的研究作为自己的学术追求，而且矢志不渝。原因何在？下而记述的几件事情，不仅可以窥其原因之一斑，而且可以使我们更深切地感受到先生的学术担当、治学态度和学术品格。

（一）“作为中国学者，我们不能甘心徽商在中国，徽商研究在国外的现实，于是我们决心发愤研究徽商”。

这是先生20世纪80年代初决定组建团队研究徽商的最初动因。1998年是安徽师范大学建校70周年，学校决定编印《建校七十周年论文集》作为“建校七十周年庆典的一份献礼”。先生收到了约稿通知。年初我从华东师范大学攻读博士学位回安徽师范大学度寒假，先生电话召我到他家中进行了一次长谈。先生说了约稿事，并对我说他初步拟定的题目就叫《徽商研究十五年》，因为“我们从1983年起着手研究徽商，迄今在这一领域已整整耕耘了15年……徽商这一课题，我们并不是开拓者，但为了在前人研究的基础上有所突破、有所提高，并在国内外产生一定的影响，我们倾注了不少的心血。回顾15年的研究历程，虽然欣慰良多，但遗憾之处亦不少。值校庆70周年之际，将我们研究的这一课题进行一次总结，既是向校庆的献礼，亦是对未来更深入地研究，进一步秣马厉兵。我们也想通过这一总结，让学校和学术界了解我们的研究状况，从而继续关心、支持我们，以期取得更加满意的成果。”继之，先生又告诉我，这篇文章应该分三个层次来写：首先要讲讲我们为什么要研究徽商，其次要梳理一下我们是如何研究徽商的，最后要谈谈我们已取得的成果和下一步研究计划。先生希望我能按照这一提纲先写个初稿，然后他再来修改。这就是《安徽师范大学建校七十周年论文集》（A辑）中《徽商研究十五年》的由来。

在谈到当时为什么下决心要组建团队研究徽商时，先生回忆说，十一届三中全会后，中国开始实行改革开放的政策，中国与国外的学术交流逐渐增多，日本、美国、荷兰等国的一些研究徽商的学者陆续来到中国，一方面是想和中国大陆的学者进行交流，另一方面是想亲自去看看徽商的故里徽州。他们来中国的第一站是到中国社会科学院历史研究所，但历史研究所那时尚无人研究徽商，于是往往指引这些国外学者去安徽师范大学，说那里可能有学者在研究。先生对我说，他们在接待这些国外学者时，也是一派茫然，因为我们也没人研究徽商、没人知道徽商到底是怎么回事啊！先生说，这种接待不止一次，我们感到尴尬，因为我们安徽是徽商的故里，国外的学者在研究它，而我们作为安徽的学者却对此一无所知。于是，我们开始反思，开始去查阅一些徽商的文献，最后在20世纪80年代初我们下决心要组建一个团队来研究它。

正因为如此，在《徽商研究十五年》里，写了这样一段话：“促使我们研究徽商的原因之三，是学术竞争的需要，是出于民族自尊使然。从本世纪（注：指20世纪）40年代起，我国著名历史学家傅衣凌先生发表《明代徽商考》一文之后，徽商研究这一崭新的领域即引起了国外学者的广泛重视。50年代，日本学者藤井宏博士发表了《新安商人的研究》，在学术界产生了很大影响，被誉为是徽商研究领域中分量最重、最具权威之作，而当时国内研究徽商的成果远不及他。而对这种情况，作为中国学者，我们不能甘心徽商在中国，徽商研究在国外的现实，于是我们决心发愤研究徽商。况且，我校所在地芜湖，与徽商的故里相距咫尺，研究这一课题，可得‘天时、地利、人和’之便。”也正如先生在最后定稿时跟我说的，这“原因之三”才是当时他们决定组建团队研究徽商的最初动因，至于“原因之一”徽商研究的学术价值和“原因之二”徽商研究的现实意义，都是在后来的研究过程中逐渐体会出来的。由此可见，先生作为一个学者的学术担当。

（二）“在（徽商）研究过程中，我们也是发挥个人作用与集体智慧相结合的优势，目标是超越、创新、开拓”。

这是先生在《徽商研究十五年》中的一句话。接下来，先生又写道：“在徽商研究中，已有国内外学者垦辟在前，所以起点甚高。我们的研究重点，应当首先是别人未曾涉及的领域，或者是深入探讨的问题，或者是商榷他人的结论，这其中的难度是可想而知的。然而我们没有退缩，我们将集体智慧与个人的主观能动性结合起来，个人每想出一个重要的问题，即召集研究中心的同仁坐在一起讨论，相互切磋，各表己见，这样的座谈，常常使大家茅塞顿开，获得满意的见识；我们在研究过程中，注意抓一些重点、难点和重要的，而这样，又使我们的研究趋于系统化、体系化，使研究成果能分之成篇，合之成册。”先生领导的团队的确是这样做的。

1991年，先生主持申报的徽商研究项目被批准为中华基金研究项目，这也是国内徽商和徽学研究领域第一个被立项的国家社科基金项目。次年，安徽人民出版社又将《徽商研究》成功申报为“八五”国家重点出版图书。为了把这两个国家级项目做好，先生组织团队成员进行了多次的集体研讨、沟通、商榷，我手头上还保存有先生主持的团队集体研讨的8次会议记录，时间分别是：1992年1月20日上午、1992年9月15日上午、1993年1月12日上午、1993年10月3日晚、1994年2月6日晚、1994年9月1日上午、1994年9月28日上午、1994年11月19日晚；至于团队成员之间的个别讨论，以及先生对团队成员的个别指导更是不知凡几了。在整个徽商研究的过程中，先生作为带头人，真正是将“个人作用与集体智慧相结合的优势”落到了实处。

从保存的会议记录中，我们还能深切地感受到先生的超越意识、创新意识、开拓意识，以及严谨的治学态度。

在全体团队成员参加的第一次会议上，先生就如何来写《徽商研究》一书谈了自己的整体想法，这就是“不求全，而求新；不求宽，而求深”。先生解释说：所谓“不求全”“不求宽”，就是有所为、有所不为，要有问题意识，要去研究一个一个的问题，应该着重体现“横”（即问题）的方面，而“纵”（即时间脉络）则隐于其中；所谓“求新”“求深”，就是要收集新材料，列出新问题，写出新观点，而且写出的东西要有深度。在第二次讨论大纲的会议上，先生再次强调了“创新”的问题，并指出：“创新要与科学性一致起来，创新要建立在科学性的基础之上。”在第五次会议上，先生又一次重点谈了“创新”“开拓”和“特色”的问题，要求：“每个人首先要考虑一下自己写的有没有一点特色、有没有一些突破，这一点在拟题目和拟提纲的时候就应该有所反映，拟的题目应该有新意、拟些人家没有写过的题目，拟的提纲应该有新论点；其次，所写文章不能只摆事实，更要讲道理，要有些适当的‘辨’‘考’，还要提到一定的理论高度进行分析；第三，在写作的时候要注意上引下联，也就是说不光写明清的，明清以前和明清以后的，如果有必要的话要联系起来考虑；第四，不能仅就徽商论徽商，要把徽商放到全国的大背景中进行分析，还要和其他商帮进行一些比较。”最后先生又充满信心地总结道：“如果我们能发掘一些新材料，把视野再开阔些，在理论上再提高些，这本书一定能写出些特色来。”先生不仅为《徽商研究》的框架结构、指导思想、目标任务进行整体设计，还就许多具体问题提出了真知灼见。会议记录显示，在讨论徽州典商时，先生认为“写徽州的典当业应该把它放到明清金融业的发展历程来思考”；在讨论徽商资本出路时，先生认为“对徽商投资土地要作层次的分析，从现有的材料看，徽州的大贾如盐商投资土地不多，而中小商人投资土地要多些，大盐商买土地的材料少，因为他们志不在此”；在讨论徽商封建化时，先生认为“在写徽商封建化时，一定要与同时代的西方商人进行比较，重点要放在社会条件的分析上，事实少摆、道理多说”；在讨论到徽商与封建文化时，先生认为“封建文化促使徽商的兴起和发展，但在社会转型期徽商的衰落可能也与封建文化有关，因为徽商所背的程朱理学的包袱太重，知识和思想不能更新”；在讨论到徽商的消费心理和消费行为时，先生认为“写徽商的消费心理和消费行为，应该运用心理学的知识来分析，如徽商的奢侈性消费既是一种自卑心理的反映，同时还有自矜心理的作用”，等等。

正因为如此，对明清徽商这个复杂的历史现象，成书的《徽商研究》“不是对徽商的历史及其所涉及的方方面面都加以全面论述”，而是就“诸如徽州商帮形成于何时？在其发展过程中经历了哪几个阶段？徽商资本是如何积累的？徽州商帮的主要特色是什么？如何看待徽州人的‘儒贾观’？如何区别徽州盐商从事生产、城建、文化方面的积极活动与奢侈性消费？如何看待徽州商业资本与封建地权的关系？怎样认识徽商是徽州文化的‘酵母’？如何看待徽商衰落与咸同兵燹的关系？如何分阶段地具体分析徽商的衰落？等等”“几个主要问题作些研究和探索，藉以提出我们的看法，并在占有大量资料的基础上，对所论述的问题作出比较合乎实际的结论。”所以，南京大学范金民教授在《中国社会科学》上撰文评价说：《徽商研究》“既是徽商研究的集大成之作，也是迄今为止国内传统商人研究篇幅最为宏大之作，在林林总总的商人研究成果中，恰如根深叶茂的老树，又当融融春日开出了绚丽的花朵”。《徽商研究》这株“绚丽的花朵”之所以能够绽放，张先生，还有王廷元先生两主编，其功最大！

（三）“我之所以最后同意牵头并加盟到安徽大学共同申报教育部人文社科重点研究基地——徽学研究中心，目的只有一个，这就是要把徽学的大旗插到更高的平台，大家共聚在这个旗帜下促进徽学的进一步发展”。

安徽大学徽学研究中心，是首批获准成立的15个教育部人文社科重点基地之一。安徽大学徽学研究中心之所以能顺利通过评审，学界相关朋友大多都知道与张海鹏先生率领安徽师范大学团队的加盟和全力支持密不可分，但张先生率领安徽师范大学的团队加盟申报安徽大学徽学研究中心的原因和过程，学界的朋友，甚至安徽师范大学的许多领导和老师并不十分了解。正因为如此，安徽大学徽学研究中心申报成功后，先生受到了来自多方的压力，一方面安徽大学联合申报之前的共享共建的方案总体上由于种种原因未能落实，另一方面先生受到了少数人不明就里的指责，晚年的先生为此事身心俱疲，2000年7月查出食道癌后，住院治疗不到两个月就与世长辞。所以，有必要把我所知道的事实，告诉大家，使大家认识先生作为一个学术带头人的学术品格。

记得是1999年暑假期间，我从南京大学历史系博士后科研流动站回安徽师范大学度假，有一天去看望先生，先生就加盟安徽大学申报教育部人文社科重点研究基地的过程和他自己的想法，足足跟我谈了将近两个小时。先生对我说，几个月以前，他在安徽大学工作的一个学生受安徽大学校长的委托给他打电话，告诉他教育部人文社科重点研究基地申报事，并说安徽大学原来准备申报的是淮河文化暨徽文化研究中心，但在咨询教育部社政司主要负责人时，这位负责人明确告诉安徽大学，这样的申报几乎不可能获批，因为教育部人文社科重点研究基地的申报其实就是两个“一”：唯一和一流；淮河文化研究，安徽既不是“唯一”，也不是“一流”，从目前看，安徽只有申报徽文化才能符合条件、才有竞争力。安徽大学随即就此研究，认为该校虽然成立徽州文化研究所已有若干年，在诸如徽州文献整理、徽州宗族研究等方面也已取得一些成果，但在研究起步时间、研究团队、研究成果及其影响方面不如安徽师大，尤其缺乏张海鹏先生这样在海内外有影响的学术领军人物，所以必须下大力气获得师大以张先生为首的学术团队的支持。所以，安徽大学希望师大能加盟一起申报徽学研究中心。听后，先生告诉这位学生说：“学术乃天下之公器，徽文化是安徽的文化宝库，徽学首先是安徽的学问，我们安徽学人有责任要深入研究。这次教育部文科重点研究基地如能申报成功，对于安徽将徽学研究推向深入，不断迈向更高的台阶，至关重要。至于是由安大申报，还是师大申报，抑或合作申报，关键是要能申报成功。我虽已退休几年了，但我现在还不能答应安大的要求，因为具体情况我还不是非常清楚，况且尚不知道师大的态度和想法。”

由于教育部人文社科重点研究基地申报学校首先考虑国家211系列重点院校，而且规定原则上应是博士学位授权单位，须依托一个博士点授权学科，而安徽师大当时既不是“211”系列重点院校，又不是博士学位授权单位，更没有博士点授权学科，离申报条件尚有较大距离，所以学校没有考虑以徽学研究来申报教育部人文社科重点研究基地。

安大得知师大不拟以“徽学研究”申报后，于是校长亲自给先生电话，盛情邀请先生率领团队加盟到安大，共同申报教育部人文社科重点研究基地——徽学研究中心。随即委派一位副校长率校办、科研、人事等部门人士专程赴师大礼邀并洽谈。他们对张先生说，经询教育主管部门，省属高校人文社科重点研究基地虽挂靠在安徽大学，但这是全省高校的共同平台，并非安大一家独有；“中心”拟聘先生为名誉主任、专职研究人员，先生团队中的王廷元教授退休后，“中心”亦聘其为专职研究人员，团队中的年轻学者，“中心”拟聘他们为兼职研究人员；专职和兼职研究人员，根据教育部的相关规定，享受相应的待遇；“中心”申报成功后，作为安大和师大共享共建的平台，“中心”课题涉及徽商及徽商相关的，由师大主持研究；安大给先生及其团队预留一套住房，先生随时可以到“中心”进行指导和从事研究工作。

先生继之告诉我，在此期间，他召集团队中的王廷元先生和周晓光进行了讨论，大家一致认为，教育部人文社科重点研究基地，是人文社科研究的最高平台，可以考虑加盟到安大共享共建。

最后，先生又对我说："我之所以最后同意牵头并加盟到安徽大学共同申报教育部人文社科重点研究基地——徽学研究中心，目的只有一个，这就是要把徽学的大旗插到更高的平台，大家共聚在这个旗帜下促进徽学的进一步发展。"

团队形成一致意见后，向安大提供了相关材料。教育部社政司领导来安大徽学研究中心进行前期考察，以及教育部派专家组来安大徽学研究中心进行现场评审答辩，安大都派车接先生到合肥，请先生坐镇应对。在现场答辩会上，先生首先就徽学的概念与内涵、徽学形成的"基因"和徽学发展的"催化剂"等理论问题进行了阐述，得到了与会专家的一致认可。后来经过整理，以《徽学漫议》为题发表在《光明日报》2000年3月24日的"史学版"上。正由于先生在徽商和徽学研究领域的影响，1999年10月，安大徽学研究中心顺利通过了教育部专家的评审。2000年4月，安大徽学研究中心举行了基地揭牌仪式。

基地正式建立后，安大事先承诺的与师大共享共建方案总体上由于种种原因未能落实，于是先生承受了来自各方的压力，先生自己也感觉到他举起的这杆徽学研究大旗并没有像他预料的那样迎风飘扬。我想，这可能是先生临终之前最为遗憾和痛心的事情!

总之，先生创立的安徽师大的徽商和徽学研究团队，30年来，出版有《明清徽商资料选编》（张海鹏、王廷元主编），《中国十大商帮》（张海鹏、张海赢．主编），《徽商研究》（张海鹏、王廷元主编），《富甲一方的徽商》（王世华），《徽商》（王廷元、王世华），《徽商与经营文化》（周晓光、李琳琦），《徽商与明清徽州教育》（李琳琦），《徽州教育》（李琳琦），《话说徽商》（李琳琦主编），《新安理学》（周晓光），《徽州传统学术文化地理研究》（周晓光），《〈寄园寄所寄〉点校》（周晓光等），《明清徽州文献研究》（张健），《〈新安志〉整理与研究》（肖建新、杨国宜），《〈新安志补〉点校》（肖建新等），《明清徽州宗族文书研究》（刘道胜），《徽州方志研究》（刘道胜）等著作20余部；在《历史研究》《光明日报》《中国史研究》《学术月刊》《清史研究》《历史档案》《史学史研究》等报刊发表徽商和徽学的学术论文200余篇；承担国家社科基金重大招标课题1项、国家社科基金一般课题10余项、省部级课题30余项；其研究成果荣获首届国家社科基金优秀成果三等奖1项，全国普通高校人文社会科学研究成果三等奖1项，安徽省社会科学优秀成果一等奖6项、二等奖5项、三等奖4项。其团队成员中有2人入选教育部“新世纪优秀人才支持计划”和“新世纪百千万人才工程”国家级人选，1人入选皖江学者特聘教授，1人入选安徽大学特聘教授，5人获得国务院特殊津贴。先生为徽学研究洒下的“一腔热血”，虽不能说已化成“碧浪涛天”，但确有“碧波荡漾”之势。正如瞿林东先生所说的，张海鹏先生创立的“这个学术群体几次易名，研究人员也稍有变化，但它的研究领域、治学宗旨却始终都不曾改变，而且呈现出‘日日新，又日新’的趋势”；“张海鹏教授创立的安徽师范大学徽商研究学术群体，能否看作是一个学派？这一点，我还不能作出明确的结论。但是这个学术群体的良好的师承关系和良好的学风，以及明确的治学宗旨，在史学界并不多见，因而是值得人们关注的。”

把几件记忆犹新的事情用文字的形式记录下来，一方面是对先生的思念之情使然，以此表达对先生的纪念；另一方而是尊重历史使然，以此让我们从一个侧面去了解先生作为一个学者的学术情感、态度和品格；最后是继承先生的遗志使然，以此汲取力量，努力把先生为之奠基、为之开拓的徽商和徽学研究进一步推向前进。

致谢：本文得到安徽省政协副主席、安徽省文化厅副厅长李修松教授和安徽师范大学原副校长王世华教授的审阅指正，特此致谢！

来源于2013年5月《安徽师范大学学报》（人文社会科学版）第3期

张海鹏（1931—2000），安徽枞阳人。著名的明清史研究专家，徽学研究的奠基人和开拓者之一，原安徽师范大学校长。先后执教于安徽师范学院、合肥师范学院、安徽师范大学。曾先后兼任中国史学会理事、中国经济史学会理事、中国商业史学会副会长、中国明史学会副会长、中国朱元璋研究会会长、安徽省历史学会会长、安徽省社联副主席等，曾被聘为曾宪梓教育基金会专家评委成员，1992年起享受国务院津贴。

父爱无边

——怀念父亲张海鹏

张 健

父亲离开我们已经整整五年了，他生前曾担任过安师大校长、安徽省史学会会长等职。他那儒雅温和的笑容，睿智深邃的目光，平实稳健的步伐，无不洋溢着对生活的热爱和自信。他那刻苦治学的精神和道德风范，给我留下难忘的印象。每当我回家时看到父亲的书房，他那伏案写作、全神贯注的神情，立即浮现在我的眼前。

20世纪60年代，我出生的时候，正逢国家经济困难时期，政府号召城市人口分流到农村，父亲主动将母亲和我下放到家乡枞阳县农村。从此，我和母亲过着相依为命的生活，只是每年春节全家人相聚一次。尽管分居两地，父亲还是将为数不多的每月几十元的工资，寄上一点供养我们母子。直到1979年，中央落实知识分子政策，全家人才团聚了。

由于十几年在农村的艰苦生活和环境的影响，我的学业几乎处在荒废之中，高考落选，父亲也深感焦虑。即使是这样，父亲还是安慰、鞭策、鼓励我："不要气馁，人生的道路并非一帆风顺，只要有信心、有目标，通过拼搏，还是能够成才。"他时常用孟子的一句名言来激励我，"天将降大任于斯人也，必先苦其心志，劳其筋骨，饿其体肤，空乏其身，行拂乱其所为"。我也始终牢记父亲的教诲，每时每刻都不放松自己的学习。1984年我考入夜大本科学习历史，次年由校劳动服务公司到图书馆工作，父亲非常高兴地对我说："这也许是你人生的起点和转折点。"

父亲是明清史研究专家，其学术视野开阔、涉猎广泛，在中国史研究的诸多领域中，均有令人称道的学术建树，尤其是对弘扬安徽的历史文化方面研究成果显著，影响深远。主编过《安徽历史》《安徽百科全书》和《安徽文化史》。他坚持原则、平易近人、关心同志、待人诚恳，他经常告诫弟子：史德是一个史学工作者必备的基本条件，也是一个史学工作者做人的基本要求。一个史学者如果不讲究"史德"，那么他就等于失去灵魂，同时也就失去了做人的资格。他的人生格言是:"做学问必须先做人。"在徽学研究领域,他是奠基人和开拓者之一。徽学作为一种地域文化,具有极其深厚的文化底蕴、极其丰富的文书资料、极具价值的研究课题。他在《中国史研究》上发表的《论徽商"贾而好儒"的特色》一文中,第一次提出"贾而好儒"的理论。在《光明日报》上发表《徽学漫议》一文,全面而系统地阐述了徽学研究的思想。他主编的《明清徽商资料选编》《中国十大商帮》和《徽商研究》,其中《徽商研究》被人高度评价为:"徽商研究的集大成之作,也是迄今为止国内传统商人研究篇幅最为宏大之作。"

父亲一生勤奋耕耘,成果卓著,对我也是很大的鞭策和鼓励。在他的身边,通过言传身教,我不知不觉地也融入这种学习、研究氛围当中,1995年我被评为中级职称。父亲还常告诫我,要努力工作,勤奋学习,淡泊名利。正当我走上人生坦途之时,突然,不幸的事情发生了。1997年底,我的肾功能衰竭,肌酐达到800以上(正常人在120以下),全家人惊慌失措,这时父亲沉着、冷静,当机立断决定到原南京军区总医院医治,经过多次辗转,终于在父亲的多方努力下,住进医院。住院期间,我感觉最明显的是,他老人家变瘦弱了,精神憔悴了。我们几乎是每天一个电话,要把每天的情况向他老人家汇报,每当听到父亲慈祥的声音,我总是抑制不住自己的泪水。我上不能报父母,下不能关照妻女,人生之路,颇感悲观失望。父亲鼓励我要坚强、要有信心,相信现在的医疗技术。次年的三月份,我成功地进行了肾脏移植手术,当父亲接到主刀医生的第一个电话时,他兴奋不已,奔走相告,告诉亲戚朋友、学生和同事。在此,我也要向曾经关心和帮助过我的所有人,表示衷心的谢意。

2000年9月父亲因病离开人世。回顾过去生活的点点滴滴,想想父亲的关爱之情,我更加怀念他。悼念之余,我只有借笨拙之笔寄托对亡父的哀思。人们常说"只有做了父母的人才会真正懂得父母",是的,不管怎样,随着岁月的流逝,我对父亲那份怀念之情只会与日俱增。现在,我只有百倍努力,以自己出色的科研成果来告慰九泉之下的父亲——2001年我被评为副高职称,2004年我又成功申报了一项部级基金项目,目前发表学术论文20余篇,我的拙著《徽州文献研究》即将问世。

父亲,他永远活在我心中!

来源于2005年4月30日《安徽师大报》第440期

他走在队伍的前列

——记生物系陈壁辉副教授

郑基信　晓　元

不久前，我省扬子鳄人工饲养繁殖研究技术，在宣城扬子鳄繁殖研究中心通过部级鉴定。鉴定结果证明，扬子鳄的人工饲养繁殖研究技术已达到目前的国际水平。

这项林业部1980年下达的重大科研项目，由省扬子鳄研究中心与我校共同合作研究，六年来，取得了丰硕的成果。而这项科研的带头人和指导者，就是我校生物系的陈壁辉副教授。

陈老师1954年毕业于厦门大学生物系动物学专业，后又就读于东北师范大学研究生班。三十多年来，不论是教学，还是科研，他都认真负责，一丝不苟，出色地完成交给他的任务，用勤劳的汗水换来累累硕果。

一

作为生物系动物学副教授的陈壁辉老师，对自己的教学一贯严格要求，大胆改革。他深入到学生中去，了解情况，征求意见和要求；同时还注意分析施教对象的文化素质和基本状况，然后制定出教学计划。他给77级同学讲授脊椎动物学时，根据他们文化起点较高、自学能力较强的特点，认真研究教材内容和教学方法，大胆地把脊椎动物学方面国内外的研究成果和动态充实到教学内容里去，并阐明自己的观点与看法。这就扩大了同学们的视野，拓宽了同学们的思路，一改过去老一套照本宣科的教法。去年，陈老师承担85级学生专业课的主讲任务，他又针对学生年龄小、自学能力弱、实验动手能力差的情况，把教学重点放在三基（基本知识、基本理论、基本技能）的培养上。他在教学中常常及时地组织课堂讨论，使同学们学会怎样去思考。在考试方法上，除了理论知识，他注重对学生实验操作和基本技能的考查，使之真正体现出专业实践性强的特点。

去年年底，陈老师教的脊椎动物学这门课，作为全系重点评估课程，按照学校颁发的评估标准，最后得到总平均分92.25的高分。

二

我们知道，扬子鳄是一种古老的爬行动物，俗称土龙，被誉为活化石。它是世界上仅存的两种生活在温带的淡水鳄之一，现仅残存于安徽、浙江少数区域，数量很少。我国已将它列为一类保护动物，联合国也将其列为濒危种和禁运种。

早在十年前，陈老师就开始把自己的目光投在濒临灭绝的珍稀动物扬子鳄的生态学和人工饲养繁殖的研究上，并为此倾注了大量的心血，自1976年起，他先后和李炳华老师对扬子鳄的生态、分布等情况多次进行调查，并在十分简陋的条件下，着手对野生的扬子鳄进行人工孵化、繁殖，取得了初步成功。当时，上海动物园得知这一情况后，立即派人来取经，陈老师将摸索出来的几条扬子鳄繁殖方面的经验，如：冬眠地点、温度与湿度、水深等主要因素，毫无保留地介绍给他们，促进了该动物园人工饲养的扬子鳄繁殖成功，轰动了国内外动物学界。1979年，宣城创建扬子鳄养殖场，在他的指导下，通过模拟自然生态环境，建立饲养繁殖区人工湖，掌握扬子鳄繁殖规律，使扬子鳄的生殖率、孵化率和成活率逐年提高。现在饲养繁殖区人工湖已拥有扬子鳄一千零八十条，为初期饲养量的五倍多。使这一古老的濒临灭绝的物种重新获得了新生。

陈老师在进行扬子鳄人工饲养繁殖的研究上，重视实验，掌握了大量的第一手资料，为他撰写著作和论文奠定了坚实的基础。近年来，他出版著作两部，发表学术论文近四十篇，另外，还以笔名和别人合作发表论文五篇。在这些科研成果中，研究扬子鳄的占了不小比例，同时也产生了较大的影响。如，他的专著《扬子鳄》一书还未出版时，就得到国内外有关专家的关注和高度评价。安徽省副省长、中国科大生物系教授杨纪珂亲自为该书作序，著名动物学家郑光美教授撰文，系统地评价了该书的内容，说“它是作者对我国特产濒危物种扬子鳄进行近十年研究工作的总结”“是首次全面论述扬子鳄的专著，含有丰富的第一手资料”。他的不少论文都刊载于国内一级学术杂志和国外刊物上。《Preliminary Research on the Ecology of the Sika Deer in South Anhui》《皖南梅花鹿生态学初步研究》一文以英文版发表于《当代兽类学》杂志，在日本出版；《扬子鳄的人工繁殖》发表于全国性的《中国两栖爬行动物学报》上;《扬子鳄代谢率与季节变化的关系研究》在中日两栖爬行动物学术讨论会上进行了宣读,并刊登于《中国两栖爬行动物学报》;此外,《野生动物》杂志分三期连载了他的《世界鳄类现状》这篇综合性评论文章,《长江水产资料调查》和《扬子鳄研究》两篇文章还获得1978年安徽省科技大会奖。

三

内行的人都知道,从事生物学,特别是动物学的研究,关在屋子里是作不出来有分量的文章的。大部分时间须泡在野外,深山老林、沼泽丛林,条件越艰苦对研究越有利。这也许在年轻人看来不算什么,但对陈老师这样五十多岁的人来说确实不容易。多少年来,在追求科学的路途上,他不知历了多少险,挨了多少次饿,流了多少汗。一些经常随他去野外考察的青年教师们深有体会地说,陈老师真有种特殊的吃苦精神。当笔者询问到这方面的情况时,陈老师淡淡地一笑:“这算不了什么。”是啊,从他这短短的话语里,我们看到一颗执著追求事业的心。苦,算不了什么,为了他的研究,他什么苦都能吃,也甘愿吃。

四

陈壁辉老师除了教学、科研和教研室工作外,还兼任中国野生动物保护协会理事、中国两栖爬行动物学会理事、省野生动物保护协会副会长、省动物学会副理事长和宣城扬子鳄繁殖研究中心技术顾问。有时还接受组织交给他的评审论文、专著,出席学术会议,接待国内外学者来宾等任务。在繁忙的工作之余,他还尽力把精力放在培养青年教师上。他认为这是一种义不容辞的责任。在业务上,对他们严格要求,实验室里手把手地教,野外工作指导他们考察。他把自己多年积累的经验毫无保留地传授给他们,积极地推荐青年教师参加学术会议,给他们创造条件和机会。他不断给自己提出新的要求,也希望年轻的一代尽快地超过自己,体现出一个新时代知识分子的境界。

最近,陈老师因其在教学、科研及教书育人上的突出成绩,被授予“全国教育系统劳动模范”的光荣称号。他是当之无愧的,我们预祝他在以后的工作中做出更大的成绩。

来源于1986年9月10日《安徽师大报》第142期

陈壁辉(1931—),福建平和人,1954年毕业于厦门大学生物系,1958年毕业于东北师范大学研究生班。历任皖南大学讲师,安徽师范大学副教授、教授、动物学研究室主任,安徽省动物学会第二届副理事长,安徽省野生动物保护协会第一届副会长。著有《珍稀动物扬子鳄》《扬子鳄》等专著,发表论文60多篇,先后获国家自然科学奖和省部级科技进步奖6项。1987年获国家教委授予的“全国教育系统劳动模范和人民教师”奖章,1988年获国家人事部授予的“国家有突出贡献的中青年专家”称号。

心系下一代　彩笔绘晚霞

——记校关工委副主任路修武同志

陈满堂　徐成进

在风景秀丽的赭山之麓、镜湖之滨的师大校园内，人们经常可以看到一位头发花白、衣着简朴、脚步有点蹒跚的老人在忙忙碌碌。有人劝道："已离休的人了，何必这样辛苦！"他总是淡淡地笑了笑："习惯了，没办法。"他，就是离休老干部、现年80岁的校关工委副主任路修武同志。

"伏枥何甘闲里度"

1953年，路修武同志从中国人民大学政治经济研究班毕业，来到师大，长期从事政治理论课教学工作。1988年12月，辛劳大半辈子的路老离休了。按理说退到二线了，该在家里颐养天年，过一种舒适的生活，但路老却"老骥伏枥"闲不下来。那几年，国际风云变幻，国内青年学生思想也很不稳定。路老看在眼里，急在心里，再也坐不住了。虽然他的腿患有严重的关节骨刺，行走不是很方便，但他仍是拖着病痛的双腿，深入到学生中间，找他们谈心，给他们讲传统、谈理想，避免他们误入歧途。

在关工委工作中，路老长期担任师大关心下一代联系人和报告团成员以及芜湖市报告团成员。多年来，他凭着自身深厚的学术造诣和出色的演讲能力，紧密联系学生思想实际，深入浅出地把枯燥的理论生活化、趣味化，深受青年学生欢迎。由于给学生作报告一般都是在晚上进行，有时还要连作几场，因此，他常常披星戴月，直到很晚才能回家。常言道："一岁年龄一岁人。"可以想象，这么辛苦的奔波，对于一个年过古稀之人来说，是多么不容易啊！但路老从没撂下一句怨言。有一年冬天的晚上，他去教学楼给文秘班学生作学习十六大精神的报告，上楼梯时摔了一跤，当时他已是七十八岁高龄的老人了，但他硬是咬着牙，忍着痛，爬上三楼，坚持给学生作报告。望着台上老人坚毅的脸庞，台下学生无不为之动容，不时爆发出热烈的掌声。

为使关心下一代报告团更好地利用材料，广泛开展报告活动，路老认真查阅资料，东奔西跑地下基层搞调研，收集了大量的第一手资料，精心撰写了《“四有”教育报告提要》等4份参考资料，供学校和芜湖市关工委报告团使用；他还撰写了大量报告文稿，其中曾参与撰写的《坚持用邓小平理论教育青少年》曾在全国高校关工委会议上进行交流。

近几年来，路老参加了多次重大节日座谈会和其他一些教育活动，作专题报告60多场次，直接受教育人数达16000多人次，取得了良好的社会效应。

“一花独放不是春，万紫千红春满园”

1996年3月，路修武同志走上了校关心下一代工作委员会副主任的岗位，负责日常工作。他感到，在关心下一代的事业中，个人的力量毕竟是有限的，所谓：“一花独放不是春，万紫千红春满园”，必须发动和依靠广大的离退休老同志，建立起一支高素质的关工委宣传教育队伍，关心下一代的事业才会兴旺发达。因此，他不辞劳苦，走东家，串西家，动员了一批又一批离退休老同志参与到关心下一代工作中来，充实了关工委队伍。经过他认真筹划，先后组建了“四有”教育报告团、联系人队伍和老干部合唱团三支队伍。近几年，又成立了关工委家教组，开展家教理论研究，承担全省家教现代化实验芜湖实验区的指导工作。为把关心下一代工作深入到基层，还加强了院系关工委建设。“关工”队伍日益壮大，初步形成了上下贯通、覆盖全校的关心下一代工作网络。

“莫道桑榆晚，为霞尚满天”

“老牛明知夕阳短，不用扬鞭自奋蹄”。十几年来，路修武同志不顾年老体迈，把对党、对祖国、对青年学子炽热而深沉的爱，融进了他为之奉献的关心下一代事业，谱写了绚丽多彩的生命乐章。他多次被校党委评为优秀共产党员，1998年和1999年先后获全省教育系统及全省关心下一代先进个人称号，今年1月被评为全国教育系统关心下一代先进个人，最近又获全省老干部先进个人称号。“莫道桑榆晚，微霞尚满天”。这不正是路老的真实写照么！

记者一直想拜访这位可敬的“老关工”，和他老伴约了多次，可总是等不到他闲下来，终于等到他能安排时间接受采访时，却见他还在书房里看《党建》，找素材，准备下一次的报告材料。当记者劝他“要保重身体，多歇歇”

的时候，老人感慨地说："万事德为先，对这些未来的栋梁，我们这些老人如果不关心他们的思想品德教育，那是我们的失职啊！""为青年人操心尽力，身上累，心里甜。"这就是我们的路老，朴素的话语，豪迈的精神，不禁使人由衷地产生敬佩之情。

夕阳最红，晚霞最美。可敬的路老正以饱满的热情，挥动彩笔，继续描绘着人生美丽的晚霞。

来源于2004年11月30日《安徽师大报》第431期

路修武（1924—2015），男，河南扶沟县人，1948年8月参加革命工作，1980年1月加入中国共产党。1948.7—1948.8月在新七军教导总队任学员；1948—1951年在解放区东北大学（现东北师大）政治系学习；1951—1953年由东北师大保送到中国人民大学政治经济学教研室研究生班学习；1953.10—1987.12月在安徽师范大学政教系任讲师、副教授；1987年12月光荣离休。离休后担任校关心下一代工作委员会副主任；芜湖市新四军历史研究会理事等职。

“不爱红装爱武装”
——记离休老干部王玉

程　茜　赵倩倩

初见王玉老人，感觉像是一位邻家老奶奶：斑白的头发梳得一丝不苟，脸上布满皱纹但眼睛依然炯炯有神，米白的格子衬衫配黑色条纹背心，一手拿着眼镜盒，一手将她拎的布包挂在椅子把上，然后缓慢地坐下。如果不是事先知道，谁也不会把她与有着十三年的抗日战争、解放战争经历的传奇式女子联系在一起。

现年85岁高龄的她，曾参加过抗日战争和解放战争，其中包括著名的淮海战役、渡江战役，从事过前线战士、后勤物资供应和联合妇女抗日等工作。谈及抗战的经历，许多场景和惨状，老人至今仍历历在目：“日本侵占盱眙城后，我们在云洞里发现30多具尸体，其中有几个孩子的腿、膀被撕掉，死在大人的怀抱，在万字会上、明伦堂里，还有更多的人遭到屠杀……”那是一个“妇女哭丈夫，孤儿哭爹娘，老人叫儿女，婴儿伴母亡”的年代——老人在一篇回忆录中写道。我们用“小米加步枪”战胜了有先进武器的日本，抗日战争结束，解放战争又接踵而来。

在广阔的淮北大地上，从1948年11月6日到1949年1月10日，人民解放军中原、华东两大野战军及地方部队60万人，对国民党军队的最大战略集团——徐州集团及增援部队80万人进行大规模的歼灭战。“记得1948年11月7日，我爱人陈政指挥战斗，我在后勤搞供应工作，那天早晨5点多钟，敌军朝我们阵地炮击一个多小时，接着是20多辆坦克冲锋，每辆坦克后面有20多人猛扑上来，我部八挺轻重机枪开火，步兵齐投手榴弹，结果把敌人打退了……撤出大陈庄时，我部由上战场时的200多人牺牲只剩幸存者26人！”老人激动地描述着这一切。一场场激战，一次次冲锋，无数革命者的牺牲，终于换来了我们最后的胜利！

聊完战争，王玉老人感慨着现在的生活蒸蒸日上，诉说自己幼时的艰苦。王老从小家境就十分贫寒,填饱肚子对于他们已经是最奢侈的事,更不要说上学。老人将这一切都归结于共产党的培养。“我是苦孩子,原来家里穷,爸爸妈妈……要过饭。”老人眼里噙满泪水,“穷人家的孩子读不起书,参加革命以后,党和部队培养了我,我才能上学,才能看书,才能写字,才能过上现在这样富裕幸福的生活。”老人边说边抬起胳膊用袖子抹去眼泪,我们知道这泪中包含着她对共产党深厚的感情。

1958年10月,王玉和她的丈夫一起从山西调到师大来工作,起初在调配科当科长,后来到印刷厂当厂长,1960年提为后勤处的副处长兼支部书记。“文革”期间下放到宣城,1974年回来在党校学习了三个月后,就一直任学校地理系副主任,分管学生工作。

“1996年的时候,有个叫周刚的同学,家庭经济状况很差,每天三餐只能吃稀饭或一碗面条。我得知这一情况后,就决定每月从工资里拿出30元给他作为生活补助,有了这30元,他最少一天能多吃三个馒头啊。”王奶奶原本缓慢的语速,一提到学生马上加快了,“1997年暑假他打工没赚够学费,睡了几天不吃饭,我就和老伴商量,给他500块,这样周刚的学费就解决了。”接着老人给记者看了周刚毕业后写的一封感谢信,上面写道“我含着泪接下了陈政、王玉二老无偿支援的500元钱。然而我却亲眼见到:他们身体不好,特别是陈政老人家,坐着轮椅,行动极不方便,有时生活都无法自理,还患有严重的心脏病……”“我很爱我的学生,有了问题,就要把它解决在萌芽状态”,这是王老从事学生工作多年以来最成功的经验。

作为一名在师大工作五十余年的老前辈,王老亲身见证了师大如何一路走来。原来师大没有一座像样的楼,石土铺成的狭窄小路,学生只有一千多人,发展到现在已拥有三个校区,数万名学生。在谈到师大取得的每一项成就时,王老都会露出欣慰的笑容。

来源于2009年9月30日《安徽师大报》第501期

王玉（1924—），女，江苏盱眙人。1942—1946年在盱眙县木店区任乡、区妇联主任。1946—1949年在山东昌乐县任区、县妇联主任。1949—1951年在上海市吴淞区任妇联主任。1951—1954年，在空军二五四六部队卫生科任副指导员。1954—1955年在北京市第三建筑公司人事科任副科长。1955—1958年在山西省建筑设计院人事科任科长。1958—1983年来安徽师范大学工作，任科长、副处长，校工会副主席。1983年离休。1960被评为安师大先进工作者。

月圆思接六十载

——访离休老干部李万春

叶 枫　陈 骏

1949年10月1日的夜晚是个难得的好天气，还没到中秋，但是那晚的月亮却出奇的圆。当时中国人民解放军第18军正在湖南，政治部主任郭影秋在衡宝战役动员大会上给正进行衡宝战役准备的18军战士们带来了一个振奋人心的消息：中华人民共和国已经在今天正式成立了。

年仅18岁初到部队的战地记者李万春至今清晰地记得当时的情景。“那晚的月亮非常非常的圆，天气很好，凉风习习，几千名战士坐在一个小山坡上听郭主任讲话。当他用洪亮的声音说到‘毛主席今天在天安门广场光荣地宣布中华人民共和国中央人民政府已经正式成立’，顿时在场的人们沸腾了，战士们欢呼雀跃，大家紧紧地拥抱在一起，有的早已经泪流满面了，大家相拥在一起振臂高呼：‘中华人民共和国万岁，共产党万岁，毛主席万岁！’口号声震彻山谷，回荡在秋天的夜空之中！”在随后爆发的衡宝战役中，18军的战士们配合友军共歼灭国民党军4.7万余人，解放了湘南和湘西大部地区，以实际行动向新生的祖国献上一份贺礼！

1949的春天，解放军南渡长江的前夕，18岁的李万春告别了父母，在家乡凤阳毅然加入了中国人民解放军第十八军南下工作队，成为一名光荣的解放军战士，开始了他13年的军旅生涯。他从江淮大地打到祖国的大西南，再到祖国的东南前线，足迹踏遍了祖国大江南北。在离开部队后他又投身祖国的教育事业，在教育岗位上默默地作出贡献。

在1949年进军大西南后，已被调入十八军政治部学习新闻摄影的李万春，成为一名随军战地摄影记者，他用照相机拍下了无数令人感动的照片。1950年，祖国的大部分地区都已解放，唯有西藏人民依旧处在农奴制的水深火热中。为了解放西藏人民，实现祖国真正的统一，毛主席号召进军西藏，解放军第十八军承担了这个光荣而艰巨的任务。老人告诉记者，进军西藏的路艰难奇险,而在雀儿山的那段经历他将永生不忘!

提起雀儿山,老人皱起了眉头,向后靠在沙发上,久久没有说话,眼睛中泛起淡淡的泪光。雀儿山主峰海拔6119米,景色奇丽,美若云中仙子,是通往西藏的必经之路。然而美丽的背后却是人迹罕至、高寒缺氧,山体表面覆盖着厚厚的冰层,攀登难度不亚于珠峰。由于严重高原反应,战士们举步维艰,身上还背着重达七八十斤的装备,脸都憋成了枣红色,狂风将嘴唇吹得干裂。就在这如此艰难的环境下,战士们互相搀扶着一步步地前进着,饿了就吃炒米,渴了就地吃雪。老人说爬过雀儿山后,大家都没有继续向前,在山脚下,等候着自己的战友,每当看到战友从山上走下来,一个个都情不自禁地流下了眼泪。雪山夺走了太多人的生命,很多战士就此长眠,永远地留在了西藏。当他听到戈维淼牺牲的消息,顿时眼泪顺着脸颊流了下来。戈维淼和李万春是初中同学,一起学习摄影,一起经历过那么多挫折,如今他却永远留在了西藏,经过千辛万苦,部队终于到达了拉萨。李万春老人激动地翻阅着照片,讲述着属于他们的感人故事。他在西藏待到了1955年,见证了川藏公路的建成通车,见证了西藏废除农奴制,也见证了共和国的一段伟大历史。

1957年,李万春从西藏军区调入福州空军政治部,从祖国的大西南前线一下子到达了祖国的东南沿海前线。当时,东南沿海局势日趋紧张,1958年解放军开始炮击金门,同时蒋军的飞机经常飞到福建沿海进行侦查,好几次闯入我国腹地。福建空军积极应战,终于取得了一系列战绩,包括击落U2侦察机,击落RF101高空高速战斗机等。李万春用照相机记录下了那些珍贵场景,让祖国人民知道了人民解放军在东南沿海的辉煌战绩。如今那些发黄的老照片不仅仅是历史的见证,更是祖国发展的丰碑,让人们知道了共和国的背后还有那么多默默奉献的英雄!

1962年,李万春从部队调到了合肥师范学院,担任教育工会秘书。1970年,合肥师范学院并入安徽师范大学(前身皖南大学),他在学校负责成人自学考试工作,凭借自己曾经在军队工作的经验结合教育工作实际,出色地完成了工作。在他工作期间,一万余人通过自学考试从学校毕业拿到了大学毕业证书和本科学位证书。

如今,李万春老人已经退休在家,但是仍然惦记着祖国的发展和学校的工作。谈及学校,他兴奋地说,师大从原来的3000人变成现在的3万余人,从原来的一个校区变成了现在的三个校区，说明了师大的成长。这样的成长来得不容易，紧抓教学管理和质量，创建特色鲜明的综合性教学研究型大学，是师大发展之根本，是师大发展的关键一环，重中之重！

六十年，光阴荏苒，祖国在60年里走过了无数不平凡的日子。如今祖国60岁生日了，我们在欢庆共和国生日的时候不应该忘记了那些为祖国的建立付出青春和生命的英雄。

来源于2009年10月30日《安徽师大报》第502期

李万春（1932—），男，安徽凤阳人。1949年—1950年，参加解放军随营学校、政治部新闻训练队学习。1950年—1961年历任西藏十八军54师、上海空防军、军委空军、福州军区空军政治部摄影记者；1961年—1970年任合师院秘书；1970—1993年任安师大保卫部总务副科长，战备办公室秘书，印刷厂厂长、高教自考办主任。1993年1月离休。李万春热爱新闻摄影技术，1953年在全军摄影作品大赛中获一等奖和三等奖，1949年参与进军大西南，1951年进军西藏各立三等功一次。

不倦的耕耘者

——记全国教育系统劳动模范刘学锴教授

袁 超

提起中文系的刘学锴教授，从事中国古典文学研究的人都不会陌生。翻开上海辞书出版社出版的、在国内外影响颇大的《唐诗鉴赏辞典》，你就会看见“刘学锴”这个名字频频地出现在眼前。在这本收入唐诗千余首的大型工具书中，经他品评鉴赏的唐诗就近九十篇，约有15万字，几乎占了该书的十分之一。尤其是大诗人李商隐的条目，大多由他加以评赏，自成一家。使我们看到他在李商隐研究方面处于国内领先水平。前不久，听说他以其教学和科研上的突出成绩，被国家教委授予“全国教育系统劳动模范”称号，笔者带着参访任务专门走访了他。

在一间不算宽敞的书房里，我的来访打断了刘老师的伏案工作。说明了来意，我们便聊了起来。刘老师是个不愿谈自己成绩如何如何的人，这迫使我不得不转换一个话题进行采访。在采访过程中我了解到，他20世纪五十年代中期毕业于北京大学，后曾留校任教。由于与爱人分居两地，1963年他从北京来到合肥师范学院。“文革”中，他被下放到合肥九中当中学教师，一蹲就是五年。直到1974年，他才重返两校合并后的我校中文系。回忆起1957年至1976年这段岁月，刘老师深为叹息，和中国许许多多知识分子的命运一样，由于受到政治运动的冲击和家庭出身的影响，他将近消耗了二十年的光阴。在他的记忆中也有值得记住的日子，那是他在北大读书时的岁月，也奠定了他一生学术研究的基础。在未名湖畔，他曾作为莘莘学子中的一员，亲耳聆听过游国恩先生的中国文学史、季镇淮先生的中国古代文学、王瑶和吴组缃先生的中国现代文学课，后又师从著名学者林庚教授，攻读魏晋南北朝隋唐五代文学研究生。名家的传授，给了他不少的滋养，名师们高尚的人品、严谨的态度更是给他留下难以磨灭的印象。谈起这些往事，刘老师的眼睛里总是闪烁着兴奋的光芒。

“那么，您是怎么开始对李商隐进行研究的呢？”我的采访逐渐引入正题。刘老师告诉我，1975年他返回高校，主要是粉碎“四人帮”以后，他才算能够真正地静下心来从事教学和研究，这时他已年届不惑，想起那段荒芜的岁月，更有一种紧迫感。他心里的念头只有一个，就是多抓紧一些时间，弥补过去的损失。说起对李商隐的研究，刘老师笑了笑。他告诉我，那起于一次偶然的因素。当时正值人民文学出版社准备出齐因“文革”动乱而中断的一套中国古代作家作品选集，好的选题已纷纷有主，最后只剩李商隐这个作品晦涩难懂、说法众说纷纭的作家没有人去碰，但作为一个唐诗大家，他的作品又非入选不可。正是在这种情形下刘老师接下这一难题，在宛敏灏先生的指导下着手进行，并逐渐发现研究这一作家的意义和价值。以后，他又与余恕诚教授一起对李商隐的创作进行了更系统、全面、深入的探讨和研究，先后出版了《李商隐诗选》(1978年人民文学出版社出版，1986年增订再版)、《李商隐》(1980年中华书局出版)，以及新近由中华书局出版的带有总结性的《李商隐诗歌集解》(全书150万字，共五册)。此外，他还在全国一级刊物《文学遗产》及本校学报上发表了关于李商隐的研究论文六篇，这也是他正在进行中的专著《李商隐研究》的组成部分，他的这些论著，在海内外均有一些影响。日本著名汉学家荒井健教授主编的《李义山七绝·七律集释稿》将《李商隐诗选》列为“主要文献”加以引用。其他论著也多在《唐代文学研究年鉴》各期上受到肯定的评价或列为一年重要论文摘要。另外，在古代文学的鉴赏方面，刘老师也有不少成果。除前面提及的《唐诗绝句赏析》和《唐代绝句赏析续编》两本鉴赏专著，还在其他鉴赏专书、专刊上发表了鉴赏文章二百余篇，总数字在五十万字以上。这些鉴赏文章以细致深入的分析和清新优美的文辞，在国内古典文学作品鉴赏界产生重大影响。

作为一名教授，刘老师不仅科研成果卓著，在教书育人方面也一丝不苟。十余年来，他同时肩负研究生、本科生和成人教育三个不同层次的教学任务，教学工作量也非常大。特别是近三年来，他年年均超工作量。他协同宛敏灏先生一起指导研究生，是我校首批获得硕士学位授予权的唐宋文学研究生的主要导师之一。在指导工作中，他注重帮助研究生们打好坚实的基础、养成严谨的学风和提高独立思考分析问题的能力。同时，不忘言传身教，教育他们用勤奋踏实的努力为国家作出实际贡献，近几年来，他指导的研究生不仅思想素质过硬，而且专业素质也很突出。就拿毕业的前两届四名硕士生来说，目前已有两人晋升为副教授，一人考取博士生。最近，学校确定他为全校唯一申报博士点的主要导师，向国务院学位委员会提出申请。在对待学校主体的本科生教学上，刘老师也兢兢业业、毫不松懈，除多次担任基础专业课中国古代文学唐宋文学部分的教学任务以外，还为高年级同学开设提高性的选修课《李商隐研究》。在课堂上，他针对师范院校毕业生将来从事中学教学工作的需要，在专业基础课教学中，除精要地讲授文学史理论知识以外，特别注重对作品的阅读、感受、理解和独立分析能力的培养这一环节，在深、细、新三个方面用力，通过对典型作品的示范分析，揭示作家的主要风格特征和文学发展的轨迹，并随时注意吸取和介绍学术界最新研究成果。在他开设的选修教学方面，刘老师将多年来在李商隐研究上获得成果择其精要之处系统地介绍给学生，将微观的分析与宏观的考察结合起来。由于这门选修课有较高的学术质量和欣赏价值，历次选修的人数都在百人以上。可以说，将学术研究成果渗透到基础课与选修课的教学中去，提高课程的学术质量，这是他在教学上的一大特色。刘老师热爱教学，热爱学生，他引用《孟子》中的话告诉我说“聚天下英才而教之，不亦乐乎”，同样，学生也爱戴他，喜欢听他讲课。

刘老师今年56岁，对于从事社会科学教研的学者来说，仍是活力旺盛的年龄。目前，他除了担任中国唐代文学文会理事，出色地完成教学任务以外，依然辍耕不已，尚未发表的成果有二十万字左右。我毋庸质疑地肯定，在不久的将来，在中国古典文学教学和科研领域中，刘学锴教授将会有更多更大的建树。

来源于1989年9月20日《安徽师大报》第192期

刘学锴(1933—)，男，浙江省松阳县人，1956年毕业于北京大学中文系汉语言文学专业，中国古典文学专家。1956年至1959年，北京大学中文系中国古代文学研究生，师从林庚教授研究魏晋南北朝隋唐五代文学。1963年至今，在合肥师范学院、安徽师大中文系任教。1978年起担任研究生导师。1986年晋升教授。1989年被评为全国教育系统劳动模范，获得人民教师奖章。1992年起，享受国务院特殊津贴。1993年获“曾宪梓教育基金会全国高等师范院校教师奖”一等奖。著有《李商隐研究》《李商隐诗歌集解》《李商隐文编年校注》《李商隐资料汇编》等专著。

做学生的贴心人

——记外语系俄语教研室副主任王文干

王四清

备受人们尊敬的老师都有一个突出的优点，那就是工作勤勤恳恳，任劳任怨，严于律己，做学生的贴心人。

王老师今年五十多岁，患有血小板减少症，身体不好。他一人身兼数职(教研室副主任，系编译室主任，俄语班辅导员)，每周十二节课，还亲自录制并整理录像，常常中午也顾不上吃，忙得不亦乐乎。照说，这样一个大忙人哪有时间和精力去关心他的学生呢？恰恰相反。王老师自从接受俄语班教学任务以来，一天都没有松懈过。为了给同学们打下良好基础，他采用启发式教学，使同学们在课堂上始终处于精神振奋状态，增强他们运用俄语读写的实际能力，避免让学生患有“聋哑症”。

为了稳定学生的学习情绪和思想情绪，针对“学俄语将来有没有用，要不要改行”等问题，王老师经常向同学们介绍中苏文化交流情况和实现四化对俄语的需要等等，他还给李鹏副总理写过一封信，为如何搞好俄语教学提出了宝贵意见。

自从担任了俄语班兼职辅导员以来，王老师更是脚踏实地，以身作则，他不仅关心学生的思想进步、学习进步，还关心学生的疾苦。第一学期，有位女同学的父亲病故，王老师组织同学写慰问信并集体资助，使她深深感到学校集体生活的温暖，他还垫钱为这位女同学买字典。我见到了这位女同学，她深有感触地说：“王老师是一位好老师，当我返校后，听同学们一说，我流泪了，我怎能不好好学习呢？”

王老师每天下午都要找一位同学谈心，在这种频繁的接触中，他了解学生，学生也了解他，同学们都说：王老师是一位可尊敬的师长，也是一位值得信赖的知心朋友。”

来源于1986年9月25日《安徽师大报》第143期

王文干(1935—)男,江苏省仪征市人。1958年毕业于北京俄语学院。1968年来皖南大学(安师大前身)任教,曾任安徽师范大学外语系俄语教研室主任,兼任安徽省高校外语教学指导委员会副主任、安徽省芜湖市翻译工作者协会会长。1991年由国家教委作为高访学者派往苏联莫斯科普希金俄语学院访学。1994年被评为“安徽省‘三育人’先进个人”;2013年11月被中国翻译协会授予“资深翻译家”称号;参编《新俄汉双解词典》《实用外贸俄语》等著作。

但求无愧于心

——访陈育德教授

沈正赋

“难能尽如人意，但求无愧于心。”这句话是《安徽师范大学报》资深编辑陈育德教授，对他40年编辑生涯所作的一番自我评价。这发自肺腑的声音，道出了他长期从事编辑工作的酸甜苦辣。

陈育德是我省乃至全国高校学报界都负有盛名的资深编辑之一。早在1959年，我省创办了公开发行的第一家高校学报《合肥师范学院学报》，时任该院副院长、原工人出版社社长吴从云，一眼便看中了中文系青年教师陈育德。他对小陈的文品和人品都非常赏识，就把筹备学报的重任交给他去操办。陈育德在人手严重不足的情况下，独自承担起组、编、校稿的繁重任务。在学中干、干中学的他经常忙到深更半夜，好在那时年轻力壮，精力充沛，累点、苦点也从不计较。

后来，随着政治运动的风起云涌、跌宕起伏，从事文学工作的陈育德对吃点苦倒并没有觉得什么，只是对政治这一敏感的问题感到思想上有压力，为此整天提心吊胆，生怕出现政治错误。众所周知，20世纪60年代初，印刷条件相当简陋，铅字模子很少，常常是这边刚刚印完，那边就急等着这些铅字重新排版，时间显得非常紧张。再加上铅字有很多是“倒屁股”，校对很不方便，忙中出错的现象难以避免。在这方面，曾有一个教训足以让陈育德一辈子也忘不了。一次，工人师傅把毛泽东语录“在战略上藐视敌人，在战术上重视敌人”误排为“在战术上藐视敌人，在战略上重轻敌人”，而陈育德因一时疏忽，没有校对出来，学报就付印了。当时省委一位分管文教的负责同事看到后，立即打电话批评吴从云。当吴副院长把小陈找去后，陈育德惊出一身冷汗，知道自己捅了一个大纰漏。好在吴副院长虽然严肃批评了他，但又替他承担责任向省委作了检讨，这才把大事化小，小事化了。至今想起这件事，陈教授仍感到心有余悸。不过，随着编辑业务的不断熟悉，像这类政治性差错此后也就再未露过面，大多在萌芽状态就被“消灭”掉了。

40年来，陈育德对待工作认真负责、任劳任怨，为他人作嫁衣，并且乐此不疲，无怨无悔。自1973年高校恢复学报以来，陈育德先后担任学报负责人和常务副主编等职，因高校学报主要发表本校科研成果，作者大多是朝夕相处的，而他能够尊重老年、依靠中年、扶植青年，发挥各个学科的优势，组织大批高质量的稿件，特别对于青年学人的文章，既坚持原则，又热情帮助，为培养学术人才尽心尽力。“当然，编辑的作用也是有限的”，采访中，陈教授很谦虚地给记者举一个生动的例子，他说：“编好一篇稿子，就好比给一个长得不错的人，仅仅再进行一番精心梳妆打扮而已，加工者的作用不能估价过高。”

陈教授40年工作的切身体会是，质量是刊物的生命，严把稿件质量关，不讲关系，不讲私情，才能保证刊物的质量。他在处理稿件过程中，凡是稿件质量不符合要求的，无论是谁均不照顾，为此得罪了不少人，其中包括关系很好的老同学、老朋友，甚至顶头上司。正因为秉承这一原则，《安徽师大学报》在全省文科学报中被唯一评为安徽省优秀期刊。

采访中，记者还了解到，陈育德教授一直在走着一条编辑学者化的路子。他不仅精通编辑业务，而且还具有较高的学术素质。从五六十年代开始，他在认真履行编辑职责的同时，还承担着大量的教学和科研工作，先后讲授现代文学、文艺学和美术学等课程，而且取得了较为丰硕的研究成果，发表学术论文60余篇，参与撰稿的学术专著7部，1998年出版了新著《西方美育思想简史》，并受到学术界的广泛好评。最近又出版了他与凤温馨合作整理、点校的清·黄钺《壹斋集》（上下卷），65万字。他认为，高校学报是学术理论刊物，一个称职的学报编辑必须要有相应的学术水平，只有亲自参加科学研究，不断追踪学术前沿的成果，才能正确判断作者文章质量的优劣，进而保证刊物的学术品味；才能设身处地地替作者考虑，了解学术研究的甘苦，更加尊重作者的辛苦劳动。

陈教授如今已年过花甲，却仍然在高校学报这块园地上默默地耕耘着。他深情地热爱着自己的工作，决心站好最后一班岗，为自己40年的编辑生涯画上一个圆满的句号。

来源于1999年12月18日《安徽师大报》第358期

陈育德（1935—），男，安徽省怀远人，1956年安徽师范学院中文专修科毕业，留校任教。1959年以来，长期担任高校学报编辑工作，并同时从事美学、文艺理论教学与研究。曾任安徽师范大学学报编辑部主任、人文社会科学版学报常务副主编，安徽省文科学报研究会理事长、省文艺理论研究会副会长，全国高校文科学报研究会常务理事、学术委员，被评为全国高校文科学报优秀编辑工作者。参与撰稿《心理学大辞典》《实用美学》等8部著作，享受国务院颁发的政府特殊津贴。

怀念我的导师方永祥先生

戴兆国

四月底五月初的一段日子里，只要从学校西大门往山坡上走去，你总会在路的左边，看到三楼有一家阳台上放着一盆盛开的杜鹃。那花极艳，满满地铺开了半个阳台，惹人驻足。可是在长假的最后一天夜里，一阵狂风骤雨却将那花摧残了，只剩了枝叶。那花是先生精心栽培的，也正是在那天夜里，先生匆匆地离开了我们，没有留下一句告别的言语。

先生走得太突然了，没有准备的心里仿佛被掏空了。先生虽渐行渐远，可是看到先生充满刚毅执著精神的遗像时，一切又仿佛是那样的近，让人神思不已。

先生的生活很有规律，所以于上下课之际时常能够遇见他。每次他都要问问我的学习、工作情况，有时还会与我讨论一些问题，告诉我书店里来了哪些新书。先生放达的谈吐总能让我感到非常的欣慰。

先生是一位严师，在学业上对我们要求非常严格。当年，我作硕士论文，曾七易其稿。当先生将最后一次的稿子给我时，我发现稿纸上竟然连各处的标点错误、语句的连贯以及语气需要修改的地方，都一一标了出来。其时于我的震撼是非常大的。从那时起，我真正明白，学问之道需要精益求精。正是这种精神激励着我，使我不敢泯除那饱含着期待之情的师恩，在学业上没有丝毫的懈怠。

《诗经》云："周道如砥，其直如矢。"先生一生直道而行，秉性率真，于社会理想的追求，从不动摇，处世为人坦荡无私。记得有一次上课，一位同学迟到了一会儿，将来不及吃的馒头丢掷到窗外，先生无意中看到了，他竟毫不留情地批评了那位同学，我生平第一次见到老师如此的动气。我想在先生的心中，他是没有任何私意的，他不过表达了一种最真诚的态度。其事历历在目，警醒依然。

先生绝非无情之人，于助人之处他毫不吝啬。曾听师母说，有个同学请先生推荐工作，他不但热情介绍，还主动买一些土特产送给用人方，以求方便。而且这类事是常有的。每逢教师节，师兄弟们去他家问候，客厅的桌上总是摆满了各种水果、食品，临别时，他还非让我们将所剩的东西分完带走，那种暖意至今让人难忘。

子曰："知者乐水，仁者乐山；知者动，仁者静。"水于流行不已中显其动性，山则于稳成坚定中葆其本色。动静取舍之间，生命的流行是永不止歇的。人的自然生命固然有终，但人的道德慧命却能不坠于地。先生真诚教人、乐于助人、直道而行的精神也必会永存。

来源于2004年5月31日《安徽师大报》第422期

方永祥（1933—2004）山东寿光市人，1954年毕业于山东政治学院（前山东大学政治系），同年分配到安徽师范大学政治系（时为安徽师范学院）。1956年至1957年于上海复旦大学马列主义基础研究班学习、毕业。1981年晋升为副教授，1987年晋升为教授，马克思主义哲学研究生导师，享受国务院特殊津贴。他曾先后担任科学社会主义教研组组长、哲学教研室主任，兼任中国历史唯物主义学会理事、安徽省哲学学会常务理事和副秘书长、安徽省马克思主义哲学应用学会常务理事、安徽省马克思哲学史研究会副会长等职。

“严父心　慈母嘴”

——记体院张炳先副教授

刘　玉

选择体育专修课时，我本来在篮球与足球之间徘徊不定，后来听说张炳先副教授带篮球专修班，便决心做他的学生。

第一次见面，他便说：“上我的课，是我的学生，但要有自己的个性，你们不可以做我的影子，我不完美，我希望我的学生更加完美。”短短几句话，已使我产生一种由衷的敬意。

张老师授课自有他的特色，在“疏”和“灌”之间，他采取了中和。在实践课教学中，我便充分了解了“灌”的厉害。一个又一个基本动作技术的训练累得我们筋疲力尽，一旦完不成任务，他又会采取各种严厉的措施，我就曾饱尝了“俯卧撑”之苦。他的理论课又常常打破原有的教材模式，进行归纳、总结与补充，力求知识集中化、条理化。教得系统，学得自然，加上他那诙谐与幽默，一阶段下来，自感受益匪浅。

“蜂儿酿就百花蜜，只愿香甜满人间。”到张老师家里，才能更加理解这句话的内涵。看到他案前的专注，真想悄悄离开，但他喜欢在家中跟学生闲聊，一杯浓茶便可将严谨的气氛一扫而光。谈什么都可以，从生活的烦恼到人生的理想，当然他最喜欢谈的还是学问。他说，作文如做人，只有真诚地面对现实，才能真诚地做人，也才能真诚地作文。每次从他家中走出，都像平添了一份成熟。

“严父心，慈母嘴，绞尽脑汁跑断腿。”这就是张老师的真实写照。他还兼做辅导员，学生生病，病房中可见他的焦虑与不安；学生中闹矛盾，你可看到他楼上楼下匆忙奔走的身影；学生情绪偏位时，他可听到他家客厅中的谆谆教诲……

张老师本是北京体育学院的高才生，1961年毕业后分配到解放军体院，转业后到了青海省体委，出色的训练被兰州部队看中，他又成为兰州部队女篮教练员；1973年又被青海省体委要回任男篮教练，1974年任青海省女篮领队兼教练员。虽然他是一路辉煌,但张老师最大的愿望还是培养更多的基层体育人才,所以当1979年我校体育系想让他担任篮球课教学时,他毅然放弃了优越的工作条件,来到了师大。十多年来,勤恳地进行篮球教学与研究工作。他已先后在《篮球》《体育高教研究》《北京体院学报》《西安体院学报》等有影响的刊物上发表论文数十篇,其中《努力提高防守能力,才能争得主动》《强防守、快速反击仍是我国男篮卫冕之道》等文都引起了很大社会反响,并受到专家学者们的注意。

做他的学生,不容易;但做他的学生,你会拥有一份自豪,并且愈来愈愿意……

来源于1993年12月11日《安徽师大报》第267期

张炳先(1936—),男,浙江省诸暨县人。1956年3月加入中国共产党。1957年8月考入北京体育学院第一届运动系本科(培养国家高级教练员);1961年7月毕业分配至解放军体育学院训练部任篮球教练员,1970年调兰州部队女篮教练,1971年调青海省男篮任主教练,1973年任青海省女篮领队兼教练。1979年调安徽师范大学体育系任篮球教师,先后在《体育大学学报》《西安体院学报》《中国体育科技》等杂志上发表论文多篇。1981—1982年荣获安师大教学优秀质量奖。1986年晋升安师大体育系副教授。

桃李不言　下自成蹊

——记“三育人”先进个人中文系蒋立甫教授

史德恕

一个细雨霏霏的下午，我们走访了不久前受到表彰的校“三育人”先进个人，中文系先秦文学教师蒋立甫先生。从1961年算起，蒋先生已在师大这块育才的沃土上辛勤耕耘了三十余载。

“我认为一名教师最重要的是要有师德，要把教好书放在第一位，教学和科研固然是相辅相成的，但时间毕竟是常数，应当把主要精力放在教学上。”蒋老师质朴的话语平静地流淌着。多年来，为满足教学的需要，他主动承担了门类繁多的教学任务。在系里，他是开设课程最多的老师之一。基础课，蒋老师已教过多年，至少讲授了十多遍，即使这样，每次上课，他仍要认真修订讲稿，一是根据教学对象增删内容，一是及时汲取新的研究成果。有两个学年，蒋老师的工作量连续在中文系居第一位。“桃李不言，下自成蹊”，他认真而高水平的讲课，获得学生的一致赞许，在1992年的一次教学评估中，他获得90多分的高分。

自1979年以来，蒋教授参加了研究生指导组，对这项工作，他同样倾注了大量心血，一些研究生发表的论文，差不多都是蒋老师精心指导润色加工的，他甚至把自己积累的资料、研究的心得都充实到他们的论文中去。

“一个高质量的教师，在完成教学任务的同时，积极从事科学研究也是不可忽视的。”蒋教授这些年来不仅精心执教而且潜心科研，先后在国家级、省级刊物发表论文近300篇，有的在学术界产生较大的影响，其中《〈左传〉成书时代与作者考辨》一文被《先秦文学集疑》一书摘引，《何逊年谱简编》全文被采入《何逊集注》中，《风诗含蓄美论析》被同行誉为“创新”之作。尤其值得称道的是《诗经选注》一书，1981年出版，先后共印21万余册，在同类书中发行量最大，被多种书籍介绍或摘引，在海外也有一定影响。蒋立甫教授以他的学术成就，赢得了省内外同行的首肯，曾被推选为安徽高校古籍教研会理事长，全国《诗经》学会常务理事，《诗经国际学术会议论文集》编委。

蒋立甫教授熟悉文献目录学，文学训诂学也有功底，近几年着力于古籍整理研究，已完成多种书籍，其中将见书或通过出版社审订的有《文选笺证点校》《古文辞类纂校注》（合著）。现在蒋立甫教授正全力投入《汉魏晋南北朝诗纪事》的编撰工作，这个项目已被列入国家“八五”重点出版规划，他是两个主编之一。

走访中，我们还了解到一个他秘而不宣的一件“小事”：1991年到现在，剑桥国际传记中心五次来函要求蒋先生将个人材料寄去，以编入《世界知识分子名人录》，但他却将来函一一搁置起来，不作答复。谈到这件事，蒋先生微笑着说：“我想我的水平还不够，即使载进去，也会贻笑大方的，再说，对浮名不必看得太重。”

蒋先生抬起满是华发的头，静静地凝望着雨中的校园。窗外的细雨绵长，在静默中洇湿了土地，滋润了花木……

来源于1994年10月10日《安徽师大报》第282期

蒋立甫（1937—）男，安徽休宁人，安徽师范大学文学院教授，曾任安徽师范大学古籍整理研究所所长，安徽省高校古代文学教研会理事长，中国诗经学会常务理事，中国古代文学专业硕士研究生导师。1995年被国家教育委员会和国家人事部评为全国教育系统劳动模范，并授予人民教师奖章，享受国务院特殊津贴。著有《诗经选注》《诗经举要》《蒋立甫古典文学研究论集》《古文辞类纂评注》《中国古代文学简史》《古文观止鉴赏集评》《戴震全书》（整理、审订）《楚辞集注》（点校）《文选笺证》（校注）等作品。

与蒋立甫教授一席谈

吕周炳

周末晚上，我们几个同学一道去拜访了中文系蒋立甫教授。蒋老师教的是先秦文学，他虽然没有带过我们的课，但他那种兢兢业业做学问的精神、高尚的人品以及他丰硕的学术成果，都为我们所倾慕。拜访前，我们曾听说一个关于蒋老师的故事：去年暑假，蒋老师重病在家，无人知道，后来开学不见蒋老师来上课，系领导登门，才知道蒋老师整整病了一个假期。蒋老师这种忘我牺牲的精神令全系师生深深感动。

蒋老师住在路西一栋旧楼房里，与我们想象中教授住房大相径庭。

没有客套，一番自我介绍后，我们就进入了话题，我们就报考研究生及古代文学学习问题向蒋老师请教。蒋老师感慨叹息："现在社会有一种轻视知识的劣迹现象，这股歪风也刮到了校园。这两年报考研究生的人数越来越少，在师范院校已经失去了前几年考研的热潮了。"对这种严肃的情况，蒋老师表示极大的担忧。是的，一个民族要发展，一个社会要进步，缺乏文化知识和科学技术是不行的。蒋老师接着说："这只是一种暂时现象。"他告诫我们，不要为当前社会上的不正之风所迷惑，不要随大流，学点真本领，即使考不上研究生，将来也会有用。将来走上教育岗位，学生也总是喜欢知识渊博的老师。

讲到报考研究生，蒋老师特别强调要学好外语。他说："很多专业课学得很好的学生，都因为外语不能通过而未被录取。"针对我们提出的外语与古代文学研究的关系，蒋老师说："表面看来，外语对古代文学研究似乎无关紧要。但是，掌握一门外语等于拥有一种实用的工具，查资料、搞翻译都离不了外语。"他说："你们八六级外语比前几届都好，这对考研究生是一个有利的条件。"

谈到古代文学学习，蒋老师强调多读作品。他说，赏析作品最能体现古文掌握的水平。多读多记是赏析的基础，只有读熟了，才能理解，才能分析鉴赏。他有感于现在中文专业的大学生古文基础差，学得太少。他说："你们本科生古代文学还没有电大、自学考试中文专科生学得扎实。"老教授回忆起他上大学时学习古文的情景，说："我们那时候特别强调读，把《古文观止》从头到尾一字不漏地读，并且要背到几十到几百篇。"蒋老师指出，根据这几年毕业生实习情况看，古代文学课在中学语文教学中非常重要。因此，作为未来的中学语文老师，在大学期间打好古文基础，对将来的教学和研究工作都有极其重要的意义。拜访结束了，我们感到心里充实了许多。

来源于1989年3月15日《安徽师大报》第185期

赭麓教苑好“园丁”

——记全国模范教师汪裕雄教授

木禾辛子

新秋时节，笔者走访了最近被教育部、人事部授予“全国模范教师”称号的文学院教授汪裕雄老师。

汪老师年逾花甲，执教已40个春秋。长期承担中文系的基础课，选修课，同时担任硕士生导师，教研室主任等多项工作，教学工作量常在学校额定量的一倍以上。1993年以来，他发表了70多万字的学术论著，《审美意象学》《意象探源》作为人文社科优秀成果，先后获国家教委和省人民政府表彰。

拓展学科领域 注重知识更新

在教学中，汪老师非常重视内容的拓展创新，有针对性地对基础课《美学》进行内容刷新充实，引导学生对审美与人格构建进行深层次的探究，从而使美学理论落足于审美教育这一基点上。选修课则以“审美意象”为中心轴，融会了他在审美心理方面的心得，借鉴西方现代美学的最新成果，对中国传统美学的意象理论作系统诠释，视野纵横开阔。学生认为内容新、理论深、益心智、启思考。

汪老师指导研究生更注重拓宽基础，培养能力，因材施教，教学相长。

先使学生读入门书，选用朱光潜的《文艺心理学》，使学生大体弄清楚美学学科范围和主要问题，然后开设“中西美学要籍导读”课，指导学生读原著，做读书笔记。他和王明居教授协作，导读西方美学论著，选讲亚里士多德、柏拉图、康德、黑格尔的有关论著；中国美学论著选讲《老子》《周易》《庄子》《乐记》、“魏晋玄学与美学”五大专题，加深和拓展了学生的知识层面。安排学生选听文秉模教授的“西方哲学史”和李铮教授的“西方心理学派别”，提高学生的哲学与心理学素养。在此基础上让学生自己选题，确定方向，重点研究，撰写学期论文和学年论文，一步步地引向专题研究，为毕业论文做准备。

汪教授对读书笔记尤为重视。凡经指导的学生，三年每人笔记不下30—40万字，做到每记必改，既有总批又有眉批，为学生释惑解难，务使读过的要籍吃准摸透。一旦发现学生有独到的体会，就及时鼓励学生写成论文，有不少论文在省级以上刊物上发表。他把毕业论文的撰写，看成是对学生的全面严格的训练过程。开题要求做充分论证，做到三个明确：分析同课题原有研究的进展情况，明确尚待解决的问题；拟定选题范围，明确选题意义和需要突破的重点、难点；分析自身的理论准备和材料准备，拟定写作步骤。因而，历届学生毕业论文都具有较高的质量，受到著名学者蒋孔阳、叶朗等人的好评。他和王明居教授协作，终于培养出一批优秀的文艺美学硕士研究生。其中有四名以优异成绩分别考上复旦大学、社科院研究生院、武汉大学，师从蒋孔阳、余敦康、刘纲纪等著名学者，攻读博士学位。

科学教研两翼并展

高素质人才的培养，离不开高质量教学，更离不开高水平的科研支柱支撑。汪老师的科研特点，正是力求教学与科研相互促进，选题从教学中来，成果返回到教学中去，两翼并展而奋飞不息。

从1993年以来，汪老师除出版《审美意象学》《意象探源》两部专著外，还有八篇十万多字的论文发表于著名学术刊物《中国社会科学》《学术月刊》等期刊。参与主编并且撰写了其中10多万字的《中国历史美学文库·魏晋南北朝卷》，行将出版。

《审美意象学》，即是汪老师为研究生、本科生开设选修课的成果。反复讲授，反复修订，跟学生讨论、琢磨，向同行请益、求教，先后八易其稿。出版后被同行誉为“选题出于美学学科发展前沿地带”的力作，获全国高校首届人文社科优秀成果二等奖。《意象探源》作为前一著作的姊妹篇，是向美学学科历史纵深的推进，也被学界推为成功之作，获得安徽省第四届社科优秀成果一等奖。此书知识领域涉及古今中外，选材精严，论述周密，没有一定理论功力，难以驾驭。《意象探源》揭示了“意象”的本质，力图用“意象”返解“自然”“人生”。所提出的“言象互动”说，是对中国文化整体思维一种独到的阐释。书中区分了西方的“image”与中国传统意象范畴的差异。以传统的“气论”为基点，从“观物取象”创构过程，阐述了意象中的创造意识，以时间空间意识探索自然界生命的节律，由主体的内在感受解释审美的人生意义。中国人民大学成复旺教授对《意象探源》给予了很高的评价:“为中国学界提供了一部高质量的学术著作，是中国文化研究的重大新成果。”

严以律己 厚爱青年

王裕雄老师是一位受人尊敬的教师和学者，也是一名老共产党员。他在教学、科研过程中能自觉地严格要求自己，也深深影响了自己的学生。他指导的研究生，多数属于家境贫寒的农家子弟，生活清苦。“学潮”的冲击，使少数学生在价值取向上产生倾斜，有的甚至想辍学“下海”。针对这种情况，汪教授现身说法，身体力行，以自己教学、研读几十年的艰辛历程和这些同学谈心，做细致入微的思想工作，帮助他们自我调节，摆正眼前利益与长远利益的关系。举前辈著名学者不因贫困放弃对学术顶峰攀登、甘心“寂寞”于斗室笔耕的典型事迹，抵御 “拜金主义”的侵蚀，激励他们在学术、精神上向更高的境界努力。他的学生钱雯同学在“毕业登记表”的自我鉴定栏这样写道:“在生活上我坚持简单、朴素的生活作风，不为世俗追求名利的现象所动,并坚持诚实、坦白、以诚待人的做人原则。导师的为人风范和生活境界，在从师三年中，深深烙印在我的头脑里。这种人生境界将是我一生矢志追求的目标。”这一发自内心的誓愿不正是对导师的最好酬报吗?

汪老师对学生深情关爱，例子很多。湖北籍学生李某，入学前就患有神经衰弱症，快节奏的学习生活，使他通夜失眠，痛苦至极。老母突然病重，又耽误了学习和撰写论文的时间。疲劳，赶学业进度，使原有病情恶化，诱发肠胃功能紊乱。他不得不萌发延长学习年限的念头。汪老师得悉后，边安慰，边动员他的亲人利用假期来芜湖照顾小李。春节请他们做客，给予关怀，小李的身体康复了，坚持完成了学业，并写出了高质量的论文，主持答辩的北大哲学系叶朗教授评价很高。小李回原籍在大学执教时，汪老师一如既往地鼓励他继续进取，去年他以名列第一的优异成绩考上武汉大学美学博士生，他在信中深情地说:“生我者父母，教我者老师，得遇我师，实为此生一大幸事。”

高素质、团结的集体，能够提高工作效率，释放出无穷的能量。汪老师任教研室主任 15 年，注重教研室整体素质的提高，协调同事关系，做到自身正而正人。既支持老教师的严格要求，又激励年轻教师打好基础、开阔眼界、目标向着学术前沿，保持了该教研室60年代以来作为全省文教系统先进集体的优良传统。现在教研室以青年为骨干的教学、科研队伍脱颖而出，发表的一批学术成果处于领域前沿水平。这些，与汪裕雄老师的努力是分不开的。

来源于1998年9月28日《安徽师大报》第343期

汪裕雄（1937—2012），安徽绩溪人。1955—1959年就读于合肥师范学院中文系，1959—1964年执教于合肥师范学院中文系。1964—1967年就读于复旦大学中文系研究生文艺学专业，毕业后回合肥师范学院中文系任教。1998年8月被教育部、人事部评为全国教育系统劳动模范并被授予“全国模范教师”称号。1998年9月被安徽省教育委员会、安徽省人事厅评为安徽省教育系统劳动模范并被授予“安徽省模范教师”称号。1999年被曾宪梓教育基金会授予“高等师范院校优秀教师奖”二等奖。1994年起享受国务院特殊津贴。

听天竹先生讲课

——记中国当代著名画家翟宗祝先生

海　涛

进入大学后，老师不再像中小学老师那样“盯”着人了，在学期考试前的几天经过通宵夜战便能通过考试的情况下，一般上课让我感到的是枯燥无味，时常身在课堂，心在课外。庸碌中无所事事的我，听了天竹先生的讲课，倒觉得既是一种享受，又是在学术、人文与自然中慢行，让我品味到什么是真，什么是善，什么是美；一切又都如行经于千百年前的人生中，轻轻松松地散心。

天竹先生原名翟宗祝，中国当代著名画家，美术理论家，安徽师范大学美术系原系主任、教授。先生教我们西方美术史课，课本是他自己编写的《蓝色画廊》，打破了史论著作一般采取的“盖棺定论”手法，在通俗和趣味可读的中间留给读者可思的回旋余地，用先生的话来说是“让长眠于地下几百年以至上千年，甚至上万年的‘幽灵，起死回生，面对着读者倾诉衷肠，亲切对话”，从这里也就可以看出先生在教学中所采取的方法了。

先生上课时常带着一只录音机，里面装好了课前准备的配幻灯片解说词的磁带。优美的抒情音乐，让我从幻灯片中走进远古之谜、春的故事、少女和桃、日出印象、现代艺术的章章节节中，让我体会到那些艺术大师们胜利的喜悦、失败的沮丧以及画家们的奢侈豪华、贫困潦倒、洁身自好与胡作非为的酸甜苦辣，让我从远古的威伦道夫大美神到维纳斯从海面上静静升起中如诗如画，从罗可可的脂粉飘香到浪漫主义木筏上的惨剧中入情入境，一切都在柔美刚劲的抒情之中，一切都在学术教学之苑内。

长长的西方美术史长廊，用余秋雨语：“是一种文明对另一种文明的理解和欣赏”“一个觉悟者对人类共同精神财富的寻访和朝拜”。他说的是人，是天竹先生的学识；他说的是书，是《蓝色画廊》的博纳。天竹先生也正是用他的胸襟与学识带着我，还有我的同学们走进了这长长的蓝色长廊，似在谈心，又似在笑语。

在如痴如醉中，听完先生的讲课，读完了数十万字的书，这都是在渴望与等待中度过的。在天竹先生眼中，我和我的同学们都是孩子，正因为孩子们有着求知欲和好奇心，先生便把这一点我们感兴趣的东西在随性自然的教学中让我们体味、欣赏与满足，我们通过“这条蓝光荧荧的走廊”而受益匪浅。

来源于2002年6月30日《安徽师大报》第387期

翟宗祝(1938—)，男，安徽巢湖人，教授。中国美术家协会会员，擅长中国画、水彩画。1960年毕业于皖南大学艺术科。任原合肥师范学院教育系教师。1968年后历任安徽师范大学美术系副主任、主任。作品《雾破山明》《昭君出塞》分别参加第一届、第二届全国水彩、粉画展。著作有《宗教美术概论》《彩墨画新技法》《东方禅画》《蓝色画廊》等。

春晖之歌

——记许晶晶教书育人的事迹

高　山

她——许晶晶，一位在学者如林的高等学府里很普通的讲师。

1984年，安徽省单科成绩统考，她教的学生成绩出众，为我校争获总分和高分人数两个全省第一的好成绩。1986年，她以90多分优势，在全系部分学科和教师的教学质量综合评估中名列榜首。

人们赞扬她：学生称她是“大学四年中印象最深的优秀教师之一”；系领导说她教学效果是“公认的”；教师夸她“教书育人很有特点”。“有什么特点？”记者采访时问许老师。她深思片刻说：“党和家长把青年交给我们培养成有用之才，我要像对自家孩子一样，随时关心他们健康成长。”

话语朴实无华，含义却耐人寻味。它体现了许老师几多良苦用心啊！

一天上午，学校组织学生集中听徐良的录音，需要调课。许晶晶二话没说，愉快服从安排。下午上课时，她趁热打铁，对学生说：“徐良和你们都是大学生，又是同龄人。他用热血谱一曲壮士之歌，你们要以英雄为榜样，拿出实际行动书写青春的风采。”语重心长的两句话，说得学生直点头。

执教几年来，许老师经常这样有意识地结合实际和教材，或有感而发，或触景生情，教学生如何治学做人，她备课又备人，以寥寥数语，寓德育于智育之中。她认为，站在讲台上要心中有人，这样才能对得起历史的重托。讲无穷级数，她强调量变到质变的规律；讲定积分的物理应用，她宣传社会主义制度优越性；甚至新学期的头堂课，她也问问学生：“假期里是否看望过中学教师？”以此激发他们当老师的光荣感。《数学分析》是门比较枯燥的基础课，许老师抓住教材中充满辩证法的特点，借助形象比喻，将抽象的定义概念、烦琐的逻辑推理讲授得如此生动有趣，以至吸引了患小病的学生也去听讲。她的课基本上消灭了迟到、不交作业现象，更无旷课记录。即使上午第四节课学生已饥肠辘辘，教室里仍秩序井然。

许晶晶相继担任四届数学系学生的专业课教师，每次两年，周期长，内容多，课余时间已经不够用了，可她的时间安排表里还默默填着一项不挂职的工作——接待来访。每当节假日和饭后时间，那些校内校外的学生，甚至毕业参加工作的老学生，都争相到她家串门。话题从喜怒哀乐到忧愁烦恼，无所不包。谈者无意，听者有心。每次拉家常，许老师都留心捕捉某些思想苗头，循循善诱，苦口婆心地进行疏导教育。去年底闹"学潮"时，有几个学生在她家谈到游行一事，她当即耐心劝阻，说："有意见可以通过正常渠道提出，上大街游行什么问题也解决不了。还容易被坏人利用。"话语真挚、亲切、实在，同学们听了觉得老师如同母亲一样在诚心关怀自己，就再也未去参加那种活动了。

和谐融洽的师生关系，来源于相互尊重、信任和了解。许晶晶善于从平时接触中发现每个同学的素质，并区别层次，严格采用不同的教育方式；也善于从教学实践中体察学生心理特征。在处理问题时尽量不伤他们自尊心。有个留级生经常在课堂上打瞌睡，她没有当众质问，而是通过个别谈心，帮助查找原因。学生问题目，她平等相待，不摆教师架子。有时碰上难解答的，也绝不打马过桥，事后总有交代。她说："做学问应取老老实实态度，对学生与同自己子女一样要来真的。"在她的思想感染下，她班上学生考试从不争分数。有时她把卷面分加错，学生自己发现后，多的，自动声明减少；少的，却并不要求更正。这一优良风气，直到高年级仍保持着，受到后继任课老师的好评。

许晶晶把慈母般的爱给了学生，党和人民没有忘记她。今年教师节前夕，她荣获省"教书育人、为人师表"先进个人称号。

来源于1987年9月30日《安徽师大报》第161期

许晶晶（1939—），女，安徽省滁州来安人，1962年毕业于皖南大学（今安徽师范大学）数学系数学专业。1962年9月参加工作，长期以来从事数学系主干基础课"数学分析"的教学，课时多任务重，一直处于满负荷状态，但她总是任劳任怨，认真负责地完成多项任务。1989年获得安徽师范大学教学优秀成果奖。1987年，被省教委评为"安徽省教书育人先进个人"（省厅级劳模）。

梦 不再遥远

——章槐彬和他的细胞工程

戴文进

一粒稻种可以繁育出一亩田的秧苗。

谁能？他说能。

他拟用什么魔法？他研究的细胞工程——利用组织培养快速繁殖水稻秧苗。

他是谁？生物系遗传学教研室主任章槐彬副教授。

一

一个梦，萦绕着古老的东方农业大国几千年；一个栅栏横在东方巨龙腾飞的路上，当人们发觉已有几百年；一个追求，于他已经奋斗了几十年。

“民以食为天。”一句大实话，多少人深有感触。1958年那阵子，他还是安农的一个年轻的学子，浑身是劲，整天和公社社员在田间劳动。几百斤稻种撒到秧田，只盼能长出青青秧苗。可那年老天爷没长眼，一场寒流把刚刚出芽的稻种全冻死了。几百斤稻在那年月的老百姓心中，分量有多厚多重呀，就这样白花花地扔到田里去了，人们痛心疾首，跪在田埂上拜祭天地，可又管什么用？那时候，老百姓的命运全栓在老天爷的手中。打那以后，他心里就有了一个执著。那一年留给他的记忆太深了……从此，他就和老天爷摆起了擂台。

二

粮食要高产也要高质，水稻工作者试图用杂交的办法加以解决。可搞杂交制种也有许多缺点，如制种工作量大、得种率不高等，章老师搞的细胞工程恰好能很好地克服这些缺点。万事开头难。刚开始从事这项研究时，章老师还没有自己的实验室，只能借用别的老师的地盘。一旦不能成功岂不要被别人嘲笑？可章老师有信心，一颗为民为科学的信心。到底应加哪些化学成分？

它们的量又是多少？如果没有科学的经验找不出规律，这些数字组合起来可是个天文数字。尽管章老师有一定的实践经验，他也还要每次成百瓶地做摸索实验。从实践到理论，从理论再到实践，如是循环。这需要一种科学的耐力。

一个人工作量太大了，他叫来了还在读初中的孩子做他的助手。在无菌室里，一干就是一整天，中午不能出来，只能早上吃得饱饱的，等接种完了，章老师才觉得肚子饿了，他才想起他的助手——儿子一直默默地一声不吭，帮他递瓶、包扎瓶套……他不忍心啊，可不狠心点怎么能干点事业？

辛劳的付出总会有收获。渐渐地章老师摸索出一些经验，渐渐地他看到了希望。日出日没，花开花落。他的梦，一个辗转反侧了几十年的梦，终于在他小小的实验室里取得了阶段性成果。《安徽师范大学报》《自然科学版》《植物生理通讯》先后发表了他的两篇关于这方面的研究成果的论文，引起了同行学者的注意。章老师没有止步于他的小小成功，现在，他正在用他不懈的追求迎接下一个挑战。一切的成功，都蕴含着艰辛的努力。翻开章老师的实验观察笔记，上面记载着每一瓶愈伤组织的生长情况，工工整整、密密麻麻。这可是他辛劳勤奋工作的最好见证。翻着，阅着，我觉着这一页页无比沉重了……

青青的秧苗在章老师的培养箱里正热烈地展示着它的青春，也昭示着：梦，只要努力，就会向前迈进一步。

来源于1992年6月20日《安徽师大报》第240期

章槐彬(1935—)，男，福建省龙岩县人，1955—1959年在安徽农学院农学系学习，1959年大学毕业后分配到皖南大学(安徽师范大学前身)生物系工作，主要从事细胞生物学教学以及农学研究工作，1982—1983年到兰州大学生物系进修细胞生物学，1986年获安徽省科学技术四等奖，1989年晋升副教授，被评为安徽省农学会优秀会员。

一生只为一句话

——记全国优秀教师余恕诚教授

张　弛

余恕诚，中文系唐宋文学教授，年50有余，清瘦而干练。人谓：倚案见雄笔，随身唯唐诗。青年时，他曾说过："讲授一流的唐诗，应有一流的学识，要达到一流的效果。"就因为有这么一句话，十余年来，他在师大这个美丽而宽敞的校园里，留下了许多感人但又不被人注意的故事。

那是在1991年5月中旬，他在中文88级上完"战士之歌和军幕文士之歌"这一课之后发生的事。教室里，熙熙攘攘，赞赏之声喋喋不休，他那里，却回思自责，埋怨几处尚欠生动；教室里，情意绵绵，诵"秦时明月汉时关"，他那里，却翻开教案，默默推敲王昌龄；教室里，兴会淋漓，三五同唱"岂能贫贱相看老"，他那里，却掩卷深思，举手拭额评高岑；教室里，一个个摩拳擦掌暗努力，他那里，却一步一思揣摩悬想下堂题。两个场面，两种心态，一弦一柱，岁岁年年，就这样，他终于在安师大这八百亩方圆的土地上，立下了一块坚实的丰碑。今年十月，他闯过这金黄的季节踏上去首都的旅途，摘取了全国优秀人民教师的光荣桂冠。

消息传出，举校皆惊。

有人说他平淡中见雄奇，有人说他挥毫中显拘禁。不管怎样，他上课能吸引学生，这却是刻写在荣誉证书上的事实。

在88级本科函授班学员座谈会上，学生对1990年暑期所授课程评价最高的是他的《唐诗风貌》；即便是"厌学热"最"热"的85级学生，到大三下学期时，唯一能出满勤的课程，也是他排在下午的《唐诗风貌》；1980年，系公认对教师要求偏高、十分难教的77届学生在神圣的选票箱内，纷纷投进了他的名字，结果他当选为镜湖区第八届人大代表。

消息传出，掌声雷动。

1978年以来，他的基础课在本科教过三届，专科教过两届，选修课教过六届。并且一直担任中国古代文学研究方向的硕士生导师。已毕业的硕士有四届，还受系科派遣担负函授班、夜大、联大以及自学辅导班、助教进修班的教学。许多课程都属计划外规定承担的，多年来他都这样超负荷地运转着，教学占去了他大部分时间。他教学注意培养学生对作品的感受、理解和分析能力，揭示作家的主要风格特征和文学发展轨迹。授课的同时，还注意贯彻思想教育、情感教育和传统教育，由于他追求每堂课都有独到的心得并易于被学生吸收，所以教案年年改、月月改，乃至天天改。一堂课下来，只要有自己不如意的地方，便会身陷深深的自责之中。

老教案不改难道不能照样上课吗？

他说，不改不行。唐诗虽是定格的文学，可她又是活着的生命。同一幅“春江花月夜”，今年之“月”境非同往年，他无法任由自己的懒惰去掩盖生命的体验。

为人师者，最大的痛苦与最神圣的职责莫过于此，谁知他手中案卷，字字皆辛苦。

还是让我来把镜头定格在1979年冬天的一个晚上吧，是夜：寒雨连江夜入芜，夜阑人静处，余教授正伏在案头，认真仔细地修改第二天上课的教案：“李商隐诗歌艺术特色”。

他面对的是“浩劫”后新入学的第一届大学生，他涉足的是“文革”后新增添的又一个新领域。

凌晨三点，他拿出自认满意的教案，可等他外出透透气时，竟昏倒在寒气茫茫的室外。

“好老师，求求您，今天就不要为我们上课了。”当学生知情后，一齐热泪盈眶地靠近讲台。

“要不上，岂不是耽误你们的宝贵时光。”

听者眼角含着泪花。作为老师，余教授获得过许多荣誉，然而，这一次学生用滚滚热泪献给他的安慰，堪称诸多荣誉之中的殊荣了。

无须去翻阅他的著述与论文，即便是在有限的精力内，他教研的成果已经够辉煌了，中华书局副总编傅璇琮曾在一次国际性学术会上评价他和刘学锴教授合著的《李商隐诗歌集解》是公认的李商隐研究“集大成的扛鼎之作”。

易经《乾·象》云：“天行健，君子当自强不息。”今观余恕诚教授，信夫！

来源于1991年12月30日《安徽师大报》第231期

余恕诚（1939—2014），男，安徽肥西人。1961年毕业于合肥师范学院中文系，生前执教于安徽师范大学中文系。1987年获教授职称。主攻中国古代文学。研究方向是：唐宋文学、唐诗风貌、古代诗歌散文欣赏、唐诗与唐代其他文体关系研究。第八届全国政协委员，安徽省政协常委，曾宪梓奖二等奖获得者，全国教育系统先进工作者，省重点学科负责人。出版有《唐诗风貌》《李商隐诗歌集解》（与刘学锴合著），成果曾获国家教委人文社会科学二等奖、全国首届古籍整理图书三等奖。

琵琶独奏曲　讲台长歌行

——访我校全国“民乐艺术终身贡献奖”获得者潘亚伯

冯李华　夏　珂　刘天红

他是琵琶独奏的乐者，古稀之年依然弦音不绝；他是琵琶教学的师者，鞠躬尽瘁，躬耕三尺讲台。年少结缘，从此他与琵琶携手情牵；千里辗转，成就弟子桃李万千。集前辈艺术之大成的他，是我国琵琶民乐的先驱者和传承者。2011年8月8日，中国民族管弦乐学会将“民乐艺术终身贡献奖”授予了这位已逾古稀的老者，以彰其就。转轴拨弦声不断，教书育人哺英才。当时间苍老了容颜，潘亚伯的艺术人生却如那些经典不衰的古曲，始终被后来者所铭记。

1940年，潘亚伯出生在上海一个琵琶世家、中医之后的大家庭中。外祖父沈浩初是医德高尚的中医大师，更是浦东派琵琶宗师，著名的《养正轩琵琶谱》就是他的代表之作。在这样一个金石丝竹、弦音绕梁的环境中，潘亚伯从小便耳濡目染，渐渐喜欢上了琵琶。

“学好数理化，走遍天下都不怕”是新中国成立后很长一段时间青年才俊们的理想写照。中学时期，潘亚伯的文化课成绩优异，家里人起先并不愿让他走艺术这条路。潘老告诉我们：“老师建议我继承外公的琵琶事业，这么好的先天条件，不用就浪费了。我自己也喜欢，家人也就不再坚持。”1958年，潘亚伯收到了来自中央音乐学院的录取通知书，师从浦东派第六代传人林石城，正式开启了他的艺术人生。

彼时潘亚伯年方十八，恰是风华正茂的青春年华。他从未想过，在琵琶弹奏和教育的路上，自己一干就是一辈子。

琵琶世家的艺术熏陶，中央音乐学院专业培养，徜徉在大学校园，潘亚伯如鱼得水，灼灼发华。别人周末在打牌喝酒时，潘亚伯在寝室里练琴，直到今天，潘老一直保持着烟酒不沾、牌局不玩的习惯。在那个年代，潘老暗暗下定决心，既然选择了琵琶，就一定要作出一番成绩！

有志者事竟成。大学毕业之后，潘亚伯被分配到吉林省歌舞剧院，在那里，潘亚伯先后担任琵琶独奏演员，弹拨乐声部长及首席。转轴拨弦，一次次精彩绝伦的独奏，一首首醉人的琵琶古曲，当掌声和荣誉接踵而来，潘亚伯迅速成长为当时炙手可热的独奏演员，还于1962年出访了朝鲜。“我们把你要来了，就不能放你走”，上级领导这样对他说。忆往昔峥嵘岁月，潘老继续说到：“在单位演出久了，不能总弹老曲子，加上政治上的需要，我就自己学会了创作和改编曲目，很多都已经出版了。”在1979年全国琵琶教学会议上，潘亚伯技压群雄，在舞台演奏、学术论文、曲目交流上实现三项全能。从此，潘亚伯的名字在中国琵琶界流传开来。

“艺术只承认一流，时间只记得精品”。多年来，潘老笔耕不辍，艺术青春常驻。在国家一级刊物《中央音乐学院学报》上，潘老发表了众多极具影响的学术著作。全国第一篇涉及琵琶基本功训练，突破难点的学术论文《关于琵琶基本功训练的几点体会》出自潘老之手；《辅助练习在琵琶教学中的应用》尤其在下出轮和摇指等演奏技巧有所探索和发展；潘老创作的《欢乐的瑞丽江畔》《军民联欢》《游击队歌》等曲目同样享誉乐坛。

作为琵琶独奏的乐者，71岁高龄的潘亚伯在琵琶民乐上的非凡造诣享誉全国；作为三尺讲台上的师者，潘亚伯的弟子同样桃李满天下。

“吉林那个地方冬天很冷。加上年纪大了，身体落下了一些小毛病，虽不严重，却影响到了我的琵琶演奏，你们不知道，独奏是很消耗体能的。”就这样，潘亚伯不得不离开了舞台。从此，结束了舞台独奏生涯的潘老被调至吉林艺术学院任教。1987年，潘老又调至安徽师范大学音乐学院。

千里辗转，不同的地点，相同的执著。

在潘亚伯的学生中，有已经功成名就的花甲老者，也有黄发垂髫的豆蔻少年。笔者在这里首先要提的是潘亚伯的两个妹妹潘嫦青和潘娥青。师从兄长的两姐妹都是享受国务院特殊津贴的国家一级演奏员、文化部尖子演员获得者，在当代中国琵琶界的也是为人熟知的权威人士。潘亚伯自豪地对我们说：“全国一共五十个尖子演员，我培养了两个！”在潘老看来，没有教不会的学生，只有不努力的老师。“首先，一个好老师要有扎实的基本功，对乐曲有着高超的驾驭能力；再者，必须要有着火热的心，要热爱你的事业；曲目的韵味很重要的，只有老师在弹奏的时候有表现力，你的学生才能够受到音乐的美感。”潘老如是说。

桃李不言，下自成蹊。

吉林艺术学院教授周显顺，师承潘老琵琶艺术本领，把辽源市打造成了中国琵琶之乡；同样在潘亚伯的悉心指导下，我校音乐学院学生汤扬，在2008年文化部主办的文华艺术院校奖——第三届全国器乐演奏比赛中一举夺得琵琶青年B组银奖！这是师大音乐系建系以来第一次获得全国性大奖。来自芜湖一中的北大学子陈笑，在2009年蚌埠举行的全国琵琶大赛获得少年组优秀奖，潘老同样功不可没。看到自己的学生有所成就，潘老觉得这比什么都好。

三尺讲台上，这一站就是几十载。像蜜蜂采花蜜一样，潘亚伯在创作、研究、教学过程中，积累总结出大量宝贵的琵琶教学方法。在琵琶训练法上，“组合练习”“分解练习”“辅助练习”“缩减法”是他教学经验的精华。此外，潘老还总结了“四心八字法”指导学生，四心是“用心、专心、耐心、细心”；八字即“勤奋、踏实、刻苦、钻研”。弹奏的最高境界即充分表达出乐曲的情感和韵味，要达到这一高度，除了纯熟的技巧和表现音乐的能力外，良好的艺术修养不可或缺。潘老告诉我们：“文化修养好，音乐修养才能提升。一场成功的演奏离不开火热的心情，冷静的头脑，坚定的节奏，松弛的感觉，充分的表现。”

“老夫喜作黄昏颂，满目青山夕照明”。无产阶级革命家叶剑英曾云此诗，意在人生暮年如夕阳，在落山前仍发光发热，尽显壮丽本色。琵琶艺术正如一汪清冽的青春之泉，汩汩流淌在潘亚伯的心田，让此番崇高的境界在这位古稀的老人身上得以鲜活地体现。

直至今天，退休后的潘亚伯仍每日弹练不辍，教导学生全身心投入，在艺术创作上不断创新，不断超越。他说：“谁的琵琶技术高，我就要向他学习，争取超越他。我所追求的超越，不仅仅是内容上的突破，更重要的是理念的更新；不仅仅是形式上的变化，更重要的是精神的提升；不仅仅是方法上的创新，更重要的是境界的追求。”

采访中，潘亚伯谈吐间字正腔圆，兴起时笑靥满面，虽年过古稀，但我们从潘老神采奕奕的面庞上看到的是一种怡然，一种恬淡。潘老说：“退休10年了，我还继续从事琵琶演奏、教学、创作，这些年我的学生每年都有获奖，就算忙一点，我也心甘情愿”。确实是这样，退休后的潘亚伯每天坚持弹奏琵琶三小时，练琴已经成为潘老生活中的一部分。“一天不练琴，就像少了什么。”潘老这样说道。

在采访接近尾声之时，恰巧潘老的弟子，刚上大一的胡煜涵来到潘老家里。

“在潘老师这里学习半年以来，进步很快，老师对基本功抠得很严，对曲子的把握非常细腻。”胡煜涵说，“潘老师是特别认真的人，尤其专注于自己的事业，关爱学生，为人豁达，有幽默感。总之，是个非常有人格魅力的人。”

古书有言：“千日琵琶百日筝”，意在说明学习琵琶需要持之以恒的努力。作为外行人，我们虽然不能真正融入那动听的琴声之中，但潘老给我们带来的感动，有目共睹。在我国民族音乐的这片蕴藏丰富的海洋里，潘老是领航的舵手，一路风雨兼程。在今天这个流行音乐充斥大街小巷，人们急功近利的时代，潘亚伯用真心付出，用年华坚守，坚持不懈地为传统音乐的延续做着传薪送火的工作。

2011年，金秋八月，收获的季节。潘亚伯荣获中国民族管弦乐学会的“民乐艺术终身贡献奖”，全国获此殊荣的仅41人。“对我个人来说，这个奖是对我多年来工作的肯定；对师大来说，这也是对学校师资力量的肯定。无论是个人还是学校，这都是来之不易的荣誉。”潘老师感慨道。

“八十毋劳论废兴，长征接力有来人”。当新一代人已初露峥嵘，我们有理由相信，他们定将以娴熟的技巧和美妙的音色，再现琵琶这一古老乐器的魅力，使它大放光彩于世界音乐之林。

琵琶独奏曲，奏出艺术人生；讲台长歌行，歌出桃李万千。五线谱上，潘亚伯没有休止符。

来源于《安徽师大报》第521期

潘亚伯（1940—），男，上海人，出身于琵琶世家，其祖父沈浩初是“浦东派”第五代宗师。1958年考入中央音乐学院后师从“浦东派”第六代传人林石城，毕业后任吉林省歌舞剧院琵琶独奏演员、弹拨乐声部长及首席，后调入吉林艺术学院音乐系任教，1980年以演奏家身份参加东北三省举办的沈阳音乐周，取得了广泛好评，曾随艺术团出访朝鲜。1987年执教于安徽师范大学音乐学院，2011年荣获中国民族管弦乐学会“民乐艺术终身贡献奖”。

潘啸龙印象

李 中 张 巍

刚进师大中文系，就听说我们的古代文学老师潘啸龙不仅课讲得如诗如画，而且是屈原研究专家，40岁出头被破格提升为副教授，神乎其神，真让人急于一见。

在课堂上初见了潘老师。瘦瘦的身架倒也无甚奇特，唯一丰满的地方可能是他自己所说的“双耳如轮”。他或穿笔挺的西服，潇洒；或穿合身的中山装，沉稳。我们总爱联想：他讲授《静女》与《蒹葭》时会穿西服；讲授《论语》时会穿中山装。好在潘老师讲课每每身入其境，情动于衷，大概无暇顾及我们的幻想；而我们自己也常常流连于他那课堂艺术之中，竟忘了认真考究。

一天，我们贸然地想去看看他的家。想象中总觉得他应该住在一幢古色古香的小楼里。我们沿着山上的石级，边走边问，终于来到他家的门口——不是小楼，而是一排平房，还是前些年的那种砖瓦结构。进入家中，唯一没有出乎意料的，是白色的墙壁上挂着好几幅字画，其中一幅便是郑板桥的《竹》，瘦瘦的，却精神饱满，风骨跃然纸上。桌上的玻璃台板下，压着学生们刚送他的新年贺卡，又使我们想起元旦晚会上他赠给我们的一副对联：

雏凤学飞，万里风云从此始；

潜龙奋起，九天雷雨及时来。

书橱不大，却占了半面墙壁。正在“小书屋”里看稿的潘老师一抬眼，竟一口报出我们的名字，真让我们以后上课多捏一把汗。

诚恳的笑容多少使我们有些释然。面对这位60年代的复旦新闻系高才生，无论如何我们是只敢聊天，不言“采访”二字了。

“您怎么会先学新闻，又改学古文呢？”

潘老师一边给我们拿糖果，一边平静地回答我们，学古文是他从小产生的爱好，从大学直到分配在淮北农村，历经十年浩劫，到1979年，终于考上卫仲璠先生的研究生，一直信念不改。这中间多少故事，都随他平静的话语一带而过。

“在淮北，从农村调到教育局，很有可能步入‘当官’的道路。在做‘官’和搞专业之间，我选择了后者。尽管前者也可能有所作为，但为了我年少时代便立下的志向，在选择时，我几乎是毫不犹豫的。”从他平静的语气中，我们无法想象在过去的二十载中，尤其在风雨如晦的前十年，他是怎样从生活的泥沼中跋涉过来的。

他的课堂里常常座无虚席，到处是渴求和喜悦的眼睛。他的论文又往往力能扛鼎，冲击出一波波涟漪。1986、1988年《中国社会科学》连续发表他的《〈九歌〉六论》和《〈天问〉的渊源与艺术》，在学术界引起震动。而能在这本最高权威杂志上发表一篇文章，已是许多人的夙愿。

然而他依然是宁静的，不断地提起他的恩师，提起那些曾帮助和鼓励过他的人们，那种神态使人想起在夏季里默默忍渴的河流，含蓄而深沉。

华灯初上，我们起身告辞。走在梅香飘逸的归途上，不知怎的，那几丛郑板桥的风竹又分明浮现在眼前，竟忘记他那天到底穿着什么。

来源于《安徽师大报》第186期

潘啸龙（1945—），男，上海龙华人。1969年毕业于复旦大学新闻系，分配到安徽工作。1979年考入安徽师大攻读先秦两汉文学方向研究生，1982年毕业获文学硕士学位，留校工作。1987年被破格提为副研究员，1991年又破格提为教授。1993年被国家人事部、国家教委授予“全国优秀教师”称号和奖章，并享受国务院颁发的政府特殊津贴，同年获曾宪梓教育基金会全国师范系统优秀教师三等奖。1996—1999年任安徽师大文学院副院长兼新闻系主任。

从山野走出的艺术家

刘莫华

去年九月，德国策勒市、威森市先后展出了崔基旭先生的书法作品。德国三家报纸同时刊登出其书展作品并作专题介绍。书展在获得极大反响的同时，作品的销售状况也良好。

“果佳何须先知名”是崔基旭先生一幅大写意画作的题款。这也算是先生在为人为艺上所秉持的态度。崔先生在诗书画印诸方面都下过大功夫，颇有建树：其作品曾参加“中外草书大展”“全国第五届花鸟画展”。另有作品入选《当代中国书法艺术大成》《全国肖形印选》《当代花鸟画选》。《书法》《西泠印丛》等刊物刊登了他的作品。崔先生还为“云南爨碑书画碑林”“河南清风诗壁”“朱公祠”“涉故台”等全国二十几家名胜地提供墨迹入碑。《中国新闻出版报》《美术之友》《江南画刊》《安徽日报》等报刊先后作了专题介绍和评价。

半百之后，本该安享逗孙之乐，而崔先生偏偏“自找苦吃”，舍弃家庭的安逸，只身从山野走出，于安师大美术系任教。这是机遇和更高的起点，同时又是挑战和再创业。从基层转向高校，面临传统授艺方式与高校教授体系两种不同模式的矛盾，从驾驭自如的环境里走到一个全新或生疏的环境里，一切从零开始。那么是什么支撑着他呢？是来自艺术本身的张力。这艺术便成了他活生生的生命演绎。

崔基旭，字同岳，砀山人，幼时即随一乡贤习书为文，60年毕业于合肥师范学院艺术系，毕业后在基层工作。其书法从唐楷入手，旋转攻篆隶，对《散氏盘》《石门颂》《杨淮表记》用功尤勤。正是在篆隶上下过大气力，先生书作显得沉雄宽博，其转笔提按有板有眼而不事雕琢。他强调激情在创作时对整幅作品气脉的至关作用。崔先生大器已成且弟子满园仍旧日课不辍，每晚必写字作画到深夜。常见其作八尺草长幅一气呵成而无倦意。论及书画之径时，他常忆及幼时同乡前辈用功之勤之恒，强调功要做好，底子要打牢。

绘画方面，先生以大写意花鸟见长，走徐渭、昌硕、白石、苦禅诸家之路，又将书法自觉融入画中。所绘花卉，明显具有《石门颂》、张旭千字文残石之意。观其笔下的梅紫藤、枝枝蔓蔓，如蛇走龙腾，把草书气、力、韵发挥酣畅淋漓，吐出铮铮之气。

篆刻和书艺可谓成其双璧。先生治印初入汉将军印，继研周秦古鉨，又广涉明清诸大家，始成自家面目。对用字、章法、刀法，先生都有独到见解。在实践中用“冲”“切”的同时，常辅以迭导之法，使其印厚而不板、劲而多姿。先生于方寸之间浸淫已久，深得三昧，所刻《聊斋三百印》，费时数载，现已问世。入印所用字体有钟鼎、甲骨文及篆隶等并结合内容间以图案肖形，个中意趣，耐人寻味。从中也可见先生在古文、古文字学及民风民俗方面的学识。近年，崔先生从事书画印创作之余，悉心钻研理论，撰写论文，使其艺术实践上升到理性的高度。其论文散见于《书法之友》《九州书坛》《安徽日报》《安徽文化报》等报刊上。崔先生为人冲淡谦和，与人交谈及课后授业时，轻言慢语，无浮躁之气，无邀宠之意。对待学生不轻易“捧”，不使“棒子”。他常劝诫学生做人做学问眼界要高，不要受困于某一时某一地，任世事潮涌浪迭，崔先生仍直抒真性灵。

来源于1995年4月20日《安徽师大报》第293期

崔基旭（1944—），男，安徽师范大学美术学院教授，祖籍安徽省宿州市，安徽砀山人，1969年毕业于合肥师范学院美术系，现为安徽师范大学美术学院教授，硕士研究生导师，中国美术家协会会员、中国书法家协会会员，全国高等院校美术专业教材编委，是我国著名的书画家、美术教育家、书画鉴定家。作品入选过全国花鸟画展、全国当代花鸟画名家作品邀请展、全国中国画作品展、全国中国画提名展、中外草书展、第七届全国书法篆刻展等50余项全国性大型展事，1993年11月应德国政府邀请在两市举办个人书画展。曾获全国七届书展一等奖、安徽省社科成果著作三等奖、安徽省美术教育论文一等奖等奖项。

情系学子　爱铸师魂

——记校“三育人”先进个人翟林华老师

王继民　徐成进

情在左，爱在右。走过生命的两旁，随时播种，随时开花。

——题记

他，是一位勤奋敬业的学者；

他，是一位甘为人梯的良师；

他，是一位心系社会的赤子；

他，就是物理与电子信息学院教师翟林华同志。1966年，翟林华老师毕业于我校物理系，“文革”后回校任教，1988年又赴美国贝勒大学留学，回国后继续从事物理与电子学科的教学工作。从教数十年，他严谨务实的工作作风，开拓创新的教育理念，兢兢业业的教学态度，博爱善良的人格魅力，感染了他身边的每一个人。2001年，他荣获“全省精神文明十佳公民”称号；今年“教师节”前夕，他又被评为“三育人”先进个人。

在一个深秋的下午，记者一行人有幸走访了翟林华老师。一见面，率直的翟老师就说：“我只是一个平凡的人，也没什么好说的。我就谈谈自己对教学和育人的一些观点吧！这也许对青年学生有一点帮助。”

教学：匠心独具求创新

“没有教不好的学生，只有不会教的老师。”“学习应该是件愉快的事，我一向反对‘填鸭式’教学，教育的根本目的是要培养学生完整的人格、独立的思想、自由的精神和正确的思想方式。”这些话常常挂在翟老师嘴边，也体现在他的教学实践中。在教学中，他常常采用启发式、对话式等互动式教学方法，引导学生真正热爱物理这门学科。他认为，现代教育应该因人而异，以人为本，课堂教学不仅要传授学生知识和技能，更要注重师生心灵的沟通。大家既是师生，更是朋友，教学不是一厢情愿，而是双方互动，所谓“亲其师，信其道”就是这个道理。

在教学过程中,他总是设置一些物理情景,以一些贴近学生生活实际的事例去诠释深奥的物理知识,同学们听翟老师的课都很入迷。台上一分钟,台下十年功。每当翟老师接到授课任务后,他总是要通过各种渠道了解授课班级学生的思想特点、课堂纪律、学生学习情况,从中分析出教与学存在的问题,从而有针对性地解决学生学习中的困难。

翟老师除承担电子物理的教学任务外,还为物电学院考研同学上外语辅导课。关于翟老师在英语方面的教学,外界传闻很神,有人说,他像魔术师一样,不知不觉间让你蹩脚的英语脱胎换骨。因此,慕名而来听翟老师英语课的学生很多很多。有一位蚌埠的中学教师因英语不过关,考研多次失败,听说翟老师的教学方法有奇效,特地从蚌埠赶到芜湖听了几天课,感觉收获确实很大。在跟翟老师学外语的学生中,很多学生在后来的英语考试中都取得了良好成绩,有一位名叫顾伟伟的同学,GRE 成绩居然考了 2360 分(满分是 2400 分),在全国名列第三名。记者在翟老师家采访时,就此问翟老师:“您在教学上取得成功的秘诀是什么?”翟老师笑了:“没什么秘诀,其实教好考研外语,实际困难很多,我只不过在培养学生学习的能力和提供学习方法上下点功夫。”话虽说得轻描淡写,但其中的艰辛可想而知,因为教会学生一道题目容易,而教会学生如何学习却是极富有挑战性的,有几次翟老师累得心脏病都犯了,险些倒在讲台上。

桃李不言,下自成蹊。在他的引导下,许多优秀大学生考上了研究生,出国留学的也不乏其人。

育人:丹心化雨沐桃李

大凡学生都有难忘的老师,这些老师影响了他们的一生。翟林华老师就是这样一位令学生难忘、尊敬的老师。他的学生方海涛对同学说:“翟老师是我的精神教父。”

翟老师教育学生不仅仅传授他们书本知识,还一点一滴地教导他们做人的道理。“培养学生的良心和社会责任感也是教育的重要任务。”翟老师如是说。在教育方式上,他不是进行简单的说教,而是通过自己一言一行来影响学生、感染学生、帮助学生。翟老师平时不仅关心学生的学习情况,而且还关注他们的情绪波动、生活状况等,并经常深入学生中间,与他们促膝谈心,为困扰中的同学指点迷津,鼓励他们“拒绝平庸,永不言败”。他家的客厅也常常成了他教育学生的课堂,来访的学生很多,许多不知情的人还以为他是学生的政治辅导员。

在育人工作中，翟林华老师时刻想着的是学生，奉上的是一份真情，献出的是一片爱心，他希望每个学生心中都有一片灿烂的阳光，在爱的天平上，他从不放上偏见的砝码。有一位姓裴的学生，学习成绩不好，一次考试因为作弊还受了处分，情绪十分低落。翟老师没有轻视她，更没有放弃她，而是耐心地帮助她、鼓励她，最后这名同学还考上了贵州师范大学心理学研究生。翟老师帮助了很多这样的学生，他对待学生总是从爱护的角度出发，动之以情晓之以理，通过耐心教育帮助学生成长，有一位学生家长对翟老师说："我的孩子在您的熏陶下，完全变了样。在教育孩子方面，您的作用真是远胜于我。"

当然，对翟老师这种无私的付出，也有人不理解，他们劝他：与其醉心于教育学生，还不如腾出时间搞点科研，多写点论文。其实，翟老师何尝不想在自己热爱的专业领域取得更多有价值的研究成果，但是，他舍弃不下他的学生，"培养学生也是我义不容辞的责任！"

春风化雨，润物无声！赵老师就这样用自己高尚的人格感染了一个又一个学生。"饮其流者怀其源"，很多学生坦言，因为一门课几十个学时的缘故，有了一位终生的老师。

捐助：爱心一片洒真情

"我真的很幸运，在大学里遇上翟老师，正是在他的资助下，我这样一名特困生不仅顺利完成了大学学业，还考上了研究生。"正在清华大学读研究生的陈谦同学在电话里对记者说。

采访时，熟悉翟林华老师的领导和同事也说："翟老师是个好人啊！他家并不富裕，但却拿出自己的工资帮助了学校和社会上很多人。"

正如大家所说，生活中的翟老师是个很简朴的人，有时甚至很吝啬，但是对学校贫困学生和社会上一些弱势群体，他总是慷慨解囊。

化材学院有些特困学生生活特别拮据，他和别人一起为他们设置了救助基金；芜湖市"春蕾"女孩玲玲家境十分困难，他与她结对帮扶，助其完成学业；一位农民被野生动物咬伤了，无钱打狂犬疫苗，他二话没说就捐助了医药费；芜湖电视台播出女童朱雅婷患重病的消息，他马上拿出1000元送去了；河南省艾滋病孤儿村的孤儿朱进中需要社会救助，他和家人一起捐助了5000元；有人在凯迪网上为白血病患者曹野募捐，他积极参与其中，很快筹措了一笔钱寄去了……

太多的故事是没办法用笔墨一一叙述的。“一个人做一件好事不难，难就难在坚持不懈”，十几年来，翟老师从没有忘记和停止过他的爱心捐助，他资助了很多贫困大学生，也帮助了很多素不相识的人，他用爱心为这些弱势群体撑起了一片晴朗的天空。

一件件爱心捐助的事迹感动了很多人，也带动了很多人。在翟老师的影响下，他的亲戚朋友、他的学生，甚至他在网络上结交的网友，也加入到了捐助者的行列中。他们当中有些人直接把钱就寄给了翟老师，让他代为寻找合适的捐助者，这是基于一种怎样的信任啊！据不完全统计，自1995年以来，翟老师个人捐助和经他筹措的社会各界人士的捐款金额多达十万多元，仅近两年的捐助款就超过五万元。

在采访过程中，翟老师对他扶危济困的事谈得很少，只是说：“个人的捐助毕竟是有限的，我只是想通过这种方式让受助者不要对人生和社会失去信心和希望。”是的，有爱就有阳光，一位受助者说：“翟老师的一片爱心让我鼓起了理想的风帆，使我重新认识了人生的价值，无论将来我干什么，都要做一个像翟老师一样的人……”

黑格尔说：“当一个人把别人的心灵之火点燃后，他的生命之火将永远不会熄灭。”翟老师，就是一个甘愿做播撒火种的人，他把爱的火种撒在课堂上，撒在他力所能及的社会每个角落，他用“心”铸就的师魂在爱的火焰中熠熠生辉……

来源于2005年12月15日《安徽师大报》第452期

翟林华(1945—)，男，安徽泾县人，1966年，翟林华老师毕业于我校物理系，1987年下半年开始担任讲师，从事教学工作。1988年底到1990年底，在美国Baylor大学物理系进修，从事低能加速器和气体分子结构研究，1998年按期回国仍从事实验教学。1990年担任Baylor大学中国留学人员联谊会主席。在物理系科技开发工作中，完成了移氟机动力控制部分的设计和安装。1988年与项凡及其他同志合作编写了文科选修课程家用电器教材。1990年和李复麟先生合作翻译《量子力学》(兰道)，由高等教育出版社出版。

艺术天地聘英才

——记语言研究所曹宝麟老师

金光印

年近不惑的曹宝麟老师在书法艺术和事业上都跨入了一个绩丰果硕的时期。自82年他的书法获得全国第一届大学生书法竞赛一等奖在书坛崭露头角后，历年的重大书展，他都有作品展出。过去的两年是他收获最大的两年，去年他出席在郑州举行的国际书展，《精品选》中又收入他的作品，数月内连获中国钢笔书法大赛特等奖、中国汉字硬笔书法大赛一等奖、《周末报》银牛奖、神龙书法篆刻大赛全能优秀奖、《书法报》黄鹤金奖，七月份在北京举行的《第二届中青年书法篆刻家作品展》，他被聘为评委，曹老师现是中国书法家协会会员并任中国书协安徽分会理事。

曹老师不仅在书法上有造诣，他的中国画功底也颇深，尤以花鸟画见长，在北大时他的国画作品就常被日本朋友收藏；他诗词填写得很好，颇受宛敏灏先生的青睐，美国旧金山《时代报》刊有他的诗作。他还长金石，识乐理，口哨吹得可与专业水平媲美。

到目前为止，书法家还不能算作职业，当然曹老师也并没非要“吃书法饭”，他学识较为广博，文理皆通。七十年代末，他毕业于华东化工学院，后来靠自学成为我国著名语言学家、北大教授王力先生的高足，研究生毕业荣获文学硕士学位。几年来，撰写专著两部，近二十万言，发表论文十四篇，整理古籍十五万字。尤其是他的十一篇碑版考据论文开辟了中青年不敢问津的荒地，具有开拓性意义，受到国内外同行的好评。他在语言所担任了撰写《汉语大字典》水部词目的任务，写出词条六百余条，七十余万字。难怪曹老师常说，一个真正的书法家首先应该是一个学问家。他正是朝着这个目标努力的。

今年五月，王力教授在京病逝，遗嘱中要他最心爱的学生曹宝麟为他书写墓碑。而今曹老师正继承着导师为人治学的遗风及其未竟的事业。

说不定有人以为成名家的人仅仅会设计自己，那我务必要记一记曹老师是怎样献身于公众事业的。他是一个大忙人，许多出版社、博物馆、书协、碑林管理局、工艺美术厂穷追不舍地函索和面索他的书画。登门讨墨宝、求他赐教的书法爱好者更是络绎不绝，到北京去领奖，又被中央美术院等单位请去教学，半月不得脱身。尽管如此，他在校内仍然不惜花费大量精力从事业余高等教育和指导学生的第二课堂。学生会举办书画展要他题署；校团委、青工俱乐部举办“青年沙龙”，开场讲座的就是他；为中文系同学开书法课，如此这般，不一而足。为了满足社会上广大青年学习钢笔字的要求，最近他领衔办起钢笔书法函授班，报名者之众分明是对他的一种肯定和鼓励。他的函授班得到了来自各方面的支持和鼓励，但他没有沉在这里面，这只能使他明白：一个人的事业只有融入社会，才是真正的事业。

我们祝愿曹老师在今后的事业上取得更大的成功！

来源于1986年11月10日《安徽师大报》第146期

曹宝麟(1946—)，男，上海嘉定人，当代中国著名书法家，书法理论家，学者。教授、博士生导师、暨南大学书法研究所所长，中国书法家协会学术委员、沧浪书社社员、国际书协副主席、曾任安徽省书法家协会副主席。1969年毕业于华东化工学院化机系化学工程专业。1981年毕业于北京大学古代汉语专业，获文学硕士学位。1982——1993年在安徽师范大学语言研究所工作，1993年12月调至暨南大学文化艺术中心，现为该中心研究员，书法篆刻研究室主任，硕士生导师。曾获全国第五届书法展“全国奖”，“兰亭奖”一等奖，教育部人文社科优秀成果奖二等奖(最高奖)。出版有《抱瓮集》《曹宝麟书法精选》等。

亦师亦友忆庆元

黄元访

可亲可敬的兄长赵庆元老师离开我们已经四年了！四年来，他的音容笑貌，他的言谈举止，他的磊落胸襟，他的赤子情怀，常常浮现在我的心头、我的脑海、我的梦里！

我和庆元是宿县同乡，也是同时代人。他长我两岁，"文革"开始的那一年，他在宿县符离中学读高三，我在宿城一中上高二，同属所谓"老三届"。虽然相距不到三十里，但那时我们并不相识，后来，他1969年从宿县"五·七"大学毕业，分配到宿县地区师范任教，我1971年底从淮北芦岭煤矿调到宿县地委宣传部工作，同在一个城市上班，但仍无缘相识。

我们的初次相识是在1978年2月。而在此之前，我已经蒙受了庆元的恩惠。1977年12月，我参加了恢复招生考试制度后的第一届高考，取得了宿县地区文科最高分的好成绩，填报志愿时，心高气盛，三个志愿分别填报了三所在安徽只有一名招生计划的名校名专业，结果因已经结婚生子而高分落榜。此时，庆元已经先我5年被推荐进入安师大中文系学习，并以优异成绩毕业留校任教。他被学校派往省招办参加当年的高考录取工作，出于怜才惜才，也出于同时代人的惺惺相惜，他从落榜生档案中拣出了我的考试档案，把我录取进了安徽师范大学中文系，使我从"老三届"跨进了"七七级"的行列。

说实话，接到录取通知书时，我怎么也高兴不起来，因为没有实现自己理想的志愿。我准备放弃入学，来年再考。宣传部领导和参加录取工作的教育局局长告诉了我被录取的内情，鼓励我去读书。这时，我才第一次听说庆元的大名，知道他是在师大任教的宿县同乡，也是名动江南的《红楼梦》研究青年学者。

1978年2月底的一个早晨，在绵绵的春雨中，我踏着泥泞，走进位于芜湖赭山脚下的美丽的安师大校园，从此开始了我在这所名校里长达四年的学习生活，得到了许多名师的教诲，也结识了许多肝胆相照、终生不渝的朋友，庆元自然是其中最亲密的一位。

记得我到校后第一次去拜见庆元，答谢他录取时的慧眼相识。未曾想他第一次接待我的不是恩主的居高临下，不是老师的凛凛尊严，而是一场推杯换盏、推心置腹的豪饮。那天晚上，在师大单身教工的集体宿舍楼里，他和同宿舍的谢昭新老师，还有一位宿县同乡、我高中的校友、音乐系的范福民老师，从食堂买了菜，打了酒，留我吃饭，我们边喝边聊，畅叙平生，一见如故，不知不觉竟到了夜深。从此，开始了我和庆元之间长达27年的亲密交往。

从1978年到1982年，这四年，是共和国建立以来最生机勃发、最振奋人心的四年。“文革”结束，拨乱反正，审判“四人帮”，平反冤假错案，十一届三中全会召开，实行改革开放，一时间，人心大快，民气大振。恢复招生考试制度，打破了“知识无用”的谬论，开启了全民向学的新时代。我们这些被“文革”延宕了十年才踏入大学校门的学子，自然是如饥似渴地吸收着科学文化知识的甘霖。庆元作为老师，比我们学得更认真、更刻苦、更勤奋。赭山脚下那间狭小的宿舍里，每个夜晚都是灯火长明。夜里的苦读，换来的是白天在课堂上的口若悬河，妙语连珠。庆元教的是元明清文学史，全系同学都喜欢上他的课，听他在课堂上讲《三国》，论《水浒》，评《红楼》，侃《聊斋》，人人都如沐春风，如饮醇醪，是一种莫大的艺术享受。我常常想，若庆元活到今天，中央电视台的《百家讲坛》上应该也有他的一席之地吧。我们入学的第二年，庆元不满足于已有的学问，又在学校的支持下，负笈北上，到北京大学中文系，师从吴组缃先生进修，使自己的眼界更开阔，学问更扎实，成为安徽师范大学中文系的教学骨干，惠及成百上千的学子。

庆元爱学生，既教书，又育人，这在安师大有口皆碑，而且他的这种爱，不是“爱民如子”的那种爱，不是以上对下的爱，而是融入其中，打成一片的爱，是春风化雨、润物无声的爱。除了在课堂上，他居于讲台，和学生有一种空间上的距离之外，其他任何时候，他都是身处学生之间，和学生一起驰骋球场，一起觥筹交错，一起探讨学问。我们入学的第二年，他在学校西门内印刷厂旁分到了一处单独的宿舍，虽然只是一间简陋的小平房，但也不仅仅属于他自己，而是常常挤满了学生。课余时间，我们常爱到他的这间小屋里聚会、交流，碰上星期天，他还常常买菜买酒，款待我们这些兄弟。庆元那时已经成家，并且有了两个儿子，但夫人在老家当民办教师，平常难得到学校来，所以他的这间宿舍就成了我们这帮弟子共用的房间。有时候要复习，要迎考，而学生宿舍里面每晚要按时熄灯，于是就有学生晚上也“赖”在这间房子里不走；也有的学生入学时年龄小，没出过家门，家长不放心，委托庆元照顾，庆元干脆就让他们住在自己宿舍里。孟二冬、丁放、陈林，都曾经在这间房子里居住过、苦读过。如今，二冬作为北大的教授硕果累累，可惜英年早逝，获得了胡锦涛总书记的高度评价：“为人师表，品德高尚”，成为全国教育工作者学习的典范；丁放大学毕业后，又读了硕士、博士，成为安师大中国诗学中心的主持人；陈林研究生毕业后分配到安徽大学艺术学院任教，现已任艺术学院院长。在庆元的小屋里读过书，居住过的学生，还有不少，难以一一列举。他的小屋，成了研究生的摇篮。而其时，庆元的经济并不宽裕，家在农村，夫人是民办教师，工资微薄，还有两个孩子，他自己的工资也不高。可他从没有拒绝过任何一个需要他帮助的学生，他的小屋从未向任何学生关过门。也许，弟子们正是受了他的这种精神的感召，才一个个成为顶天立地的栋梁。

庆元治《三国》，巧的是，他的家在宿县蕲县公社桃园大队，这里正是陈胜、吴广起义的大泽乡所在地。山水孕育，名著熏染，庆元的身上也就自然形成了一种磊落慷慨，任侠尚义的性格。他热情豪爽，急人危难。诚心待人，不计于名利。在他临去北大进修前，也是在他那间小屋里，他像兄长一般谆谆告诫我，不要满足于高考时的一次高分，要继续努力，虚心学习。在我毕业离校去教育厅工作时，他又语重心长地对我说，到教育厅工作，不比在校学习，也不比原来在宿县地委工作，要注意从小事做起，事事争取主动。1985年，我担任教育厅办公室副主任，他那年暑假来省招办参加高考录取工作，我们相聚时，他真诚地向我道贺，同时又告诫我，不要以势凌人，不要恃才傲物，要严谨守正，虚己待人。毕业20多年来，他就是这样一直关心、关注着我的成长和进步。在我工作最困难的时候，有一次我出差到芜湖，他请我到他的小房子里吃饭，那时，他已任中文系主任。席间，他关切地询问我的处境，鼓励我：“坚持下去，不行就回系里来教书，中文系永远是你的家！”听了他这番掷地有声的话，我忍不住泪湿胸臆，深切地感受到了老师的厚爱，母校的温暖。

毕业20多年来，我因为在教育厅工作，常常有机会去师大出差，有时候，即使不是到师大，但只要是去江南，我都会顺道去拜访庆元。每次，我们都会有一次畅饮，一次长谈，有时能聊到通宵达旦。如今，庆元走了，我去师大的次数也渐渐少了。“黯然销魂者，唯别而已矣”，而况是这种幽明永隔的长别！有时候再到师大，看着熟悉的校园，我常常会想起刘禹锡的诗句：“怀旧空吟闻笛赋，到乡翻似烂柯人”，会生出一种物是人非的怅然：满园桃李，庆元何在？

记得大学毕业的时候，我和丁放等几位同学和庆元有一张合影。照完相，同学们推我为照片题词，我挥笔写下了“情同手足，谊兼师友”这八个字。这是我和庆元感情的真实写照。1985年，我读《龚自珍诗集》，发现有一首绝句颇能表达我对庆元的感情，于是立即抄寄庆元：“莫怪逢人苦誉君，亦狂亦侠亦温文。照人胆似秦时月，送我情如岭上云”。20年以后，庆元仙逝，我代表中文系七七级全体学生为庆元撰写挽联，又想起了毕业合影上的八个字和定庵先生的这首诗，于是写下了送给庆元的挽联：

治身治学治教　照人肝胆秦时明月

亦师亦兄亦友　爱我深情岭上白云

那天到殡仪馆向庆元作最后的告别，看着鲜花丛中那熟悉的面容，我一下子想起了在课堂上谈笑风生的庆元，在操场上龙腾虎跃的庆元，在聚会时热情豪爽的庆元，在病榻上形销骨立的庆元……

啊，斯人已逝，这个世界上不再有庆元，但庆元永远留在弟子们的心里，永远留在安徽师范大学的精神里！

（来源于安徽师大新闻网）

赵庆元（1947—2005），男，安徽宿县人，安徽师范大学文学院教授、硕士生导师。1972年4月——1974年8月就读于安徽师范大学中文系，1974年8月至1978年8月留校任教，1978年8月至1980年8月赴北京大学中文系师从吴组缃先生进修，后回师大中文系任教。1986年破格晋升副教授，1998年晋升研究员。1998年起任中文系副主任主持工作，1992年至1998年先后任中文系主任、文学院院长，1998年1月至2004年8月任校图书馆党组书记、馆长。

先生　您好

张晓明

认识赵庆元先生是在去年，那时陈君和我因诗社之事同去拜望先生。先生住在功德林平房里。我们似乎不大相信先生会住在这里，且私下认为，先生一定是一位很严肃的人。

这种揣测的想法给我们带来不安，脚步也随之胆怯起来。走到那扇后来我们经常进出的矮门时，陈君便叫先生。先生应答着走出来。我们没有想到先生这么年轻，且爽朗随和。他一边愉快地与我们谈论诗社之事，鼓励我们把诗社办好，一边还风趣地开着玩笑。那笑声使我们放松了许多，一年多来，我们始终感到那笑声中有着一种师长和父辈的慈爱与关怀，那笑声也一直激励着少不更事的我们。

有先生支持，陈君和我便决心把诗社办好。为出一期诗刊，我们四处奔波，不知消耗了多少时间与精力。但我们毫无怨言，只想不负先生厚望，没想到诗刊出来后，不但未引起关注的目光，反而招来一些不应有的麻烦。那时陈君和我情绪都极低沉。不敢面对先生，先生却向我们走来，宽厚的笑容，亲切的话语，仿佛什么也未发生，依然用着地道的北方话朗朗地说笑，陈君很动情，泪水盈眶。在我们即将成为别人的师长的时候，先生所教给我们的东西，给予我们的影响是多么珍贵啊！

先生不仅在办诗社上理解和支持我们，在平时，他也以自己的言行影响着我们。诗社出诗刊，我们曾向先生约稿，那时正值系里一位老教授逝世，先生作为一系之长，为丧事日夜操劳。但先生并未忘诗稿之事，先生的诗稿是托人带来的，同时带来的还有一封信，先生在信中鼓励我们一直写下去，写一些大的东西，写一些好的作品，并谦虚地向我们学诗。陈君和我看后，被先生的治学、为人深深地感动了。先生离我们很近，他能从诗歌的角度，理解我们这支写诗和被人冷落的部族。他说只有耐下寂寞不怕指责的人，才能干一番事业，先生写诗做人都一样谦逊，这令我们想到写诗与做人原来同出一辙，也使我们感到，先生就是一部启迪我们人生的大书。

这便是先生，我们的师长。不少的青年从先生那里走向社会，更多青年还将从先生的风范中找到力量与自信。我们所有对先生的感激只结为一句话：先生，您好！

来源于《安徽师大报》第553期

我在皖南大学

艾　忍

春色满园

第一个春天给我最大震撼莫过于校园内盛开的桃花。赭山脚下、道路两侧植满修剪成杯形的桃花树。枝叶与普通桃树无异，只开花不结实，花朵大且多、一律重瓣，以红为主、深浅不一、直到红白相间，一棵树也有数种色彩。清明前后争奇斗艳将校园装扮得花团锦簇，给饥肠辘辘学子提供了可餐的秀色。满园春色让我摆脱迷茫、重新体验到泛舟知识海洋、攻克难关的乐趣。可惜当时无彩照技术，现在难觅当时彩影。

1962年春季开学换了教室，此后搬迁到数学楼二层度过二、三两学期。一年级下学期依然两门主课，《高等数学》讲到多元函、数微积分难度陡然提高，测验与期中考试分数彻底拉开了，低分、不及格多起来，我的兴趣也调动起来了。尤其是矢量分析、场论内容（旋度、梯度、散度及格林公式）及曲面坐标系下的转换，极其抽象、烦琐，但它们与物理专业后续课程关系密切，自身也逻辑严谨。一般数学老师对此都一带而过，也不会列入考试内容(当今国家考研高数考纲也未列入)。我们当时选用南京大学黄正中教授专为物理专业编写的教材，这部分稍许详细一些，但依然感觉未写到位，赵振华老师也未在此展开，我只得查阅参考书。当时买了获得过斯大林奖的斯米尔诺夫《高等数学讲义》和鲁金的《微分学》与《积分学》对照思考，即便如此，该内容第一轮学习还是难得要领。一直要到日后学《数学物理方法》《电动力学》，其中要用到场论工具才感到“书到用时方恨少”，回过头来，我带着问题第二轮补缺补漏，才算初步掌握。

日后在合肥工业大学教书，我发现，物理系学生初学场论只能囫囵吞枣、不求甚解（包括那些高数考试优良者，因为高数不考），倘若自己没有去做后续补缺，这块就始终是短板，这应该算大学生与中学生不同的学习要求。

大师说过:你觉得哪门课自己没学好,最好的办法是去教一遍。我教过《数学物理方法》与《电动力学》后才算融会贯通。

龚家虎先生

大一下普通物理《热学》是龚家虎先生讲课。龚家虎副教授原是合肥工大教授,1957年落难降级至芜湖,1962年给我们开课时估计五十出头,依然精力充沛、充满激情,第一堂课让我就印象深刻。

龚先生教学投入、专注,声音洪亮、中气十足、抑扬顿挫,满堂课走动不停,辅以手势及形体语言,牵动着绝大部分听众的眼球。他上课带一盒彩色粉笔,板书遒劲有力、信手绘出的插图简明扼要、用彩色突出重点,一堂课下来往往满头是汗。让学生听懂只是初步要求,称职的教授应该把课讲到懂与不懂之间,要能将绝大多数学生积极性调动起来,企盼你的课,听得懂基本内容;提高部分的内容则是向那些学有余力的学生揭示物理自身魅力,启发他们深入探究的欲望,清楚自己的不足,鼓励他们自信。借用一句行话:在课堂上激发起求知的气场,龚先生算是做到了。

我执教之初也曾师法龚先生,板书设计、彩笔应用、满堂走动,借用各种形象比喻来启发,这些都有龚先生影子。

《热学》是大学生初次接触"统计方法",它与中学生已初步掌握的质点力学演绎法不同,是对大数群体的宏观把握。热学引入的"温度""热量"概念,不深究很简单,越探究就越迷茫。龚先生激起我一探究竟的欲望,这是他高明之处。我翻了很多书、思考过良久,课间简单问过龚先生,未得要领,只好询问助教周美华。

放暑假回合肥拜访中学物理恩师吴超杰,他告诉我这类物理学基本概念(比如时间、空间)不探究当然不行,但也不宜打破砂锅问到底,因为不可能一蹴而就。明白总是相对的、阶段性的,等你学过《热力学统计物理》认识会提高一步,但也会有更深的迷茫。整个人类认识就是这样,也永远是这样,能知道迷茫就是进步,很久以后我才领悟此中要义。像这样洞悉学生困惑、一语中的之点拨,能让学生铭记一辈子,始终是我执教一生的最高追求,龚先生未曾给过这类点拨。

大二上电磁学要用到面积分、体积分,《高等数学》教的时候许多人就不甚了了，绝大多数又不会带着问题自己去补缺，许多高分考进来、最初也拿过高分者跟不上了，作业也难独立完成，测验、期中考试不及格者越来越多。

雷垣教授《线性代数》排在第三学期前半学期，由数学系主任雷垣教授主讲。雷先生早年留学美国，1939年获得密歇根大学博士学位，回国先后在大同大学、上海交通大学、华东师范大学任教，1958年调来安徽师范学院，是当时皖南大学几个招牌性三级教授之一，称其为学术权威毫不过分。雷先生与翻译家傅雷是挚友，也喜爱音乐，曾经在一次晚会上表演过锯琴演奏。一把钢锯用双腿夹住木柄，左手弯曲锯片，右手执弓弦摩擦锯背，随着锯片弯曲程度不同发出乐曲音乐，让我大开眼界。

雷先生语言幽默诙谐，言简意赅，思路非常清晰，讲到矩阵、变换、本征值、本征矢量、二次型这些相当抽象处，详略处置也很见功底。教态与龚先生不同，雷先生从容不迫，温文尔雅，确显大师风范。

姚绿青老师

大约第三学期后半段开讲《数学物理方法》，共开一个半学期。这是我在皖南大学四年投入最多、兴趣最浓、印象最深、日后最能派上用场的一门课程。主讲教师是数学系派来的三十出头的姚绿青老师，是我最欣赏的一位，不仅条理清楚、思路分明，声音清晰、语速适当、有层次、有顿挫，工整清秀的板书整黑板地写出，熟练得近乎脱稿。

在该课程核心内容中，姚老师跳过了“保角变换”“复路径积分”“拉普拉斯与傅立叶积分变换”诸项内容不讲。拉氏、傅氏积分变换是电子、电工学最基本数学工具，不讲可惜。在数学物理方程求解“定解问题”内容，也只涉及“分离变量法”与“傅立叶级数展开法”两种解法。“行波法”“积分变换法”“格林函数法”都未讲述。“特殊函数”及“斯特姆——刘维尔本征值问题”也只一带而过。其实这些几乎都是专为理论物理专业量身定制的专用数学工具，是我日后用得最多的数学手段，只能靠日后在科大读研期间补齐。当然作为中学物理教师，即便姚老师已教过的部分日后用到的机会极少，对我来说也是一种宝贵的积累。

当时同学就觉得这门课很难，因为它要调用大量此前学过的微积分知识，即便当初高等数学考出高分的学生当时也记不得了，只在似懂非懂之间。只有在后续课程调用时，自己知道不足，立即回去查书自行补缺，等到自己会用之后才能学得下去。我花了大量时间且乐此不疲，从中体会到攻克疑难的愉悦。当时绝大多数同学都只跟听，当然难以理解，老师考试肯定不能打杀一大片。即便期末考试卷面不及格，绝大多数同学也靠“平时成绩”拉扯过关（几十年后，我在合工大执教数学物理方法，也不得不用此方式评分）。

姚老师功底扎实、学养深厚自不待言，难得的是能拨动我的心弦，用课程自身魅力激发我的兴趣、鼓励我的自信、调动我的潜能，终身热爱这门课。教育家说授人以“鱼”不如授人以“渔”，我觉得“渔”还不如“爱好”，兴趣是最好的教师！这是师道最高境界，也是我毕生执教的追求。

这门课应该算“老虎口课”之一，皖南大学数学系给物理系开该课最负盛名者当时为莫嘉琪老师，可惜我未得聆听受教，但教我的姚绿青老师已经够出色了。如果让我列出在赭山脚下授课教师中最敬仰教师姚老师无疑居首位，依次是龚家虎先生、雷垣先生。

《数学物理方法》最初是作为数学课，由数学系老师开讲，改革开放后列入理论物理系列，各高校纷纷改由物理老师执教。我分到合肥工业大学应用物理系之初适逢此项转换，是合工大接手教改课的第一个物理老师。从1985年起主讲了十几年，课时不比姚绿青老师多（由最初120节压缩到最后80节，据说现在才64节），前面提到的核心内容都涵盖了，成为我招牌课程之一。该课内容在“数学大树”之上与其他枝干的来龙去脉，我当然远不如数学教师清楚，这是短板，但是物理老师可以突出物理思想，联系物理后续课程所用，针对性强。我在赭山脚下听课笔记、作业本、写满批注的教材都保存完好（记下思考印记已成为我读书、学习习惯），十几年后准备考研、做天体科研计算以及日后教书备课都派上用场。

四大力学及其他

《理论力学》主讲张季达老师似乎翻译出版过苏联一本力学教程，讲课熟练似无漏洞，唯《分析力学》部分着力太少，这本是理论力学精髓，当中学教师当然用不到。

《热力学与统计物理》由杜宜瑾老师主讲，他是物理系后起之秀、四大台柱之一。似乎1963年刚破格晋升讲师，未上他课之前脱稿讲课名气就如雷贯耳。杜老师身材修长俊逸、教态端庄严谨，一登讲台将一只人造革提包放下，全脱稿开讲。口齿清楚、语速适度、条理清晰、层次分明，板书流畅潇洒，两堂课下来写满四黑板，下课前从包内取出讲稿布置作业。其实布置第几页第几题他也不难记熟，这么做是宣示他写有详尽讲稿，并非信口开河。

在职时我是合工大校级教学指导委员会成员，目前仍是校教学督导组成员，不时去听类似杜老师那样青年副教授精英（拟申报教授）全脱稿展示教学水平表演。我并不过分推崇全脱稿，认为基本脱稿、适时扫一眼教案并无不妥。背得滚瓜烂熟不说明什么，关键在你传授了什么，调动了什么，能否在课堂形成促进学习的气场。杜宜瑾老师当然堪称业内翘楚，但我觉得他未能激起我一探究竟的冲动。这门课程本该开启当代物理另一战线："概率统计"与后续"量子统计"。我们在皖南大学未学概率统计，我在科大读研虽也补过，但并未如同"数理方法"那样充满兴趣、执著钻进去，日后也未动念去主讲《热统》，统计始终成为我的短板。看文献涉及量子统计较深的文章都采取避让，实际是只靠"数理方法""麦克斯韦理论""爱因斯坦引力场方程"理论，加上在科大掌握的Fortran语言与数值计算法打天下，类似跛足、独臂，少了许多可以做的研究方向，能走多远也就可想而知。

杜宜瑾老师固然学养深厚，术有专攻，很早晋升教授，80年代初以无党派人士出任安徽师范大学校长，转任安徽大学校长、安徽省副省长，从政游刃有余。他把"统计方法"带入政府工作。分管计划生育常到市、县检查，汇报数字水分多多难辨真伪，他让研究生编出一套软件，听汇报将数字及时键入，这些数据相互应该有关联，胡编乱造很容易当场穿帮。据说该软件曾申报国家计生委科研项目，获得省部级奖励。两届十年副省长之后，杜老师转任致公党中央主持日常工作的副主席、全国人大常委会委员，他无疑算是皖南大学教工中出类拔萃者。

陈永林老师主讲《电动力学》，这门课很深，多处用到《数学物理方法》知识，就像在数理方法中用过微积分才算领悟，也只有在电动力学中用过数理方法才算入门。陈老师无疑是胜任的，他让我领略了麦克斯韦电磁理论严谨、完满的感人魅力。可惜陈老师重彩浓墨都花在静电场、静磁场，真正的"电动"部分，即"李纳——维谢尔势"却整章删除。在科大读研期间（尽管丢开十几年）追回学过的部分都较容易，啃未学过部分倍感吃力，不过"自我补缺能力"本来就是基本素质。70年代陈永林老师调去筹建安庆师范学院物理系并出任系主任，也参与天体物理学术活动，与我数次研讨会上相见。

就像马拉松赛事，开始大群人拥挤在一起，几公里后就拉开距离，第一集团人数越来越少、后续群落差距越拉越大。从第二学期起第一集团就寥寥，从数理方法开始，平时测验不及格者极多，虽然课程总评多数放过。几门理论物理能跟得上者已经不多了，一些同学也许心有旁骛，只求过关。对于那些兴趣缺失、也不打算日后从事物理科研同学，这当然不失为明智应对，拿文凭即可。我班邓之鲸始终领跑，我轻松随后，全凭兴趣支撑，就像马拉松开头10公里，何必拼命冲刺？

量子力学主讲曹德祥讲师也是物理系台柱之一，也许为迁就大多数学生而绕开数理方法删去的厄米特函数，对他来说是有些为难了。也许系里和曹老师都认为我们这拨学生不会有人日后真要用到量子力学，所以只定位为科普层次，毫无深度。这门课我报考科大时自知短板，不敢与竞争者较劲，而是靠普通物理、电动力学、狭义相对论与对手竞争。“普通物理”我们师范生学时最足，虽冠以“普通”，我清楚这潭水很深、有区分度。后两门其实属于一门课，我在皖南大学求学时下过功夫、敢于叫板。我是先圈定自己哪些科目有应试实力，才去选择报考专业与导师，而不是相反。考研避开量子力学属明智之举，做科研避开就是短板了，这是无可奈何之事。

曹德祥老师“文革”中被当作资产阶级反动学术权威批斗，一度不堪忍受割腕自杀，幸被物理系同事急送医院救下，日后成为致公党芜湖市主委、市政协副主席。2009年7月，我赴母校参会，赫然看到曹德祥老师讣告，居然仅称副教授，不禁唏嘘。我与舒广义得以参加告别仪式，见到许多已退休老师。

汪克义老师主讲无线电电子学，很多同学对该课颇有兴趣，日后不少人动手组装半导体收音机，真正作为职业的可能算舒广义，他分到马鞍山无线电厂由技术员到科长、厂长，干得如鱼得水，成功开发过多项电子产品。

总的说来皖南大学老师都称职、胜任、认真、敬业。也许囿于师范大学性质，执教都不往深水区引。后5个学期我们与甲班都在山脚下新落成的生化楼四层阶梯教室上课，对面山坡有株一抱粗白花泡桐，暮春时节、吐绿之前大朵白花开满树，极其养眼，至今印象深刻。

(来源于校友艾忍的微博)

蒋继发的Idea

张　驰

常言道一日之计在于晨,可他却偏偏喜欢睡懒觉,而且因睡懒觉成了世界名人,被收录在即将出版的世界名人词典《Who's Who in the world》里。

其实,他习惯于在睡醒后躺在床上思考,真可谓:身在斗室,心游万仞。他那篇发表在《美国数学会会报》上的"A note on a global stability theorem of M. W. Hirsch"就是在一次睡醒后望着天花板而突发奇想的,一下子就顺利地解决了美国著名数学家 M. W. Hirsch 最近所提出来的一个疑难问题。

他的另一篇文章发表在英国《非线性分析》上的"The positive global attractor for a pseudo linear system does not imply its stability"(成文后经其导师修改)也是在一次醒来后躺在床上推想而成文的。此文解决了意大利著名数学家 Robcrto Conti 最新提出的一个问题,并在他举办的讨论班讨论过两次,声称是他最感兴趣的文章。

可以说,只要他赖在床上不下地,就一定又是在思考新的学术问题。

他,就是被北京大学知名教授丁同仁称为"一个大有前途的青年数学家"蒋继发。

他,就是这样善于在本学科研究领域中"凑热闹",并往往总是能把"热点"抓到自己手中,令那些著名专家、教授们不得不回过头来仔细打量蒋继发。

今年,他 36 岁。数学系破格提名他为教授。只要你同他谈天,他肯定会憨笑地告诉你:"搞科研,首先就要看你脑袋里有没有 Idea。"

一

他是有的,而且相当丰富、十分奇特。

正是凭着他那丰富而奇特的"Idea",他改进了 J. K. Moser 这位世界数学权威的研究结果,并对 Moser 教授提出的"必须给予特别注意"的重要问题作了圆满的回答；正是凭着他那新颖而坚实的“Idea”，把库朗研究所的科学家们关于生态模型方程研究的结果向前大大地推进了一步，并解决了悬而未决的几个问题；正是凭着他那卓越显著的“Idea”，在中国科学院名列榜首地捧回了首届院长奖学金特别奖。1989年10月31日的《中国科学报》评他的工作“具有重要的理论价值和明显的实际意义，达到了国际先进水平”。近年来，他的一系列科研论文交国内自然科学理论研究成果评审，南京大学叶彦谦教授评他的工作“在国内外还很少见”，中科院数学所余澍祥教授评他“懂得选择学科的前沿课题，并把自己的研究工作与国际上第一流的数学家的工作紧密联系起来”，中科院王光寅教授也评他“推进了、并强化了前人的成果，达到了国际水平”。

至此为止，他已发表的和正在发表的论文达21篇，其中有8篇是刊载国际一流的杂志上，有8篇是刊在国内一流的杂志上，还有10篇正在接受国内外几家刊物的审议。

真可谓硕果累累！

每当他回忆起自己在中科院的时光，无不对他的导师余澍祥教授怀有深刻的敬意：“他在把握方向和把握能力方面非常精到，使我终身受益。”也是的，他在读博士的第二学年即已完成了五篇系列论文，毕业前夕就有3篇刊登在美、英等国一流刊物上，并且现在所写的有些文章还是直接源于当时所受到的启发。

二

到过他家的人都会知道，他那件小书橱内藏书并不多，最显眼的要算那二十来本经他重新包装并整理过的杂志。其实，那是他多年以来，根据自己的需要从各种杂志上复印过来的论文汇编。望着那封面上密密麻麻的编码，你就会猜到里面知识和信息是如何的精当。

这是他的“能源宝库”！

他不怎么喜欢看书，而只喜欢看杂志，也许正是他“Idea”的奇特之处。他说：“书大都是比较系统全面的，正因这种知识的完整性不利于发现问题，而刊物则不同，它信息较新，且有很浓的探索性，也正是由于其知识的不完整性，才有利于从中得到启发，或找到漏洞，从而理出自己的Idea。”

他研究的主攻方向是动力系统与常微分方程，目前正在研究的分支是非线性网络、合作系统与单调流以及典型的平面系统。可以说，凡是与此有关的论文，他都看过，尤其是不放过国内外一流的刊物上刊出的文章。因而，他的研究总是表现出极浓的趣味性和前沿性，深受国内外同行的重视和好评。

当然，他的“Idea”的到来也并非那么容易，往往都是在苦苦推算和思索之后才得以闪现，无怪乎他喜欢睡懒觉。

到师大三年来，一支笔，一叠纸，一个低头沉思的动作几乎都要消磨他每一天中的大半天时光。那一份清苦，那一片寂寞，那一注全身心对科学执著的追求，是一般人所难以想象和承受的。他最近完成的论文“关于4维反馈系统的一个未解决的问题”，全都靠手工推算而成。

他确实够清苦的。然而只要那个“Idea”一经闪现，他就有无比的快乐。

站讲台也是他一天得以轻松的好时光。课当然是教得挺棒的。也许在他看来，直接传播科研的最新成果要比他在探索和研究的过程更加感到幸福和欢悦。

三

不必问他的“Idea”还有多少。

“只要时间充足，在最近几年内”，准能让你“在世界一流杂志上每年都看到‘1—2’”。

来源于1991年1月15日《安徽师大报》第232期

蒋继发（1955—），男，1982年毕业于安徽大学数学系，1986年7月获硕士学位，1989年7月于中国科学院数学研究所获博士学位，获首届中国科学院院长奖学金特别奖，1989年8月至1994年12月在安徽师范大学数学系任教，并于1991年破格晋升为教授。1992年被国家人事部评为有突出贡献的中青年专家，并获（国务院）政府特殊津贴；1993年分获安徽省科技进步奖二等奖（独人承担）和曾宪梓教育基金奖；1994年获中国科学技术大学首届“跨世纪优秀人才奖”，曾为安徽省政协第七，第八和第九届委员会委员。

同古人作跨世纪交谈的人

——访我校最年轻的教授朱良志

赵桂平

今年38岁的朱良志，是我校目前最年轻的教授。他是1993年由讲师破格跨入正高行列的，现已是硕士生导师，享受国家特殊津贴。朱良志是由我校众多青年教师中脱颖而出的一颗璀璨之星。最近他又被授予全省“高校十佳”光荣称号。学界称他“自出新说，别为一家。”师生公认他“很潇洒”，而他自认为是“虽博得声名，而心中难安”的一位。

“两脚踏东西文化，一心评宇宙文章”——林语堂

朱教授是个很自谦的人，他说自己的知识十分有限。不过他很欣赏上引林语堂的一副对联，并认为是当代学人的必由之路。

问及著述情况，他说自己近些年只是做了一些自己感兴趣的事，目的是为现代人的精神重构提供一点依据。

朱良志教授已在境内外发表了中国传统文化方面的研究成果计100多万字。其研究集中三个方面：一是关于汉字同中国文化关系的研究这方面国内研究十分薄弱，朱良志同他的另一位合作者詹绪左深入研究，取得一批成果，有些填补了国内空白。《汉字与中国文化》一书被专家认为“卓有新意，自成一家”，在香港《东方文化》上发表的长篇论文《作为文化确证的汉字》被专家认为“有突破性成果”，另外，发表和出版的《汉字与民俗》《汉字与中国美学》《汉字的文化功能》等论著，引起学界广泛关注。

二是对中国美学的研究。40万字的新著《中国艺术的生命精神》从一个崭新的视角研究中国艺术。将在大陆、香港、台湾同时出版的《道家学说与中国美学》也是这方面重要著作。其围绕中国艺术和美学发表的几十篇系列论文，因观点新颖、立论深刻，倍受学界注视，《人民日报》（海外版）《新华文摘》《中国哲学年鉴》等多次转载介绍他的观点。

至于从哲学的角度研究中国画，是他最近开辟的新领域。目前，已发表《中国画的生命精神》《论中国画的荒寒境界》等长篇论文专著《理学与中国画》将由台湾洪叶文化事业公司出版。

朱良志还参加了“中华社科基金”项目《审美意象研究》和国务院古籍整理项目《中国美学文库》等多项国家科研项目，并在其中发挥重要作用。

那么，这些研究的理论意义和现实意义又是什么呢？朱教授说，最终目的是把握中国的人文精神，并从中看出中国人的独特文化心理，其意义在于再现传统文化活泼的流动精神，这种精神至今依然在我们心中流淌。如我们的价值观、抒情方式、创造力等依然与传统有千丝万缕的联系。他强调，传统文化不能等同于文化传统，只有后者才是连续流动的活体。

他说，研究中华文化传统不是回忆逝去的荣耀，而是探求那种无时无刻不在影响着我们的精神；不是去寻根，而是为了解开我们心中的价值观的谜底。他颇为惬意地说，研究是初步的，但都是我喜欢的。刘熙载云“为一己陶胸次”，沈颢曰“陶淑性灵”，他认为较能准确地注释自己研究心态。他特别欣赏“冰壶莹澈，水镜渊渟”两句话，并将其作为人生境界而自勉。他认为，自己不喜欢的就搞不下去，研究对象同自己心灵默合才能深入其境，探幽发微，凭性而通，其乐陶陶。

“治学不作媚时语，独寻真知启后人”——王元化

朱良志非常推崇当代学者王元化的这句良言，认为做人做学问均应如此。

他分析说，当代许多知识分子正处在一种“边缘状态”，其人生价值已不像以前那样须通过政治价值观来体现，同时难以通过经济价值实现，在文化多级发展的今天，他们往往不再成为人们关注的中心，这种边缘状态使知识分子可以多一些宁静，多一些清醒，可以避开尘嚣，免于庸俗。当代知识分子正可以冷静地寻找自己的位置。幻相再美丽，毕竟是幻相，知识分子必须以知识参与社会。虽趋离于时代的聚光灯下，但知识分子作为社会良心的体现者，其真知灼见、其终极关怀、其思想成果可以为科学形态的社会政治、哲学、经济和文化艺术活动等提供依据。

朱良志著述的特点是将思想融于学术之中，坚持认为没有学术，思想无根基；没有思想，学术就缺乏提升，从而失去人文色彩。

熟悉朱良志的人都了解他快人快语的个性。他直言不讳地说：现代人

有很多失真的东西，人文精神的失落，常使象牙塔内的行者有茕茕孑立的孤独感。现代化，一方面是闭塞蒙昧的山村被打开，另一方面使人类单纯、崇高的人格理想变得越来越复杂甚至物质化。当代的人文学者要充当社会的良心，同时又要成为社会心灵的庇护者。知识分子，尤其是教师应从事“净土工程”。这些“工程师”目前遇到了新的“技术性”问题，首要的是自己应很快冷静下来，掌握好新的“技术”。

谈到职称的话题，他认为，学历和职称往往是一种假象。他说，自己跟现在的职称所要求的还是相去甚远。职称一方面给自己精神上的惰性，另一方面又形成一种外在压力。但他又坦言，自己并不怕所谓“枪打出头鸟”，“我是一个极平常的人，职称的符号并没有改变自己的真实内容，我唯有加倍努力而已。”

“当我细细看，一棵荠花，开在篱墙边”——松尾芭蕉

作为一个学者，他保持了一份难得的清醒。对自己目前的成就，他远远不觉得满足，他倒很欣赏松尾芭蕉的这一著名俳句，认为这是禅的最高境界，也可作为人的楷范，如同“空谷幽兰”，虽不起眼，但却散发出谈谈的幽香，为人亦当如此。

中国人同西方人的智慧是不一样的，西方人重理性、逻辑，而中国文化则有泛艺术的倾向，笼罩一种审美情调。因此研究中国古文化给朱良志教授以无尽的享受，我们无法体会到他身在其中的乐趣，他自己说这些研究给自己有时疲惫而压抑的灵魂以慰藉，有时能在喧嚣中求得宁静。

作为青年中的一员，朱良志更保持了一份中国知识分子特有的时代意识和使命感。他说，近年一些人盲目崇拜西方，瞧不起本民族的文化，这实际上是“只缘身在此山中”，以为容易得到的、最靠近自己的东西，也是最无用的东西，以为“在水一方”的佳人才是己之所求。另一方面，又有一种“东方主义”正在兴起，有一种拒绝西方文化的风气在播散。近年兴起的复古热、国学热、寻根热、儒学热等等，固然有弘扬传统文化的用意，在有些方面又有其消极的一面，甚至有的人是靠祖宗的荣耀遮盖今天的缺失。

作为一个跨世纪的学者，朱良志深切地意识到，我们已经失去了很多机会，正应该勇敢地迎接外来文明，同时又不失自己的传统。摆脱迷失，不失折中主义，我们应用独立的思想、独立的人格去融汇，用现代意识和科学头

脑来冷静对待这些问题。其实，脱开时空，东西之分、古今之辨变得不那么重要了，一切有用的思想都是人类文化的助推器。

朱良志毕业于我校中文系，毕业后留校当助教，后成为祖保泉教授的研究生，他说，祖老严谨治学的作风深深影响着他，祖老要求学生下死工夫重视扎实基础，使他受益匪浅。祖先生每天四点起床锻炼，然后坐在窗前读书的好习惯直接影响并形成了他的恒心和毅力。此外，系里一些老师也给他树立了良好风范。

出生在琅琊山下一个农民家庭的朱良志，家里一共七个兄弟姐妹，父亲将其中五个都培养上了大专院校。家庭的养育之恩，常常成为催他奋进的动力，童年时，父亲逼着他用毛笔蘸水在砖上练字的经历，他至今还记忆犹新。他说，本无太大本领，唯苦学而已。他认为，师大同辈人中有很多优异者，这些人都是他的学习榜样，我们不能贵远贱近，正是这些人将支撑师大未来的大厦。他说自己得到太多了，常常感到很惭愧，若不努力，真是无颜对江东父老。

朱良志同志和一些“先锋”的青年学者一样，已习惯用电脑熟练地写作，现代化的工具使他如虎添翼。我们深信，朱良志正一步步迈入他理想中的“大境界”。

来源于1994年11月15日《安徽师大报》第285期

朱良志（1955—），安徽滁州人，北京大学哲学系教授，博士生导师，浙江大学兼职教授，美国纽约大都会博物馆高级研究员。朱良志先生1982年毕业于安徽师范大学并留校任教，1993年破格晋升为教授，曾任安徽师范大学文学院院长。2000年后，任北京大学哲学系教授，2000年至2007年任北京大学哲学系美学教研室主任，现任北京大学美学与美育研究中心主任。

闪光的足迹

——记全国教育系统劳动模范衡孝军

肖青云

16年前，当衡孝军一脸汗水从乡下赶到城里，参加全国“文革”后首届高考时，怎么也想不到，初高中对外语的爱好和下放时田头仍背外语单词的习惯，为他后来在外语上取得丰硕成果作了铺垫；他更想不到的，一个生长在乡下小镇的普通师范生，今天居然成了全国教育系统劳动模范。

1982年初毕业于安师大的衡孝军，1985年9月录取为杭州大学外语系硕士研究生，主攻英国文学。1986年10月由国家教委派往英国埃克塞特大学学习研究生课程，1991年11月获得英国语言学硕士学位。毕业之际，尽管导师叮嘱他继续深造，他惦念的却是“何时归家洗客袍”。

回国后，他一直坚持在教学第一线超负荷工作。当时的情况是系里人少课多，除本系专业课外，外系也有三个班的公共英语课停开。他二话不说，凭着一股牛犊劲扎了进去。公共英语和专业英语一起上，每周17个教学时，年工作量390个教分，他一顶仨；1988年担任专业课教学的他又新开设了高年级的英国文学史、英语作文、语言测试等课程。每周平均12-14个教学时，连续教学数年工作量居全系教师前列。教学之余，常见他操一口流利的外语，出现在英语之角、各种讲座、报告会上和外国访问团身旁……对此，有人说他太傻，有人却说他是一头不知疲倦的牛。

一位学生这样评价他：“衡老师授课方法新，内容充实……听他的课简直是享受。”“要给学生一杯水，你自己必须是一桶水。”他是这样说，也是这样做的，他总是阅读、钻研大量教材，写详细的教案。周末，他把妻子孩子送到电影院，又返回家中啃资料。为了讲好文学史，他写出15万字的讲稿，编制了100多张文摘卡片。唯有源头活水来，否则，他那滔滔不绝、幽默风趣的课堂效应岂不是无源之水？他还大胆革新传统教学方法，努力吸取现代语言学和其他语言边缘学科的研究成果，探索新的教学方法，培养学生英语语言交际能力。功夫不负有心人，他的创新被定为系重点建设课程，1991年他申报的优秀教学成果荣获省级优秀教学成果二等奖，1992年他与其他老师共同努力使综合英语课被评为校优秀建设课程。

“教师的本职工作是教书育人，但对高等学府的老师来说，科研也是必要的！”他在自己的日记本上这样写道。的确，一个对科研漠不关心的大学老师很难有人相信他在教学上会是个佼佼者。早在英国留学期间，他就表现出较强科研能力。他曾以思维活跃和词汇量丰富被导师推荐去主编《汉英成语和谚语辞典》。他在自己的硕士论文中巧妙地运用对比分析法，对多个方面的问题作了翔实的论述，受到杭州大学外国语系主任研究生导师任绍曾教授的推荐。回国后，他在科研上更是锲而不舍，加倍努力，取得了不小的成果。在国家一级刊物《外语教学与研究》《外国文学评论》和解放军国际关系学院学报《外语研究》(合著)上发表论文三篇。国内翻译界核心刊物《中国翻译》来函通知采用他的论文。

他参加编写《初级英语听力训练与水平测试》，担任《中学生智能训练及应试指导丛书》编委等等。“国家培养一个大学生不容易，为人师表者，必须首先在心灵上一尘不染。”他是这么说的，也是这么做的。在89年那场风波中，他旗帜鲜明地反对动乱。暴乱平息后，他参与组织学生学习、总结和反思。1991年底，学校举办青年教师读书班，他应邀谈访英感受。在发言中，他既介绍了西方发达国家值得借鉴的长处，也指出了某些需要摒弃的短处，受到了校领导的称赞。他还注重言传身教，以人格的力量去感召学生。一次，教室里浸满了雨水，同学们正准备借机不上课。他二话没说，立即卷起袖子，清扫排水。此景感化了同学们，大家一齐打扫教室，然后继续上课。

机会偏爱有准备的头脑，衡老师的成功不是偶然的！是凤阳的灵气和师大人的睿智、谦逊派生出了他闪光的足迹。

来源于1994年12月10日《安徽师大报》第287期

衡孝军(1959—)，男，安徽凤阳人，1978年2月至1982年2月在安徽师范大学外语系英语语言文学专业本科读书，取得文学学士学位。1982年2至1985年8月在安徽师范大学外语系任教；1986年9月至1987年10月，由国家教委公派到英国埃克塞特大学留学，取得埃克塞特大学应用语言学哲学硕士学位；

1987年10月至1994年9月，在安徽师范大学外语系任教，1987年被评为讲师，1993年被评为副教授。曾获安徽省优秀教学成果二等奖、全国教育系统劳动模范、安徽省徐悲鸿教育基金二等奖，获国务院特殊津贴。

激情画笔写生活　水墨丹青绘人生

——记“中国百家金陵画展”金奖获得者桑建国

徐成进

2005年12月25日，以弘扬现实主义精神，打造当代美术品牌为宗旨的“中国百家金陵画展”(中国画)在南京博物馆隆重开幕。在这次国家级画展上，一幅工笔重彩作品《我们到哪里去》在参评的2600幅作品中脱颖而出，一举夺得金奖。这幅作品以其严谨的造型、新颖的构思、富有时代气息的画面和独特的艺术表现手法吸引了许多观众，也赢得了美术界专家们的赞誉。这幅画的作者，就是我校美术学院教师、中国美术家协会会员桑建国。

在一个暖融融的冬日午后，记者见到了刚刚获奖归来的桑建国老师，桑老师正在画室里为建设中的南校区挥毫作画。画室不大，七平方米左右，但专业气息很浓，画板、笔架、装满颜料的瓶瓶罐罐，处处弥漫着笔墨的清香。墙上钉挂着他新近创作的几幅描绘他的学生和现代生活的作品特别引人注目，画面上每一处精准的线条都有一种可以触摸到的真实和无可挑剔的美感，画家以他最精致的手法定格了这个时代最平常却又最美丽的瞬间，并向人们重新诠释了中国画到底“画”什么。走近画家桑建国，以及他的作品，将带你走进一段不平凡的艺术求索之路。

弱水三千　只取一瓢

桑建国老师自幼酷爱绘画。六十年代末，他随父母从南京迁至安徽大别山区一个小县城生活。童年的桑建国，就已显露出喜爱艺术的天性，在房子的墙壁上，在他小学作业本里、课本上……稚气的涂鸦已展示出他描摹客观世界的天赋。上高中后，他开始坚持每天画两幅速写并写速写日记，从未间断。他后来忆起这段生活时说：“那时，我也不解自己究竟从哪里来的对艺术的热情和敏感，画画成了自己最爱做的一件事。”

1976年，他被下放农村，在大别山区一所中学担任民办教师。我们知道，经历过这一时期生活的青年都不乏坎坷而又丰富的人生体验，虽付出了青春年华，但锻炼了意志，积聚了力量，对那些努力学习而又有所准备的人来说，一旦时机到来，释放的能量更大。桑建国就是这样，1978年全国恢复高考不久，他便考上了我校美术系学习中国画，毕业后留校任教。1982年他的毕业作品《南风》在安徽省美展中崭露头角即受好评并获奖，1984年作品《蜜》入选第六届全国美展，1987年中国画《凉山结盟》入选建军六十周年全国美展。1993年桑建国老师到南京艺术学院进修了一年，大大提升了他的艺术水准，使他的国画艺术水平达到一个新的层次。1994年他创作的国画《晚风》获得了全国美术教师作品展优秀奖、安徽省一等奖，就得益于这一段时间的学习。

在与建国老师交谈过程中，记者感受最深的是他对绘画艺术的执著和痴迷。这些年来，不管在什么情况下，他都没有放下过画笔，没有离开过调色板，始终在超越和困扰中跋涉，从未停止过求索的脚步，“只要拿起画笔去画自己想画的，就是最幸福的”，他对艺术的忠诚和不渝的信念，让他长久地沉浸在绚丽如海的绘画艺术中，大有“任凭弱水三千，我只取一瓢饮”的决绝。

求索是无止境的，这就注定桑老师要用毕生的睿智和气力，去构建属于自己的绘画天堂。

淡泊明志 宁静致远

当前，市场经济大潮正冲击着艺术家们，许多人陷入其中而忘记了对艺术的追求，画坛充斥着一片浮躁之气。桑老师是个真诚的画家，他以“淡泊明志，宁静致远”的心态对待世俗一切，恪守着艺术家的真诚与操守。尽管有时很孤独，并在世俗生活中付出代价，但他始终信奉一句话：“艺无止境。”平日里，他很少应酬，除了画画就是摄影，他称相机是自己的第三只眼，他的许多画作素材都来自这只慧眼。创作的甘泉源于生活，人们经常会看到他背着相机在人流中穿过，步履匆匆，但更多时候，他还是在画案前创作。在他的日程上，没有节假日，没有星期天，他充分利用一切可以利用的时间进行他的艺术之旅。

桑老师说：“对生活的感悟与热爱是创作的出发点，没有思想的作品是缺乏生命力的。”对他而言，绘画是使生命充满激情与求索的灵丹妙药，除了用眼睛去观察身边的生活外，更多的是用心去阅读，去感应，去体味。

“生活为我出新意，我为生活写精神”，桑老师认为中国画的创新必须植根传统，新东西从生活中来。画家要用心去体验，去体悟，去发现新的表现手法，体现出自己的个性，形成自己的风格。从内容上看，桑老师的中国画立足于人文主义思想根基，重视人的尊严与荣誉，描绘的是平民百姓的人生与生活，记录的是身边的人和事，反映的是一个时代的现状和精神。从艺术风格上看，桑老师的中国画延续了宋代及近代写实主义传统，同时又不断对传统进行创新，在工笔人物画上做了大量的尝试。其画面充满了时代气息、传统技法被赋予了新的生命。他的近期作品线条精准、流畅自然、色彩古雅，从人物造型和背景处理上可以看出他独创的一种装饰意味，突破了传统观念的局限和陈旧模式。他以艺术的真诚和淳朴的情怀把中国传统绘画技法与西方中世纪绘画的写实画风相融合，使人们可以从他的作品中看到宋画严谨精细的笔法，还可以感受到西画中色彩的运用及细节深入地描绘给人带来的视觉冲击。

人品决定画品，画品体现人品。桑老师为人诚实勤恳，直率不加半点掩饰；他的作品严谨酣畅，纯粹不含功利。他的学生毕业十几年后还说："他的人品和画品使我终身受益，我很自豪能成为他的学生。"

艺术的道路绵长而艰苦，生性甘于淡泊的桑老师就这样长久地沉湎于艺术的殿堂里。那里，才是他苦苦求索的精神故园；也只有在那里，他才仿佛归于生命的本初，他的心灵舟楫，才可以似大鲲般肋生双翼，作长天一击，赴逍遥一游……

含英咀华 厚积薄发

有人说，耕种者脸上的汗水价值有多少，到收获季节才能体现出来。桑老师浸淫书画数十年，励精图治，不懈追求，刻苦磨炼，终至厚积而薄发，成绩斐然。他的作品先后被《国画家》《美术》等杂志刊发，并被《人民日报》、中央电视台等媒体相继报道。2004年底，在第十届全国美术作品展览上，桑老师的工笔人物画作品《花季》获得铜奖，安徽省金奖，并为中国美术馆收藏。同一年，他的另一幅作品《相伴》获得第二届全国少数民族美术作品展优秀奖。

伏之久，才能飞之高。2005年，桑老师培育的艺术之花又次第开放，且越开越艳。年初送展的《健身时代》获第六届中国体育美展优秀奖；9月，他的作品《伴娘》荣获第十六届中国造型艺术家协会代表大会美术特展银奖；年底又捧得了中国百家金陵画展金奖。

这次获得金奖的作品《我们到哪里去》，是对桑建国老师艺术道路的一次小结，也是对他这些年来艺术积淀的回报，多年来他在艺术上追求的完美个性在这幅作品中得到了很好的体现。欣赏他的作品，给人以独特的感受，就像交响乐中的大提琴演奏，凝重、低婉、耐人寻味。当前，在名目繁多的现代艺术以其强烈怪诞的组合冲击人的视觉时，能够看到这样纯净阳光的现实主义作品是让人愉快的，我们为画家深厚的艺术功力及对生活敏锐的感受和妙悟所叹服。

天色已晚，和记者握手话别后，桑建国老师又走进画室，继续在画卷上挥洒着他对生活、生命和人的热爱，正如艺术大道上不知归路的行者，身后是无数深刻的足印……

来源于2006年1月15日《安徽师大报》第454期

桑建国（1957—），男，上海人。中国民主同盟会会员。1982年毕业于安徽师范大学艺术系中国画专业并留校任教；1993年在南京艺术学院人物画进修班进修一年；2006年进入江苏省国画院；2010年因连续三年被江苏省国画院评为优秀画家，荣立江苏省三等功；现为江苏省国画院人物画研究所副所长，国家一级美术师，中国美术家协会会员，中国工笔画学会理事，文化部中国现代工笔画院院务委员、人物画创作中心主任。

后 记

安徽师范大学90年风雨历程，就像一本书，字里行间承载了师大人对国家民族的情感与奉献；就像一条路，崎岖婉转中留下的是师大人坚定的足迹；就像一个家，峥嵘岁月、时代芳华，全都积淀成师大人心中永远的精神家园。站在新时代的历史起点，学校将秉持“特色、开放、创新”的发展理念，坚定不移地把科学发展作为办学兴校第一要务、把人才资源作为办学兴校第一资源、把改革创新作为办学兴校第一动力，奋力书写新时代高水平大学建设新篇章。

在庆祝安徽师范大学建校90年的特殊时刻，我们编辑了这本《足迹——讲述安徽师大的故事》，既是向九十年校庆献礼，也是向一代代师大人致敬。本书以师大人讲述师大事，以师大人讲述师大精神，客观再现了师大变迁的时代印记，真实记录了师大人在建设高水平大学道路上锲而不舍的奋斗历程。全书分“校史撷英”和“人物春秋”两个篇章，共收录校史故事21篇，教师典型故事79篇。我们对所选作品进行了逐字逐句的文字校勘，对部分内容作了调整，同时尽可能忠实于文章原貌，特别标注了原作发表的时间，附录了人物简介，方便读者站在特定历史背景下阅读，以感受师大人自强不息、追求卓越的内在品质。

本书在选编过程中得到学校领导的悉心指导和大力支持，有关部门和学院为本书的编写提供了详实的资料，李裕鑫、詹剑锋、徐成进、叶荣国等同志为本书的编写付出了辛勤劳动，安徽师范大学出版社对本书的付梓出版给予了大力支持，责任编辑郭行洲老师更是付出了大量的心血，在此一并表示感谢！

由于编者水平有限，时间仓促，疏漏与错误之处在所难免，恳请广大读者批评指正！

编　者

2018年8月